大学问

始于问而终于明

守望学术的视界

海德格尔的《存在与时间》

〔英〕S. 马尔霍尔 著

亓校盛 译

The Routledge Guidebook to

Heidegger's
Being and Time

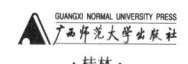

广西师范大学出版社
·桂林·

海德格尔的《存在与时间》
HAIDEGE'ER DE CUNZAI YU SHIJIAN

The Routledge Guidebook to Heidegger's Being and Time 1st Edition/ by Stephen Mulhall
ISBN:9780415664448

Copyright © 2013 by Stephen Mulhall
Authorized translation from English language edition published by Routledge, part of Taylor & Francis Group LLC; All Rights Reserved.
本书原版由 Taylor & Francis 出版集团旗下,Routledge 出版公司出版,并经其授权翻译出版。版权所有,侵权必究。

Guangxi Normal University Press is authorized to publish and distribute exclusively the **Chinese (Simplified Characters)** language edition. This edition is authorized for sale throughout **Mainland of China**. No part of the publication may be reproduced or distributed by any means, or stored in a database or retrieval system, without the prior written permission of the publisher.
本书中文简体翻译版授权由广西师范大学出版社独家出版并仅限在中国大陆地区销售,未经出版者书面许可,不得以任何方式复制或发行本书的任何部分。

Copies of this book sold without a Taylor & Francis sticker on the cover are unauthorized and illegal.
本书贴有 Taylor & Francis 公司防伪标签,无标签者不得销售。
著作权合同登记号桂图登字:20-2025-012 号

图书在版编目(CIP)数据

海德格尔的《存在与时间》/(英)S.马尔霍尔著;亓校盛译. -- 桂林:广西师范大学出版社,2025.6.
(劳特利奇哲学经典导读丛书). -- ISBN 978-7-5598-7977-6
Ⅰ.B086;B516.54
中国国家版本馆 CIP 数据核字第 2025CW2728 号

广西师范大学出版社出版发行
(广西桂林市五里店路9号　邮政编码:541004)
网址:http://www.bbtpress.com
出版人:黄轩庄
全国新华书店经销
湛江南华印务有限公司印刷
(广东省湛江市霞山区绿塘路61号　邮政编码:524002)
开本:880 mm × 1 240 mm　1/32
印张:10.5　　字数:250千
2025年6月第1版　2025年6月第1次印刷
定价:88.00元
如发现印装质量问题,影响阅读,请与出版社发行部门联系调换。

出版说明

"劳特利奇哲学经典导读丛书"精选自劳特利奇出版社两个经典导读系列。其中《维特根斯坦的〈哲学研究〉》《海德格尔的〈存在与时间〉》《黑格尔的〈精神现象学〉》《笛卡尔的〈第一哲学的沉思〉》《克尔凯郭尔的〈恐惧与颤栗〉》等选自 Routledge Guides to the Great Books 系列,而《维特根斯坦与〈逻辑哲学论〉》《胡塞尔与〈笛卡尔式的沉思〉》《德里达的解构主义》《后期海德格尔》《黑格尔与〈法哲学原理〉》等著作出自稍早的 Routledge Philosophy Guidebook 系列。

本丛书书名并未做统一调整,均直译自原书书名,方便读者查找原文。

为统一体例、方便阅读,本丛书将原书尾注形式改为脚注,后索引页码也做出相应调整。

目 录

i 第一版序言
vi 第二版序言

1 **导论 海德格尔的计划**
3 存在问题
12 重提存在问题
18 此在的优先性
26 哲学、历史和现象学
37 结论：海德格尔的设计

47 **第一章 人的世界：怀疑主义、认识和中介**
54 笛卡尔的批判（第12—13节）
63 世界的世界性（第14—24节）

81 **第二章 人的世界：社会、自我和自我–阐释**
84 个体和公众（第25—27节）

101　激情和筹划（第28—32节）

121　**第三章　语言、真理与实在**
124　语言：命题与话语（第33—34节）
130　实在与真理（第43—44节）

143　**第四章　第一部分的结论：日常生活的神秘性**
146　沉沦于世（第34—38节）
151　畏与操心（第39—42节）
157　畏、怀疑主义和虚无主义

165　**第五章　世俗化的神学：有死性、罪责和良知**
169　死亡和有死性（第46—53节）
186　附录：海德格尔和克尔凯郭尔
192　罪责和良知（第54—60节）
200　《存在与时间》的证明

211　**第六章　海德格尔的修正：时间作为人的视野**
214　有死性和无性：人的有限性的形式（第61—62节）
218　哲学的完整性和本真性（第62—64节）
223　操心的时间性：被抛的筹划（第65—68节）
238　操心的时间性：在世界－之中－存在（第69—70节）
248　重复和筹划（第71节）

251　**第七章　命运和天命：人的诞生和时间简史**

253　历史和历史性（第72—75节）

266　历史的教训（第76—77节）

276　论时间之中的存在（第78—82节）

287　**第八章　第二部分的结束：哲学的结局**
　　　　　——《存在与时间》的视野

289　人的存在与一般的存在问题

296　**参考文献**

298　**索引**

307　**译后记**

第一版序言

　　1889年9月26日，海德格尔（Martin Heidegger）出生在梅斯基尔希镇（Messkirch）。1909年，对牧师职业的兴趣引导他在弗莱堡（Freiburg）大学开始了神学和哲学研究。关于邓·司各脱（Duns Scotus）哲学的研究论文使他获得了大学教师资格。1922年，他在马堡（Marburg）大学被授予哲学教职。1927年，他第一部重要的著作《存在与时间》（*Being and Time*）出版了。这为他赢得了声誉，并致使他于1928年被授予弗莱堡大学的哲学教席，接替他的老师、现象学家胡塞尔（Edmund Husserl）的职位。从1933年4月到1934年2月他辞职，在纳粹统治的最初的几个月里，海德格尔担任弗莱堡大学的校长。至第二次世界大战期间及战后，他的学术生涯都受到了影响，几度中断：1944年，他被征编入伍，在一个小部队服役；1945年至1951年，在盟军当局反纳粹条例下，他被禁止从事教学活动。1951年，他被恢复了教授职务。直至1967年，他作为荣誉教授举办了一些临时性的讨论班，同时也四处旅行并参与一些与工作相关的会议和学术报告会。直到1976年5月26

日去世，海德格尔一直都在从事写作。去世后，他被葬在他的出生地——梅斯基尔希当地的一个墓园里。

关于海德格尔生平的这一简单素描忽略了许多重要的事情（特别是他和纳粹那种极具破坏性的丑陋关系）；但对海德格尔哲学工作的广度、深度及其独特性，还有他的哲学工作对欧洲哲学发展的影响说明得更少。《存在与时间》的出版使他从在德国学术界众所周知的极具个人性格魅力的讲师（汉娜·阿伦特［Hannah Arendt］说，关于他系列讲座的流言蜚语在德国流传，好像它们就是"秘密国王的谣传"），变成了一个具有国际影响的人物。随后几十年，一系列讲座、讨论班和出版物只不过拓宽和深化了他的影响。萨特（Sartre）的存在主义、伽达默尔（Gadamer）的解释学理论和实践以及德里达（Derrida）的解构主义都从海德格尔的思想母体中成长起来；文学批评、神学以及心理分析等相关联的学科也都受到了海德格尔的重大影响。对一些人来说，他的作品，更加重要的是他的思维方式和写作风格，仅仅意味着矫饰、故作神秘和冒充内行的欺骗手腕。然而，对另外一些人来说，他的文字被曲解的程度、他的文字对哲学史的旁征博引，他的文字所饱含的傲慢与令人振奋的精神，恰恰相反地意味着哲学以一种或许可以证实它要成为人类科学之母的古老宣言的方式，最终回到它真正关切的事情上。在海德格尔看来，他的文字同样深刻地指出了西方文化和本真的人类生活遭到威胁，出现了危机。

本书为读者提供的一本针对《存在与时间》[1]的入门介绍。《存在与时间》的出版宣布了海德格尔持续一生的哲学计划的开始。《存在与时间》这部著作复杂而难懂，本书的目的就在于对它的结构提供一种清楚明白的概述，阐明它潜在的假设，理清它那深奥的术语，并勾勒出它内在的发展逻辑。本书的重点是介绍和解释文本，而不是介绍一位思想家或者一系列哲学问题。当然，对那些研究极具挑战性的哲学文本的人来说，没有努力去阐明文本所紧紧抓住的那些范围更广的主题和相关问题，没有努力去阐明作者潜在的意图，就不可能给他们提供一种指南。尽管如此，通过把那些主题和意图与它们在相关文本的章节中出现的顺序紧密联系起来处理它们，不仅可能而且也是可取的。因此，这本入门书的组织结构反映了《存在与时间》的章节顺序，并尽可能地符合结构清晰、内容有案可稽的要求。

海德格尔的《存在与时间》自从出版后，就遭受了许多重要的批评，而本书不是关于这些重要批评的介绍。只有恰当地理解了批评的对象，才可能正确地理解那些批评；只有尽最大的可能努力去欣赏那些批评试图去动摇的立场所具有的力量和说服力，才可能对批评的力量和说服力做出适当的评估。基于这些理由，我努力提供一种最忠实于《存在与时间》的阐释，既忠实于文本，也忠实于理性论证的准则。我关心的事情是指出在海德格尔的早期作品中有

---

[1] 所有引文和参考文献都出自麦夸里（Macquarrie）和鲁滨逊（Robinson）根据德文原著译出的标准版英文本（Oxford: Basil Blackwell, 1962）。所有引文的出处都标出了小节和页码，例如《存在与时间》，第59节，第336页。

着许多值得争论的问题，但是我并不试图判断那些论证是如何进行或者最终是如何得出结论的。

正像海德格尔本人所强调的那样，对一个文本的阐释不能避免先入之见和价值判断。甚至对一部哲学著作的主要论题进行初步解释的导读，也必须选择忽略或轻视某些细节和复杂之处，以某种可能的方式组织它所处理的材料。但是我对《存在与时间》的阐释，针对海德格尔研究中的一个极具争议的问题，采取了非正统的立场。不熟悉海德格尔研究的读者，事先应该被告知这一点。特别是关于《存在与时间》后半部分的材料，我认为，海德格尔对人的本真性问题的阐释，不仅必然而且极具启发性地适用于阐释他作为一个哲学家的角色，因此也适用于阐释他和读者关系。换句话说，我是这样来解读他的哲学计划的：不仅要分析获取真正的个体性和自我对个人来说意味着什么这个问题，而且要为了在哲学领域更好地获取这样一种成就来设计自身。将变得非常清楚的是，海德格尔确实不认为，人的本真性就是和某种具体的伦理设计相一致的生活状态。正是在这种意义上，认为我对《存在与时间》进行了道德化的阐释，是不恰当的。然而，《存在与时间》确实暗含着：许多读者在书中所发现的那种精神上的热情音调，是和它最核心的意图内在相关的；而且，海德格尔从生存论的角度对自己和他的读者提出了要求。细心研究《存在与时间》的学生们一直渴望否定这一点。当然，我的阐释的合理性最终依赖于那种从《存在与时间》的阅读中生发出来的信仰。但是我觉得提前表明这一点是合适的，而且我感到，如果不进一步表明这一点，我们就不能把这本书的结构理解为一个整体，就不能理解作为一部哲学著作它为什么一直关心自身的地位。

在写作本书的过程中，我得到了许多人的帮助，在此我要向他们表示感谢。我在埃塞克斯大学（University of Essex）的同事，特别是Simon Critchley和Jay Bernstein，慷慨地允许我分享他们在海德格尔和海德格尔研究方面的广博学识。Jay Bernstein也详细地评论了我早期的手稿。这套丛书的编辑，Tim Crane和Jo Wolff，先是非常热情地邀请我承担这一项目，随着项目的进展，他们还提出许多有用的建议。有两位匿名的读者，针对我的手稿写了研究报告，在项目后期的准备阶段，我收到了他们的报告。两份报告都为本书增色不少。我要感谢这两位作者。最后，我要感谢Alison Baker，在我写作本书期间，她给予我许多宽容与支持。

第二版序言

从我写作这本书的第一版开始,已经十多年过去了。从那以后,我一直在思考海德格尔的哲学著作,特别是《存在与时间》。尽管我一直认为我最初对《存在与时间》的阐释在某些基本的方面还是正确的,但是我渐渐认识到,许多也许需要更加充分地探讨或进行争论的问题,在当时都被错误地忽略了。

首先,我现在认识到,我最初对海德格尔在《存在与时间》第一部分中对怀疑主义的处理所做的分析,非常不完整。在第一版中,我把重点放在找出海德格尔自己的理由上,他认为,把此在恰当地理解为在-世界-之中-存在(Being-in-the-world),可以揭示出怀疑主义在本质上的空洞性,这将使怀疑主义变得不可理解,从而洗刷掉哲学在事实上不断徒劳地驳斥怀疑主义这个耻辱。近来我认识到,《存在与时间》中的这个论证借助于另一个更隐蔽但也更根本的论证获得了平衡。这取决于对怀疑主义的看法,怀疑主义能够被认为不仅具有某种公认的认识内容或目标,而且(按照海德格尔自己的分析,伴随着任何一种领会的模式)具有某种具体的情绪或者情调模式——焦虑或畏的情绪。海德格尔在第一部分中认为，畏能够让此在从常人的迷失状态中超拔出来，达到对自身、世界和存在的本真把握。由此，似乎可以推出，哲学上的怀疑主义本质上就能够揭示出此在存在以及存在本身的关键维度。因此，海德格尔要在哲学中重新恢复存在的意义问题，就不能避免把怀疑主义当作一种本质因素来看待。

其次，我更加清楚地看到，海德格尔在《存在与时间》的两个部分间所构造的关系的独特性和极端重要性。第一部分的分析忽视了此在的存在在整体性上所具有的一个根本性质——此在和自己的终结的关系，第二部分的论证由此开始。最终，这涉及此在和它自身的无性（nothingness）的多重决定性关系，因此更一般地涉及和否定（negation）或空无（nullity）的多重决定性关系。在海德格尔讨论此在的良知的时候，可以非常清楚地看到，第二部分想把第一部分相对随意地提出的一个断言的内涵充分挖掘出来。这个断言就是从本质上说此在的存在在世界中是不安分的，不在家的（not-at-home）。现在，我把这一点看作是此在不能够或没有能力和自身保持一致。因此，这反过来也表明海德格尔通过此在的非本真性所意味的东西正是此在为生存所付出的各种努力，好像它在生活中确实保持着自身的一致性，好像它在生存论上的潜能和它生存的现实性是一致的。因此，本真性就是指此在以与自身在本质上就不相一致的方式生活着的这样一件事情。相应地，任何对此在存在的本真分析都必定显示出在保持自我一致性方面的类似失败。这种分析的结构和形式必定反映出这样一个事实：对此在存在的任何描述必定显示出自身的不完备性以及自身所具有的无法根除的因缘

（reference），这种因缘超出此在的把握范围，从而也超出描述自身可把握的范围。

现在，我将坚持认为这正是第二部分在和第一部分的关系中所起的作用：前者完全是用来动摇我们对后者的信心，消除我们或许有点过分的满足感。我们非常满意地认为第一部分在结束时真正完整地描述了此在的存在（从操心的角度），不管这种描述多么具有临时性。换句话说，第二部分确实不是（或确实不仅仅是）对那些在第一部分中确立起来的结构的进一步探索；它也努力揭示出那些结构在事实上显示此在的本质依赖性的方式，此在在本质上依赖于那种超出它自身的局限，特别是超出它自己的理解范围的东西。人们可以说，第二部分保证了《存在与时间》作为一个整体确实和自身不完全一致，因此《存在与时间》就满足了它为本真性所确立的标准。

如果这种看法是正确的，那么就不能简单地认为第二部分只是多少关注一下伦理学和神学中的边缘问题——在本质上可被认为属于海德格尔现象学的生存论领域。尤其是，认为仅仅局限于第一部分的材料（就像休伯特·德赖福斯［Hubert Dreyfus］非常有影响的评注《在世界之中存在》[1]实际上所做的那样）就能对整本书的核心思想做出概括的想法，完全站不住脚了。单单对这一事实的恰当理解，就将从根本上使英美哲学界接受海德格尔早期思想的方式成为问题。它也将阐明在什么程度上《存在与时间》预先洞见到了海德格尔在20世纪30年代初关于存在与"无"（the nothing）的内

---

1 剑桥，马萨诸塞州：麻省理工大学出版社，1991年。

在关系所提出的一些论断（例如，在他著名的就职演讲"形而上学是什么？"[1]中）。有些论断预告了在他的思想中将发生一个根本的转向。因此，它将大大地改变我们对海德格尔早期著作和萨特的著作间的内在关系的理解和认识；因为，对"存在与时间"的意图，如果这种理解方式是正确的话，那么以"存在与虚无"为书名的那本书或许看起来要比通常所假定的情况更加接近它那已得到公认的来源。

本书第二版的出版给了我一个机会，使我能够按照我关于《存在与时间》的思考中的这两个主要转变，来修改我的整个评注。这意味着第4、5和8章要进行大幅度的修改和扩充。第6和7章的许多细节也需要做一些细微但却非常重要的改动，以便和把第二部分看作一个整体的新的观点相协调。我也利用这个机会纠正了书中的许多小错误和不足之处，但我认为这些修正几乎总是行文风格方面的问题，而与内容无关。这样一来，这一版最终就和第一版在文本方面有了很大不同。但这些不一致的地方，事实上却是直接从我最初阅读《存在与时间》时所强调的重点中产生出来的，显然也是从《存在与时间》的坚持中产生出来的。《存在与时间》坚持认为：海德格尔对此在的生存论分析所取得的成果，必然适用于它的作者及其哲学活动，因此这些成果将直接影响海德格尔关于那些标准以及转变的思考。他的作品必定要以那些标准来衡量自身，《存在与时间》也必定打算对它的读者施加影响，使之发生转变。在这种意

---

[1] 参见D. F. 克莱尔（D. F. Krell）编《基本著作集》，第二版（San Francisco, Calif.: Harper, 1993）。

义上，我相信这本书的第二版在本质上比第一版更为本真。

S. 马尔霍尔

牛津大学新学院

2005年1月

导论

海德格尔的计划

(《存在与时间》,第1—8节)

存在问题

按照海德格尔的说法，整部《存在与时间》只关心一个问题：存在的意义问题。但是海德格尔用"存在"这个词意指什么呢？如果有什么的话，存在意指什么呢？无论是在书的开头还是后面的任何地方，海德格尔都没有清楚而简洁地回答这个问题，这一点也不意外。因为，在他看来，甚至把我们带到能够以连贯且可能富有成效的方式提出这个问题的地方，就将至少需要他的一整本书。不过，海德格尔也认为在人们日常的言行中就包含着对存在的某种初步领会。因此，在这个刚刚开始的阶段，至少为我们的思考指出一个开始的方向，应当是可能的。

在之后出版的威廉姆·戈尔丁（William Golding）的小说《尖塔》（*The Spire*）[1]中，它的主人公——一位名叫约瑟琳（Jocelin）的生活在中世纪的教堂主教——离开住所时，产生了一种奇特的体验：

---

[1] 威廉姆·戈尔丁，《尖塔》（London: Faber and Faber, 1964）。

门外，繁茂修长的草丛中有一堆木材。一股气味扑鼻而来，把他击倒。他斜靠在木材堆上，没有在意自己的背部，直到他的眼睛里流露出那种无可言状的痛苦神情，他都纹丝未动。接着，他的头顶上有些东西在动。……他扭曲着脖子向路边张望。一群天使在阳光中闪现。她们穿着粉色、金色和白色的衣服。为了阳光和天空的欢乐，她们散发出这甜蜜的气味。她们给阳光和天空带来许许多多晶莹的叶子。在叶子中间，一个长长的黑色的东西在跳动。他的思绪随天使一起游荡。他突然间明白了，那与其说是一根树枝，不如说是一棵苹果树。院墙之外，云雾弥漫，在天地之间，出现了一个喷泉，一个奇怪的东西，一棵苹果树。……接着，有一条河穿过主教宅第的院子，树木矗立在流动的河水上。在那里，他看到蓝色的天空浓缩成一颗带着翅膀的蓝宝石，一闪而过。

他大声呼喊。

"回来！"

但是箭一旦射出，那只鸟就飞走了。它绝不会回来，他想，如果我整天坐在这儿，它也不会再来。

（戈尔丁，1964：204—205）

约瑟琳好像是第一次为苹果树纯粹的特殊性所震慑——它那跳跃的枝干，漫天飞舞的叶子和花朵，一切都使它成为它所是的那个特殊的东西。他为人们称之为苹果树的存在的东西所震慑。翠鸟在飞翔，像一颗闪光的蓝宝石。更确切地说，飞翔的翠鸟给人一种不测感，感觉到它的存在是如此短暂。苹果树和翠鸟一起使约瑟琳体验到两种感觉同时涌上心头：世界怎么存在和世界就是那样存在。苹果树和翠鸟让人对事物的现实存在，对存在着一个引人入胜的非常不同的世界这一事实陡然生出了强烈的好奇心。海德格尔认为，这样的一种好奇心恰恰是对事物存在的回应，也是对存在本身的回应。因此，他打算在他的读者身上恢复严肃地对待存在意义问题的能力。

从一篇小说中摘录出的一个片段能够如此充分地把海德格尔追问的基础表达出来这一事实，对一些哲学家来说，或许指出了把哲学、文学和人的日常体验联系起来的新途径，或许也指出了恢复古希腊人所持有的孕育从事哲学活动的真实冲动的好奇心的新方式。但对其他许多人来讲，它意味着，严肃认真地从事这样的追问，就是向幼稚的浪漫主义屈服。尽管这些担忧非常普遍，从海德格尔自己所做的介绍性评论中，找出他为他的问题提供一种显然更加"合法的"来源或谱系——一种在哲学上更加高贵的出生证明的方法，还是完全可能的。

在做各种事情的过程中，人们遇到了各种各样的对象、过程、事件和其他现象。它们构成了环绕在人们周围的世界。淋浴、遛狗和读书，所有这些活动都关联到具体境况中的具体事物，而且关联的方式还要以对这些事物的在场和本性的某种理解为前提。在淋浴的时候，我们就表明了我们对塑料浴帘、淋浴喷头以及控制板上的仪表有所意识，表明了我们对它们相互关联的方式有所理解，因此也表明了我们对它们潜在的独特联系有所把握。如果不揭示我对狗的本性和肢体语言的了解，我就不能够遛狗——在遛狗时，我们会选择最佳路线，会给它时间嗅嗅灌木丛，当另一只狗突然出现时，会勒紧牵引绳。这都说明了我们对这种动物的本性和肢体语言有所了解。在沙滩上欣赏一部惊悚小说，预先就假定了我们能够把这部小说拿起来，而且能够全神贯注地阅读它，也预先假定了我们能够理解创作这部小说所用的语言，而且能够理解那种独特的紧张和期待。这种特殊体裁的小说就是在那种独特的紧张和期待中被创作和阅读的。

简言之，在整个一生中，人们都表现出一种固有的能力。在和现实的存在者以及被赋予某种特殊性质的存在者打交道的过程中，人们对它们都有所了解。当我们抱怨浴帘被扯破了时，当我们惊讶地大声喊才知道驱雾器是什么，或者当我们问我们的小说在哪里的时候，这种能力就在语言中表达了出来。由于这种潜在的理解似乎通过我们对动词"是"（to be）的各种形式的使用而被系统地表达出来，海德格尔就把它描述成对存在者是什么的一种固有的理解，因此也把它看成理解存在者本身的能力，把存在者作为存在者来理解的能力。换句话说，它是一种理解存在者的存在的能力。

实际上，我们的许多文化实践就是把这种理解的具体形式及其相应的对象作为专题加以探讨。它们构成了人的诸多活动模式。在其中，有某种东西被我们忽视了，因此在我们生活的其他方面仍旧没有得到重视，这种东西就成为我们努力探讨的明确目标。例如，我们日常对卫生的关心可以引导我们去了解水、肥皂和洗涤剂的去污性质，从而引导我们更一般地去研究物质的结构。养宠物可以引导我们去研究有哪些种类的动物可以家养，从而更一般地去研究动物的生活习性。我们日常的阅读习惯可以引导我们去考察某个作者的写作风格及其思想发展，从而去研究从某种体裁的文学作品中获得审美愉悦的手段。换句话说，像物理学、化学、生物学和文学研究这样的学科，都是把仍旧在我们的日常生活中潜藏着的现象的某些方面作为它们的核心研究主题。由此所产生出来的具体理论就构成了海德格尔所谓的存在者层次上的知识，这种知识是关于具体类型的存在者的特性的知识。

然而，这样的理论建构本身却是依赖于把某些基础的东西当作理所当然的前提。某个特定的学科就在此基础上来标画出自己的研究领域，并形成研究框架。只有当这个学科发现自己处在危机状态时，它才把那些基础作为自己的专题研究对象加以探讨。相对论就使物理学突然处在这样一个危机中。在生物学中，达尔文的自然选择理论就引起了相似的混乱。在文学研究中，近来对有关作者、文本和语言的流行观念的理论攻击就发挥着类似的功能。这种概念化的探究并不是符合这个学科的标准的理论证明，而是探讨任何这样的理论能够得以建构的基础，探讨这样的科学理论活动得以可能的先天条件。用海德格尔的语言来说，它们揭示的是存在者层次上的探究的存在论前提。

在这里，哲学研究踏上这样一个舞台。因为，当物理学开始质疑它的物质概念，生物学开始质疑它的生命概念，文学研究开始质疑它的文本概念的时候，揭示的就是学科本身最基本的连贯性。这是学科把其作为自己的研究主题的所有具体对象的基础，这不在也不能在跨学科研究的视野之内，因为任何这样的探究都将预先假定以其为前提。需要的是对这些连贯性的反思，并且努力阐明这个具体领域中最基本概念的本性及其有效性。如此的批判性阐明是哲学要做的事情。在这些方面，哲学探究虽依赖于人的其他探究模式，却比它们更根本。没有科学就没有科学哲学，哲学没有权力判定具体科学理论的有效性。但是任何这样的理论都是以关于当前研究领域的某些假设为前提被建构起来且经受检验的。结果就是，那些假设既不能被证实也不能被推翻。因此，它们就需要一种非常不同的检验方式。科学家可以是应用于自然领域的归纳理论的最好解释者，但是如果提出关于归纳推理的完美结构及其作为发现真理的方式的最终根据问题，哲学家的能力就开始发挥作用了。

关于哲学探究所扮演的角色问题是西方哲学传统中，特别是自笛卡尔时代以来，大家非常熟悉的一个问题。如果我们根据这一点做出判断，那么哲学探究至少在存在论层次上被赋予了双重任务。一方面要把人们所遇到的各种存在者之间的本质差异详细地阐明；另一方面也要把我们有能力理解它们的本质性前提条件详细地阐明。举例来说，了解西方哲学传统就是学习笛卡尔关于物质对象的观点为贝克莱的断言所驳斥——笛卡尔认为作为实体的物质对象的本质在于它们的广延性（占有空间），而贝克莱的断言却认为本质在于它们可被知觉。然而，贝克莱关于自我的本质以思想能力为基础的观点为休谟的断言所驳斥。休谟认为自我本质的唯一基础是一束被相互联系起来的印象和观念。接着，康德试图挖掘出是什么使我们的经验活动得以可能把我们自身经验为拥有一个对象世界的主体。我们可以研究针对实体的审美判断所具有的特定概念性预设（而非那些基于科学假设的研究），又或是去探究人文科学中独特的预设前提。人文科学从事社会和文化结构、艺术品的研究，同时也对研究它们的学者占主导地位的假设进行研究。这些学者不是作为文化批评家或社会学家，而是作为历史学家从事工作。

用海德格尔有时在其他文本中使用的语言来说，如此的存在论层次上的探究完全以存在者的什么-存在（what-being）[1]为关注的焦点，也即以它们的具体存在方式或存在模式为关注的焦点。它们关心什么决定一个存在者成为它所是的具体类型的存在者；什么把它和其他不同类型的存在者区分开来；什么既奠定了我们日常和这样的存在者打交道的基础，又奠定了我们对他们所占据的领域进行更具明确结构化的存在者层次上的研究的基础。这样的对什么-存在（what-being）的关心与对"那-存在"（that-being）的关心形成了鲜明的对照。"那-存在"指的是这样一个事实：某个给定的东西是或存在着[2]，对"那-存在"的存在论探究必须关心什么决定了一个具体类型的存在者是一个存在着的存在者，这是对我们和它的日常交往以及我们对它的存在者层次上的探究而言，都同样基本的东西。如果相关的存在者过去就不存在，那么我们和它的交往以及对它的探究都不可能。因此，这种在什么-存在和那-存在之间进行的一般对照和海德格尔通过存在者的存在所意指的东西具有内在的关联。这种关联也就是对存在的基本说明。这是任何真正的存在论探究都不能够忽视的东西。的确，自从柏拉图以后，西方哲学传统并没有忽略它。但是西方哲学传统努力接近这一事实的方法，在

---

[1] 参见《现象学基本问题》的导论，艾伯特·霍夫施塔特（Albert Hofstadter）译（Bloomington, Ind.: Indiana University Press, 1982），第18页。也参见《存在与时间》英译本，第二节，第26页，海德格尔用Sosein（被翻译为某物的"如是存在"［Being as it is］）这个术语来表示一种非常类似的思想。

[2] 同上，海德格尔用Daß-sein（被翻译为"某物存在的事实"［the fact that something is］）这个术语来表示存在者的存在的这个方面。

海德格尔看来，却一再地被误导了。

就西方哲学传统对什么-存在的研究而言，海德格尔将挑剔地抱怨说它的成果过于贫乏和狭窄。因为，当人们遭遇到各种各样令人困惑的存在者或现象时，例如石头和植物，动物和他人，河流、海洋和天空，自然的许多不同领域，历史、科学和宗教等，哲学家总是倾向于用归纳的方法牺牲掉它们丰富的差异性来对它们进行分门别类。这就使我们对什么-存在的多样性的感觉日益贫乏，而且把什么-存在的多样性还原成了过度简化的范畴，例如笛卡尔关于自然（*res extensa*，广袤物）与思想（*res cogitans*，思想物）的二元区分。在海德格尔看来，这一系列的范畴既取消了人的特殊性，也取消了人们所遭遇对象的特殊性。类似地，什么-存在和那-存在之间的基本区分一直就是过度草率和表面化的概念活动的结果。例如，在中世纪的存在论中，这一区分以本质（essentia）与生存（existentia）的区分形式出现，这种区分仍旧严重影响着当代哲学的思想活动。但是它却体现为一系列高度具体且极具争议的目的论前提，而且它也忽视了某种存在者的存在（特别是人的存在）用那些术语或许不能够清楚地加以说明的可能性。当然，如果这种基本区分被不适当地加以概念化，那么哲学传统中各种各样试图理解存在者的那-存在的努力，恰恰就像它试图把握它们的什么-存在的努力一样，将一直是误入歧途的。

相应地，当海德格尔宣称哲学传统遗忘了他所关心的问题时，他的意思并不是说，哲学家们完全忽视了存在者的存在问题。相反，海德格尔的意思是说，通过把对那个问题的某些回答看作不言而喻或者无可置疑地正确的，他们想当然地认为自己知道"存在者的存在"这个短语意味着什么。换句话说,他们没有看到那个短语的意义本身是有疑问的,没有看到存在着一个关于"存在"的意义的问题。由于取消了那个问题,他们没能恰当地反思他们关于存在的可清楚表达的统一性在存在论上得出的结论。因此,他们也没有能够证明他们的基本方向是无可指摘的。这种自我透明性的完全缺乏使他们的研究问题丛生。正如海德格尔所说的:

> 因此,存在问题针对的不仅是把存在者作为如此这般的存在者进行研究的科学得以可能的先天条件,这种科学在对存在者进行研究之际就已经对存在有所领会;而且是那些先于这些存在者层次上的科学并为其奠定基础的存在论本身得以可能的先天条件。从根本上说,所有存在论,不管它拥有多么丰富和严密的范畴体系,它都是盲目的并且背离了自己最本己的意图,如果它没有首先充分地阐明存在的意义并且没有把这一工作看作是自己的根本任务的话。
>
> (《存在与时间》,第2节,第31页)

重提存在问题

然而,除了古希腊哲学的早期阶段,哲学传统一直倾向于后面这类问题。正像海德格尔在他的书的开头所指出的那样,"这个问题直到今天仍被遗忘"(《存在与时间》,第1节,第21页),主要是因为哲学家们认为自己有各种各样的理由可以抛弃这个问题。海德格尔逐一反驳了这些理由。尽管他的反驳非常简练,但他采取的策略却更清楚地阐明了他对问题中最为紧要的事情的临时性理解。

首先,"存在"的意义问题能否被轻易地回答是可以争论的。存在像任何其他概念一样是一个概念,唯一的特别之处在于它是所有概念中最具普遍性的概念。换句话说,存在不是一个存在者,不是一种我们在世界的密切联系中遇到的特殊现象。相反,我们通过从我们和具体存在者的相遇中逐步地抽象出我们的存在概念。例如,从我们和猫、狗、马的相遇中,我们抽象出"动物性"的观念;从动物、植物和树中,我们抽象出"生命"的观念,抽象出"有生命的存在者"的观念;进一步,从有生命的存在者、矿物等物质中,我们抽象出所有存在者共同具有的性质,他们的现存性或存在的观念。关于这个事情,我们还需要继续说下去吗?

海德格尔乐于接受存在不是一个存在者的断言。的确,这个假定引导着他的整个计划。他也承认,我们对存在的理解仍然以某种本质的方式和我们对存在者的理解,亦即我们与存在者之间理解性的相互作用密切相关。但是,存在是不可遭遇的,除非我们借助于和存在者的遭遇。因为,如果存在像海德格尔所说的是"决定存在者之为存在者的东西"(《存在与时间》,第2节,第25页),是什么-存在和那-存在这些术语的可理解性的基础,那么必然只有在和这种或那种存在者的遭遇中才能与存在相遇。简言之,"存在总是一个存在者的存在"(《存在与时间》,第3节,第29页)。但是海德格尔反对存在是以我们以上所概括的具体方式和存在者相关联的看法。因为"存在"的普遍性不是类或种的普遍性。因此,"存在"这个术语不能表示存在者的一个具体领域,这个领域或许可以被置于存在论层次上的家庭树的顶端。根据标准,属于一个类的成员资格,是根据是否拥有某项共同的属性来确定的。但是存在者的"类"的"成员",并没有展现这样的一致性。例如,数的存在看起来就不同于物理对象的存在,反过来,物理对象的存在也不同于想象对象的存在。换句话说,如果存在不是一个存在者,那么它既不是存在者的类也不是其属性;它既不是一个断言的主语也不是一个断言。

根据这一点,一些哲学家推断说,存在是不可定义的。"存在"这个术语的最一般性,也即"存在"这个术语的确不指向任何存在者和现象,这个事实很好地向他们证明了不存在任何具体的东西是确实由这个术语意指的,并且证明了这个术语缺乏可定义的内容。然而，对海德格尔来说，这是哲学想象力的失败，这是一个不合法的跳跃，从某种可认识的定义类型的失败向假定所有解释类型都将失败跳跃。"存在"不能通过限定一个类的外延来定义，仅仅表明了适合分析存在者及其属性的某种解释形式完全不适合来阐明"存在"，仅仅证实了存在既不是一个存在者也不是一个存在者的类。这并不表明，某种不采用不当定义模板的替代性阐释策略，就无法对这一问题提供有价值的洞见。

在这里，海德格尔以赞成的态度引用了亚里士多德的建议，存在领域的统一性充其量是一种类比统一性。可以肯定地说，他认为这种观念并没有使存在的意义变得完全透明。但是，通过把数学实体、物理对象和虚构人物之间的关系当作一种类比的统一性，亚里士多德至少严肃对待了我们对遇到的各种类型的存在者之间的潜在联系的感觉，同时避免了我们在前面所反对的自然错误的先入之见。在其他许多方式中，我们的感觉显示出倾向于把"存在"这个术语应用于存在者如此多样的类之中。因而，他承认了为存在的不同领域奠定基础的存在论结构之间的差异，同时没有否认揭示出了为每一个这样的存在论结构奠基的一系列统一的前提。海德格尔希望我们去学习的正是：亚里士多德对非常清楚的（articulated）存在的多样性中的统一性的把握。亚里士多德察觉到在我们对什么-存在的把握中包含着范畴的多样性，在我们对那-存在的把握中包含着范畴的统一性，也察觉到范畴的多样性和统一性之间的相互依赖性。

然而，任何一个熟悉康德和弗雷格的工作的人或许都会感觉到海德格尔的成功仅仅在于对相对简单的洞见小题大做。因为，海德格尔的断言——存在既不是一个存在者也不是一个存在者的属性，很容易让人想到那个简洁的短语"存在不是一个真正的谓词"("existence is not a real predicate")。这个短语经常用来概括康德反驳上帝存在的存在论证据的核心思想。如果我们宣称上帝是无所不能的，我们就暗示了一种存在者的属性。我们肯定地认为这种神圣的存在满足使用"无所不能"这个概念的条件。然而，如果我们宣称有一个上帝，我们并不是正在把存在这个"属性"附加到一种存在者身上，而是把一种存在者增加到我们关于宇宙的家具清单中。我认为，一个神圣的存在者的概念实际上并不缺少实用性。

这种差异清楚地记录在由弗雷格创立的一阶谓词演算的符号系统中。借助于使用存在量词，而不是使用一个和假定的存在属性相应的谓词字母，把存在归到存在者的类上，后一种方式就如同字母"O"可以用来表示无所不能的属性，或者字母"D"可以用来代表神圣性的属性。因此，"任何神圣的存在者都是无所不能的"就变成：$\forall x [Dx \rightarrow Ox]$，然而，"有一个（那就是至少一个）神圣的存在者"就变成$\exists x [Dx]$。换句话说，实际上，任何对存在量词功能的适当解释都全面地捕获了存在据所具有的神秘而重大的意义，也即我用"是"这个词表示存在的重大意义。

我们或许把这看作是"存在的意义是自明的"这个一般断言在现代的时髦翻版。再一次，海德格尔将非常高兴地赞同它的某些含义。例如，它确实提供了一种非常清楚的方式来阐明这个断言：存在不是存在者的属性也不是存在者的类的标签。然而，认为利用逻辑符号系统的某些因素是阐明这样一个基本的哲学问题的最恰当甚至唯一的方式，就误解了逻辑语言和普通语言之间的关系。

像谓词演算这样的逻辑符号系统的主要功能就是为命题间的演绎推理关系提供一种清楚明白的表达方式，因此，能够对论证结构进行严格分析。这使它成为从事哲学探究尤为重要的工具。但是，它的意义在于，被设计的逻辑符号系统是用来表示被译成逻辑语言的命题和论证的意义的唯一的方面。与演绎推理的有效性问题注定不相关的普通词语和句子的意义的这些方面，就在翻译中轻易地丢失了。这导致在逻辑教科书中一般都有这样的警告：一定不要把与"和"或者"如果"这样的术语有关联的命题联结词和普通用法中的相应词语看作是同义词。例如，如果我说，"X用棒球棍击打了Y，Y倒在地板上"。我的意思是，第一个事件先于并导致了第二个事件的发生。但是使用表示并列关系的联结符号"∧"来分析我的话，这种分析没有携带以上的含义。即使假定存在这样的不一致之处，我们为什么就相信当我们用"是"这个词来表示存在时，存在量词代表了这个词的意义的每一个方面？相反，我有充分的理由认为，它的意义的许多潜在的重要方面将在翻译成逻辑符号系统的过程中被牺牲掉。

而且，甚至关于逻辑符号系统确实表达的语言学意义的那些方面，我们为什么就应当在哲学意义上无条件地认为它们就是值得信任的呢？在一套逻辑符号系统中，命题"皮博迪在礼堂里"和"没有人在礼堂里"看起来将是有不同结构的符号系统。但是那些差异的完全的形式仅仅简单地反映了我们对原初命题间差异的日常理解（例如，我们从它们日常的表述方式中推导出来的结论中的差异）。换句话说，我们的逻辑符号系统仅仅和我们对我们的语言的前存在的日常理解一样好，因此也和它最终以其为基础的生活形式差不多。在《存在与时间》中,海德格尔将认为那种对基本存在论的理解是不可信赖的。相反,对海德格尔来说,就像对其他许多哲学家一样,看起来显而易见或最易于反思的东西,或许更容易把我们引入歧途。

此在的优先性

简言之，海德格尔反驳了哲学家们拒斥存在意义问题的各种正式理由：它既不是不可回答的，也不是拥有一个简单的或自明的答案。然而，在哲学中，这个问题被有计划地转移了，以至于现在对大多数哲学家来说，这个问题都是晦暗不明、茫然无绪的，因此对海德格尔的大多数读者来说也是一样。出于这个原因，在回答这个问题之前，就需要找到一种适当的方式把问题清楚地表达出来。我们需要想起在对这样一个问题的追问中涉及了什么东西。这意味着我们首先需要想起任何探究的基本结构，然后是这个探究。

任何探究都是关于什么的探究。首先，这意味着探究从一开始就有一个方向，不论探究多么具有暂时性。没有关于寻求的东西的某种在先的概念，追问就不能开始进行。其次，它意味着任何探究都追问某种东西，追问最先激起需要追问的问题或现象。在对某个东西的追问中，其他的东西（例如某种关于存在者或个体的证据）也受到质疑。质疑的结果，探究的结论，就是所揭示的东西。但是，最重要的是，任何探究都是某个具体的存在者的活动，都涉及某种东西。因此，探究作为另一任务的不重要的部分或作为一种有自我意识的理论努力,能够以多种可能的方式得以开展。这种开展活动可能停留在表面上,也可能得到深入进行。然而,所有这些都必须反思探究者的存在,并且必须被理解为对探究者的存在的反思。

由此来看,我们对存在意义问题的具体探究的某些独特的方面就凸显出来了。首先,它不是一个随意的问题,而是一种理论研究。它要反思自身的本性和目的,努力揭示问题所涉及东西的特性。但是在开始时,它也必须受它所寻求的某些临时的尚未得到分析的概念的引导。我们对存在意义的追问,必须在一种预先但模糊的对存在的领会的视域中开始(当我们的追问真正开始时)。因为,没有使用这个有争议的术语,我们就不能问"存在是什么?"因此,不存在一个中立的立场,我们可以由之开始我们的追问。一种无前设的出发点的想法,甚至就其在基本存在论中的运用而言,也必定被斥为一种幻想。我们对存在的预先的领会很可能和早期理论活动的扭曲以及古代的成见融合在一起。当然,这些扭曲和成见必定以尽可能快的速度得到认同并被中立。但是只有最为小心谨慎地揭示出那种在先的领会,而不是避免和那种在先的领会发生联系,才能让那些扭曲和成见显露出来。

我们提前摆出的追问的三重表达是什么?在我们的探究中,被追问的东西是存在(非常明显)。它决定了存在者之为存在者,并且在其基础上,存在者总是已经被理解。由于存在总是一个存在者或众多存在者的存在,那么在我们的探究中,就我们对它们的存在的探究而言,被质疑的东西将是存在者本身。当然,我们的探究所希望得出的结论是存在的意义。但是,如果我们的质疑将传达出我们所寻求的东西，那么我们必定以最适合它们以及我们的探究目的的方式来追问那些存在者。我们必须找到一种通达它们的方式，这种方式允许我们毫无曲解地给出存在的特征。

　　因此，我们需要选择适当的存在者来质疑，找到通达它们的最佳方式，从而让存在的多样性中的真正的统一性浮现出来。为了正确地处理各种各样的存在者，我们必须阐明它们的本性和结构，必须清楚地认识到什么是处理得好与坏的标准。但是，选择要质疑的对象，找到质疑的方法，取决于一种对存在的在先的领会以及阐明它的努力：这些都是某种具体存在者的存在模式。就它们的存在而言，对存在者的这种探究是我们自身所是的那种存在者存在的一种可能性，海德格尔用"此在"（Dasein）来作为这种存在者的标签。因此，如果我们正确地提出我们的问题，我们必须首先阐明此在的存在。从我们对自身存在的日常理解出发，我们必须努力展现一种对存在意义问题的更加深刻的理解。

　　Dasein这个术语从字面上翻译，仅仅意味着"此-在"（there-being, Da-sein），然而从本质上看谈论的却是人。海德格尔引入Dasein（此在）这个术语的理由是多方面的。第一，在日常德语中，这个术语确实指人，但主要是指人所独具的那种存在形式。因此，这就使他的研究具有了存在论的色彩。第二，这个术语让海德格尔避免了其他一些被哲学家当作"人"的同义词语。这些词语致力于跟随各种非常复杂且潜在地具有误导作用的理论活动。像主体性、意识、精神或灵魂，这些术语视时间为神圣之物，把它们用在海德格尔的探究中，仅仅能唤起人们的先入之见。第三，因此，像Dasein（此在）这样一个不寻常的术语就像一块白板，没有任何能招致误解的内涵,它所能获得的仅仅是海德格尔赋予它的含义。因此,海德格尔对此在的存在分析的其他部分,实际上是对它的核心意义的扩展,详细描述了"人是一个问题的存在者"这个在意向性方面没有任何争议的假定所具有的最深刻内涵。

在上面的提醒下,我们能找回海德格尔主要的论证线索。他已经把此在看作提出任何形式上的真正的存在意义问题之前所进行的探究的对象。但是他也断言,在提出存在意义问题的过程中,此在是最适合被质疑的对象。也就是说,详细描述此在的存在论特征不仅仅是基本存在论在本质上的初步准备,而且形成了它的核心。在这个过程中,海德格尔做出了某些关于人的存在的断言,这些断言仅能在《存在与时间》的文本部分得到论证和详细解释。但在这里必须给出一个大致的描述。首先,最重要的是,此在不同于其他存在者,是因为它不仅确实存在,而且它的存在对它自己是个问题。这意味着什么呢?

所有存在者在世界中都是可遭遇的。在这种意义上,它们存在着。一些存在者在有生命的意义上存在着,但是在它们当中,只有此在在以下意义上存在着:它必须关心自己生命的延续及其形式。眼镜和桌子没有生命,猫和狗有生命,但它们没有过一种生活,它们的行为以及它们与其他存在者遭遇的方式是由自我保护和繁殖的需要决定的。关于如何生活,是否能继续存在等问题,它们没有有意识的个体选择。只有人这种生物过他们的生活,他们生活中的每一个即将到来的阶段都由他们自己选择。也就是说,他们必须以这种或那种方式继续过生活或者结束生活。尽管和自己的生存的这种实际关系能够被压制或被忽略,但它不能被超越。因为拒绝考虑它提出的问题恰恰是回应这些问题的另一种方式，是一种继续过某种生活的决定。毕竟，如果此在是那个探究所有存在者的存在的存在者，它自己的生存也要向它提出是否和如何生活的问题。用海德格尔的话来说，此在自己的存在（以及其他存在者的存在），对它而言必然是一个问题。

因此，不能用通常适用于其他类型的存在者的术语来理解此在的存在，尤其是我们不能认为此在就是我们所说的什么-存在，认为此在就是它总是必然展开的具体的本质或本性。这样的术语适用于物理对象或动物，完全是因为如何存在和成为什么样的存在对它们来说绝不是一个问题。它们仅仅是它们所是的东西。但是，对此在而言，它的生活不断地就"我是谁以及我的存在的本质是什么"这些问题表明立场，并且它的生活为那种立场所规定。在选择是否在办公室工作到很晚，是否和家人在一起，是否偷一个钱包，是否去听一场摇滚音乐会的时候，一个人就选择了自己是什么类型的人。在认同某些活动、个性特征、生活风格以及对善的看法的过程中，在拒绝别人时，我们就显示出我们如何看待一个人的成功以及认为什么样的人**是**一个成功的人。我们使我们的观念在我们自己的生存中变得更加具体。

当然，在这个过程中，我们必须考虑人的本性，必须考虑人所拥有的体力和思想能力以及在自我保护和再生产方面所拥有的冲动。但是一个特定的个体**如何**这样做——她如何阐释它们的内涵——仍旧是一个有争议的问题。人的存在方式不是简单地由类的认同、具体的生物学范畴所设定的；此在不是人（*homo sapiens*）。相似地，在我们的文化中，各种各样的生活风格，对人的可能性以及人的本性的各种各样的理解，将对我们的自我阐释能力设定许多限制（成为一个信奉武士道的武士，对于二十世纪初期的一个伦敦市民来说，显然不再可能）。但是，选择哪一种自我阐释，这种自我阐释如何适用于人的具体境况，这对每一个个体来讲仍旧是一个问题。由于一个选择一旦做出，在未来，它可能没有被完成或者做出了调整，每一个新的因素都向我们提出是否要坚持已经做出的选择这个问题。所以，只要一个人活着，他的生存问题就绝不会结束。

人们可以推断说，此在的本质必定在于这种自我规定或自我阐释的能力。在某种意义上，这是正确的。因为这一点是此在和其他存在者之间最根本的区分。然而，这可能让人产生误解。因为这种特殊的能力与任何用来定义其他存在者的什么-存在的能力都不同。这种能力的运用确定了这种存在者是谁，是什么，而不是对这种存在者的固有本性进行展示。用海德格尔的说法似乎更好一些，也就是说，此在的存在在于生存。因为对于此在来说，单单生存就是一个问题，这个问题只有通过生存才能解决。因此，在所有存在者当中，只有此在能够被称为真正地生存着。与此相应，海德格尔要求我们把某个给定的此在所具体实践的自我阐释以及它选择去承担的生存论的可能性看作一种生存领会。他认为这种（理解）决定着此在的存在状态；并且，他将任何对此在的本体论分析——任何试图揭示使所有实存性理解成为可能之结构的尝试——都视作一种生存论分析。

在后面，我们将更仔细地考察此在的这种特征。¹但是我们已经能够看到，海德格尔为什么认为在基本存在论的探讨活动中此在是必须被质疑的那种存在者。因为，任何这样的活动，其目的都是质疑存在，而存在通过存在者的存在来展现自身。此在的本质在于生存这一事实，使此在的存在和存在的关系至少在三个方面变得特别密切。首先，不像任何其他存在者，此在在存在者层次上或生存上的任一状态都体现了一种与它自身的存在关系。只要此在存在，任一此在都把和自身存在的关系看作一个问题。其次，任何一种这样的关系都体现了一种对它的存在的综合把握，体现为一种对它的存在提出的问题的特殊回答。因此，它的任一生存状态都潜在地是"存在论的"，在它的存在中，展现了一种对此在的理解，因此也展现了一种对存在的理解。再次，在任何给定的生存状态中，此在必然把自己和环绕在自己周围的世界关联起来。如果不利用与我选择的行动相关的工具，我既不能淋浴也不能读惊悚小说。因此，此在总是怀着某种领会和疑问把自己和其他的存在者关联起来。此在把这些存在者看作它们所是的存在者，它们存在着，而不是非存在。"因此，此在的第三种优先性在于它为任何存在论的可能性提供了存在者层次上以及存在论上的条件。"（《存在与时间》，第4

---

1 具体参见第2章。一些读者可能已经察觉，这种对海德格尔的此在概念的描述和查尔斯·泰勒把人描述成自我阐释的动物的思想具有非常密切的家族相似性，查尔斯·泰勒的描述显然具有海德格尔风格。泰勒在许多地方都详细地阐释了这种思想，具体参见他的《阐释和人的科学》《自我阐释的动物》（选自《哲学论文集》[Cambridge: Cambridge University Press, 1985]），以及《自我的根源》的第一部分（Cambridge: Cambridge University Press, 1989）。

节，第34页）

鉴于此在的这三重优先性，对此在进行生存论分析的准备工作，必然会提供最丰富最完整，因此也是最富启发性的探究基本存在论的方式。存在只有作为这种或那种存在者的存在才是可遭遇的。存在者以令人眼花缭乱的各种各样的方式到来。因此，如果这个基本存在论者选择质疑的不是此在而是其他的存在者，那么她[1]充其量仅仅对那种存在者的存在可能有更深刻的把握；把握存在本身或存在整体这个任务似乎要求她质疑每一种具体存在者的存在（这是不可能的），以便把单个的成果结合起来。但是如果她能够理解此在的存在，能够理解此在是唯一存在本身对其就是问题的存在者，那么她在理解和追问中将把握住那种让一个存在者把自身和任何存在者的存在（包括自身）关联起来，也就是说，把自身和所有存在的显示关联起来的东西。换句话说，她将对理解存在意味着什么有所理解；由于在对存在的理解中所理解的东西就是存在，把握那种理解的基本结构（这种理解允许自己把所有存在者的存在作为自己的对象）就将等于把握由此被理解的那种东西的基本结构（存在以系词"是"[be]的各种形式所意指的东西）。正如我在前面所指出的，此在的生存论分析并不仅仅是基础存在论的本质性的准备工作；相反，"一般意义上的此在存在论分析构成了基础存在论"（《存在与时间》，第4节，第35页）。

---

[1] 作者在本书中一般都选用"她"来指不确定的他人。但译者认为这仅仅是个人有意做出的选择，标示着作者在看待性别关系方面所具有的某种个人倾向。——译者注

哲学、历史和现象学

海德格尔为他的探究确定了恰当的质疑对象之后，就概述了他所提出的处理这个对象的方法。例如，他确实不想让那种最显然或被广泛接受的对此在存在的日常理解引导他的探究。由于此在自己的存在对此在而言就是一个问题，此在总是活动在对自身存在的某种领会中。在这种意义上，海德格尔的探究仅仅是把此在的存在本质上所固有的倾向推向极端。但由此并不能推断说，那种浸透此在日常生存模式的自我领会将为基础存在论的研究提供一个最适当的方向。尽管我们知道在这个阶段，把那种自我领会推向极端或许最终导致要完全重新建构它。然而，海德格尔也确实不想依赖于从任何存在者层次上的科学中得到帮助：尽管多年来此在的本性和行为被众多学科研究，我们却不能保证，它们的生存研究的生存论基础不是从教条主义的理论偏见而是从此在的真正本性中可靠地派生出来的。单单某种意识形态传统或哲学流派在文化上的权威就使这种教条主义的理论偏见成为不言而喻的东西。

因此，我们需要回到被质疑的对象本身，而（尽可能地）不借助于已经存在的说明和理论的中介作用；我们也需要在绝对非专业化的语境中研究它，以便可以避免假定这样的非典型的境况所特有的这个存在者的行为或状态的某些方面在事实上展示了这个存在者的本质属性。对海德格尔来说，这意味着此在必须这样来显示自身："它首先和通常是在平均的日常状态中显示自身。在这种日常状态中，存在着某些我们将展示出来的结构。这些结构不是任何随意的偶然性的结构，而是本质性的结构。事实上，在此在所拥有的每一种存在方式中，它们都持续地决定着此在的存在特征。"（《存在与时间》，第5节，第37—38页）海德格尔在这里没有假定此在的日常状态最充分最本真地显示了此在的可能性，他假定的仅仅是他倾向于从此在对日常状态的自我领会中获得一些帮助。正像我们将要看到的那样，海德格尔认为事实刚好相反。他确实认为，日常状态就像此在的任何其他状态一样，必须显示出构成此在的存在的那些结构。而且，他认为哲学传统忽视日常状态的倾向将使我们更好地把握它的特征，而不会受到易引起误解的先入之见的扭曲。因此，日常的生活领域是我们最好的出发点，它或许不能给我们所关心的问题提供最后的定论，但它能够也应当提供一个出发点。

然而，如果对探究的整体目标或目的没有一个初步的设想，如果对质疑的对象所拥有的某些被证明是最有启发性的特征没有一个初步的了解，对此在平均的日常状态的任何探究都不能够展开。就像我们在前面所看到的那样，一个真正无前设的探究将缺少方向。然而，如果这种探究对它自身以及那些了解它的结论的人是完全透明的，那么它的前概念必须被明确地公布出来并得到承认。因此，海德格尔宣称，"我们将把时间性作为我们称之为'此在'的那种存在者的存在的意义"（《存在与时间》，第5节，第38页）。

他的生存论分析将试图表明此在的构成结构最终必定被阐释为时间性的模式，从而，每当此在默默地领会像存在这样的东西时（无论是它自己的存在还是任何其他存在者的存在），它都把时间作为自己的立足点。然而，如果所有存在论的领会都奠基在时间之中，那么除非从时间性的角度出发，否则在时间视野中，就不能够领会存在的意义。"在对时间性问题的说明中，存在的意义问题将首先得到具体的回答。"（《存在与时间》，第5节，第40页）

当然，我们必须等到这个计划深入地得到实施，才能试图去评判它的结果及其意义。要理解海德格尔将在他的探究的第一阶段也即他为此在的生存论分析所做的准备工作采取的方法，这种初步的说明就是不可缺少的。因为，从事这样一种探究本身就是此在在存在者层次上的一种可能性，而且在所有的存在者当中，也只有此在能够进行这样一种努力。因此，这种探究的基本结构必然要符合由此在的生存论建构所设定的限制。如果这种建构本质上是时间性的，那么对这种建构的任何探究都应当扎根在时间中理解自身，从而在更具体的意义上理解到自身是有历史的。在岩石和植物发生了某些事情的那个期间，它们占有空间和时间，在这种意义上，岩石和植物有一个历史。然而，此在生存着；它过一种生活，在这种生活中，它自己的存在对它自身就是一个问题。但是，不能认为此在在过去所发生的事情已经被留在了此在的后面，甚至也不能认为这些事情充其量只能作为记忆和伤痕被回忆起来。此在不仅有一个过去而且生活在它的过去之中。此在在随身携带着自己的过去的意义上生存着——此在的存在给此在所提出的那个问题总是被此在的历史处境烙上不可消除的印记。正如海德格尔所说的：

无论此在当下拥有什么样的存在方式，也无论此在拥有什么样的存在领会，此在已经在生存中进入流传下来的解释自身的方式中，并在这种解释自身的方式中成长：此在首先以这样的解释方式领会自身，并且在一定的范围内总是这样领会自身。通过这种领会，此在存在的可能性被揭示出来并得到调整。[1]

(《存在与时间》，第6节，第41页)

然而，如果这对一般意义上的此在来说是真实的，那么对作为存在论的探究者的此在来说，也必定是真实的。因此，海德格尔对此在的初步领会就使他必须把自己的探究看成传统的存在论探究中的一部分，因此他必须让他的探究发展这种传统并筹划它的未来。而且，他也必须承认这种传统的历史给他的探究烙上了不可消除的印记，他也必须把他的探究看作这种传统的历史在当下复活的场所。这种内在的历史性具有多种含义。首先，它意味着海德格尔正试图提出一个其真实的意义已经被扭曲了几个世纪的问题。一方面，从整体上来说，存在论探究的传统一直试图掩盖或忽视存在的意义问题。另一方面，就对具体的存在领域的理解而言，它提出了许多存在论范畴。这些范畴看起来似乎是不言而喻的，因此也被看作由理性提出的永恒有效的判决（在这里，海德格尔提到笛卡尔的

---

[1] 在本书的后面我们将更加具体地考察海德格尔提出这个论断的根据，请特别参见第7章。

我思或基督教的灵魂这样一些观念就被作为理解此在的范畴）。因此，如果海德格尔的问题得到正确的回答，他必须打破他所面对的传统的坚硬外壳。他必须找到一种提出这个问题的方式，从而能够恢复这个问题的深刻性并看到解答这个问题的障碍所在。他也必须揭示出那些表面上似乎确定无疑的把各种存在者分门别类的哲学范畴的历史偶然性，并且必须表明这些"永恒"的真理事实上是某些理论家利用他们的某些文化资源来回应某些历史遗留问题时所得出的僵化产物。

然而，海德格尔并没有简单地把哲学传统看作处处束缚并扭曲我们的思想的东西。他从过去所继承的东西规定并限制了他在探究他的根本问题的过程中所面对的可能性，他不能简单地抛弃它们。毕竟，如果他完全毫无区别地抛弃他的传统提供的每一种可能性，那么他将使他的探究毫无方向，他的追问无法进行。事实上，他必须接受的哲学的过去就两个最重要的方面而言都是积极的遗产。首先，如果此在对存在的领会建构着它的存在，它就绝不能完全失去那种领会。因此，甚至从最易误导并扭曲人们的思想的哲学传统的理论体系中，也必定能够发现对存在论探究具有潜在价值的东西。其次，海德格尔从来没有宣称，这一传统的任何因素都是不可取的。相反，相对来说，他强调新近的哲学工作的积极因素（例如康德对时间的强调，他把时间看作感性直观的一种形式），并且，他尤其强调在古希腊这一传统的开端时期所做的哲学工作的价值（这一点也不奇怪。因为，如果这样的工作在根本上没有包含一种对存在意义问题的初步正确把握，那么类似于存在论探究的传统的任何东西都不可能从中产生出来）。

因此，海德格尔对他的生存论分析的历史母体的持续关心，不仅是一种具有戏剧色彩的学术化的阐明问题的方式，而且在本质上是一种并不重要的方式。用其他方式，或许可以非常容易地考察这些问题。然而，只有通过这种方式，这种探究活动才能找到正确方向，并把握自己可以拥有的最丰富的可能性。没有基础存在论的历史就不可能有基础存在论，没有哲学史就不可能有哲学。海德格尔对他的探究与其历史的关系的看法既不是简单地否定也不是简单地肯定。它既不是摧毁也不是重构，而是解构。因此，在人文科学中，它形成了近来非常流行且颇受争议的策略的起点。通过解构这个标签，这些策略才为人们所了解，而且这些策略或许最常和德里达的名字联系起来。如果我们把德里达的工作和它的海德格尔根源（我们经常明确承认这一点）联系起来，我们或许可以看到，他的工作与哲学史的关系像海德格尔的一样，非常微妙而复杂。换句话说，我们或许能体会到解构不是摧毁。

但是，如果解构是海德格尔的基础存在论的遗产，是基础存在论为哲学这门学科的未来所打开的可能性之一，那么它最直接的祖先（海德格尔相信他的工作能够把哲学传统中的因素带到活生生的当下）是胡塞尔的现象学。考虑到海德格尔自己就感觉到，如果人们要把握一种理论产品的最深刻的洞见和谬误，就需要了解这种理论产品最直接的来源，因此，去理解海德格尔自己的探究的胡塞尔背景在根本上将变得非常重要。然而，在《存在与时间》导论部分的结尾处，当海德格尔声称他的工作是"现象学"时，他承认了胡塞尔的影响和原创性，但他却有意地不去详细分析他的工作和胡塞尔的现象学之间的关系。相反，他对"现象学"这个术语进行了词源学分析,并由此得出他自己的现象学。

这种疏忽(或更准确地说,替代)是一个谜。[1]但预先就假定《存在与时间》的读者所面对的这种派生模式并不完全符合它的作者的意图,将是非常草率的。相反,我们所能采取的最恰当的阐释原则必定是:相信海德格尔在这方面所做的决定具有内在的理由和根据。这一原则能够充分保证海德格尔获得他所需要的东西,而且使他能够以可选择的最令人满意的方式获得它们。除非这种假定最终导致这本书作为一个整体给出了明显不恰当的解释,否则我们没有合理的理由去关注那些被作者从文本中排除出去的问题。因此,我打算考察海德格尔自己所关注的地方(circumspection),并且重点考察海德格尔在《存在与时间》中用"现象学"这个标签所强调的核心思想。

首先,海德格尔肯定地说,"现象学"所称的是一种方法,不是一个学科。因此,现象学和它的姊妹神学或方法论不一样。神学或方法论对具体类型的存在者,对具体的存在领域或模式,就其所知进行清楚明白的系统说明。按照海德格尔的说法,现象学并不划分任何这样的存在领域:

> 现象学表达的是一个一般性的原则,我们可以表述为:"面向事情本身!"它反对任何漂浮无据的构造和偶然之见,它反对接受任何仅仅在表面上得到证实的观念,它反对那些

---

[1] 在第五章和第七章中,我将更具体地讨论这个问题。

一代代流传下来的傲慢地自负其为问题的伪问题。

(《存在与时间》,第7节,第50页)

遗憾的是,这和一套空洞的陈词滥调似乎没有什么两样。没有人可能宣称自己赞同这些伪问题和漂浮无据的构造;问题是如何能彻底地避免它们。海德格尔通过词源学手段,也就是说通过分析构成"现象学"(phenomenology)这个术语的两个语义成分"现象"(phenomenon)和"逻各斯"(logos),更加完善地定义了它的方法。当然对我们的目的来说,最重要的事情不是这些推论是否准确,而是由其推论出什么。

我们将首先考察"逻各斯"这个词的语义成分。正像海德格尔指出的那样,这个古希腊词语有各种各样的翻译,诸如"理性""判断""概念""定义""根据"或"关系"(我们还可以加上"律则"[law]和"言"[word],"逻各斯"这个词在《圣约翰福音》的前言中被翻译为"言"[word])。然而,海德格尔认为,"逻各斯"这个词的词根意义是"话语"(discourse)。但是"话语"不是被理解为"断言"(assertion)或"交流"(communication),而是被理解为"把在'话语'中正在被'谈论'的东西公开出来"(《存在与时间》,第7节,第56页)。因为,话语交流的基本目标就是传达与话题有关的事情;从理论上来说,所说的东西就是从所谈论的东西中得出来的,并被如其所是地展示出来。近来,对真理就是判断或断言与其对象相一致或相符合的问题的强调,没有考虑到这样的一致性得以可能的条件。更具体地说,他们没有看到,除非对象在其存在中已经被下判断者揭示出来,否则就没有判断和这个对象是否一致的问题。这仅仅是对海德格尔将在书的后面展开的论证做了一个扼要的简述；因此，在这里我们还很难判断它的有效性。[1]然而，海德格尔认为，古希腊的术语"逻各斯"原初的意义就是指在存在者的存在中把存在者从根本上揭示出来。海德格尔这个现象学家所关心的就是这一点。

在海德格尔看来，"现象"这个古希腊词语也具有类似意义。在这里，我们必须牢记的是，"'现象'这个术语表达的是在其自身中显示自身者，也即显示出来的东西。因此……现象就是处于白昼之光中或被带入光明之中的东西的总和"（《存在与时间》，第7节，第51页）。当然，存在者能够以许多不同的方式显示自身：它们或许以它们所不是的东西（假相）显示出来，或许作为其他确实不能直接显示自身的东西的在场的指示而显示出来，或许作为某种本质上从来不能直接显示自身的东西的显示而显示出来（康德的和物自体相对的现象概念以及经验直观的内容概念，都被理解为必然不能直接照面的物自体所显现出来的东西）。这些不同的显示方式的区分非常重要。但是它们都根据自身的真正本性在自身中显示自身。因此，在海德格尔所认同的"现象"这个词的正式的词根意义上，它们都被看作现象。

然而，"现象"这个词的现象学意义要比这更加具体。这一点最好通过和康德知识论的一个成分的类比来阐释。在康德的知识论中，空间和时间被看作感性直观的形式。按照康德的说法，空间和时间既不是存在者也不是存在者的属性，因此它们不能作为感性直

---

[1] 更详细的讨论，请参见第三章。

观的内容被揭示出来。但是我们对世界的经验只有在假定我们由此所遭遇的对象占有空间和时间（空间或时间）的基础上才得以可能，也就是说只有在假定经验拥有空间-时间形式的基础上才得以可能。正是出于这个原因，空间和时间构成了任何对象必定在其中被遭遇的境域，因此在某种意义上，空间和时间必定伴随着每一个这样的存在者。但是它们自身作为经验对象是不可遭遇的，它们也不是经验的可分离出来的组成部分。然而，对它们的地位所进行的具有充分自我意识并且细致入微的哲学研究，能够使它们成为理论理解活动的对象，从而能够把那些在日常经验中显现出来的基础性的但总是没有被专题化的东西作为专题进行探讨。

现象在人和存在者的相互作用中占有一个位置，这个位置和康德的空间和时间观念非常类似。为了表明这一点，海德格尔从这个角度来定义现象学的"现象"：

> 在现相（appearance）中，作为先于通常领会的"现象"（"phenomena"）并总是伴随着它已经显示自身的东西，它即使不是以专题化的方式显示自身，却能够以专题化方式显示自身。那种在自身中显示自身的东西（"直观形式"）就是现象学的"现象"。
>
> （《存在与时间》，第7节，第54—55页）

和康德的类比非常清楚地表明，现象学的"现象"（"phenomena"）在我们以上所区分的三种意义中的任何一种意义上都不是现相（appearance）。因为感性直观的形式并不把它们所不是的东西显现出来,而且它们不是其他不显示出来或必定不能显示出来的东西的符号。但它们也不是某种必然不能显示出来的东西。因为,受康德启发的那个哲学家就能够把空间和时间如其所是地显示出来。因此,空间和时间不仅在现象这个术语的正式意义上被认为是现象,而且在其词根意义上被认为是话语或"逻各斯"的合适的主体,对现象学本身来说也是如此。

但是,这些思考仅仅告诉了我们现象学的对象不是什么;它们并没有阐明现象学的对象是什么。确切地说,在现象学的意义上,现象是什么?

> (现象)显然是这样一种东西:它首先与通常恰恰不显现,同首先与通常显现着的东西相对,它藏而不露;但同时它又从本质上包含在首先与通常显现着的东西中,其情况是:它构成这些东西的意义与根据。这个在不同寻常的意义上隐藏不露的东西,或复又反过来沦入遮蔽状态的东西,或仅仅"以伪装方式"显现的东西,却不是这种那种存在者,而是像前面的考察所指出的,是存在者的存在。存在可以被遮蔽得如此之深远,乃至存在被遗忘了,存在及其意义的问题也无人问津。
>
> (《存在与时间》,第7节,第59页)

如果"现象学"不得不和现象的逻各斯断绝联系,如果它让那些在自身中显示自身的东西从自身中看到自己,那么它就是也必定是我们通达存在者存在的方式,当然也是我们通达存在的意义、变体和派生物的方式。基础存在论只有作为现象学才是可能的:只有那种方法适合那个主体。现象学是关于存在者存在的科学。

结论：海德格尔的设计

现在我们能够看到，海德格尔关于探究存在意义的正确形式所进行的初步反思，如何履行了我们在《存在与时间》导论部分的结尾处所发现的探究存在意义问题的具体计划。由于存在总是某种存在者的存在，任何这样的探究都必须选择一种具体类型的存在者作为质疑的对象，并找到通达这一存在者的最适当手段。由于这样一种探究是此在存在的一种模式，只有首先对此在进行生存论分析，这种探究才能完全自我透明。但是此在的存在是这样一种存在：它自身的存在对它是一个问题，而且它能把握与它不同的其他存在者的存在。在此在存在的所有显示中，和存在的这样一种特别密切的关系意味着，此在的生存论分析也应当成为那种探究的中心任务。那种生存论分析将揭示出此在存在的组成结构就是时间性的模式。由于此在是任何存在领会在存在者-存在论层次上得以可能的前提条件，时间必定是领会存在意义的视域。但是如果此在的存在在本质上是时间性的，那么揭示这一点的那种探究本身在本质上必定是有历史的，必定是一种把哲学研究存在的传统带到当前的实践。因此，它必定为了一个丰富的未来通过解构自己的历史来解放自己——从遗忘中拯救存在问题,揭示那些貌似永恒的对存在和存在者的阐释的具体历史根源,并且重新恢复它们更加积极的可能性。

相应地,海德格尔的计划分为两大板块,每一块都由三个部分组成。在第一个板块中,首先对此在进行生存论分析(第一部分),接着表明这种分析奠基在时间性之中(第二部分),最后时间被阐释为存在问题的超验视域(第三部分)。在第二个板块中,借助于对康德的图式论和时间学说(第一部分)、笛卡尔的我思(第二部分)和亚里士多德的时间概念(第三部分)的研究,详尽地对存在论的历史进行现象学的解构。然而,实际上,只有第一个板块的前两个部分起初以《存在与时间》为书名出版了,其他缺失的部分在以后的版本中从未被增补进去。换句话说,海德格尔的大作只包含了他从时间性的角度对此在存在的阐释。

关于《存在与时间》这本书的这个事实——它是一个更大的整体中的部分内容——对正确理解它极其重要,但需要非常慎重地处理这个问题。过度强调海德格尔最初为本书内容所设计的范围,会导致对《存在与时间》的严重误读;因为我们的注意力由此会被引导到目标和实际完成情况之间的不一致上面去,以至我们会认为这种不一致意味着:因为《存在与时间》是一本未完成的书,所以在它的开头几页中所提到的那个更大的计划也没有完成。关于这本书为什么没有完成,有许多猜测。难道这意味着海德格尔从来就没有抽出时间把他想在缺少的那四个部分中说出的东西详细地写出来?更确切地说,难道这意味着海德格尔已经意识到了他的计划的那些部分,甚至作为一个整体的更大的计划?在根本上是不可实现的？

然而，简单地假定——正像这种猜测所预先假定的那样——《存在与时间》的其他四个部分或至少说和这四个部分在公开的主题与一般的方法论精神上相近的一系列文本没有出现，是错误的。1929年，海德格尔出版了另外一本书（《康德和形而上学问题》[Kant and the Problem of Metaphysics]）[1]，详细地分析了康德的图式论和时间学说。1927年（《存在与时间》的出版年），海德格尔在马堡大学做了一系列讲座，他对时间作为存在问题的视域的阐释，以及对笛卡尔的本体论和亚里士多德的时间概念的研究，都在这些讲座中公布出来。这些内容现在以《现象学的基本问题》(The Basic Problems of Phenomenology)[2]为书名出版。如果我们把这三本书放在一起，那么我们就有了海德格尔最初想称之为"存在与时间"的一整本书——即使在形式上和他的设想不完全相符。[3]因此，尽管海德格尔后来或许认为他最初对这一哲学工作的设想在某些方面是不恰当的，但由此就认为他在《存在与时间》的现存文本结束的地方就放弃了完成他的计划，是错误的。

这些补充文本的存在也使我们没有任何理由不把《存在与时间》看作更大计划的一部分。如果我们不过度阐释《存在与时间》未完成这一事实，也不低估这一事实的重要性，那么这就是一个非常有益的提示。更具体地说，我们一定不要把第一个板块的前两个

---

[1] R.塔夫脱译（布卢明顿，印第安纳州：印第安纳大学出版社，1900）。

[2] 艾伯特·霍夫施塔特（Albert Hofstadter）译（布卢明顿，印第安纳州：印第安纳大学出版社，1982）。

[3] 参见《现象学基本问题》的编者在前言中所作的评论。

部分和第三部分在事实上的分离，看成这两个地方的工作在概念和方法论上也有了区分的证据。因为，海德格尔总是把他对此在的生存论分析，理解成他对存在的意义问题所进行的更广泛探究的一部分。因此，《存在与时间》把此在的存在作为唯一关注的焦点，并不表明海德格尔把他的核心计划看成人类中心主义的。至少他没有以任何明显的方式来表明他的核心计划是人类中心主义的。他最关心的一直都是存在的意义问题。因此，当《存在与时间》以严重脱离语境的形式孤零零地出现在我们面前时，我们一定不要忘记我们知道了什么。

最后的警告所关心的应该是在什么意义上《存在与时间》是一本未完成的书。文本以未完成的形式出现，在实际上这至少有可能是一种欺骗性的手段，从而让我们怀着期待去理解它而不是去反思它的实际状况。海德格尔把一部看起来不完整的文本展现在我们面前，他或许正在试图追问我们：在我们的日常理解中，完成一项哲学研究工作涉及什么，结束一条思路可能意味着什么。毕竟，海德格尔肯定要追问我们：在我们的日常理解中，一项哲学研究活动应当如何开始。在海德格尔看来，人们可以想象的人的任何形式的探究在本质上都不可能采取完全无前设的形式。采取一种在本质上完全无前设的形式，经常被当作哲学理论活动的理想。如果此在在存在者的存在中对存在者的综合把握，总是一种在追问着的把握（这种把握表现为一种理解，这种理解不仅是先前的追问所取得的结果，而且本身就影响着进一步的追问，因此这种理解总是在不断变化），那么此在能对毫无疑问的东西有所理解就是不可想象的。因此，人的探究有一个绝对的最终结果这个观念，对海德格尔来说，就像相信有一个绝对纯粹的出发点的观念一样是没有意义的。对一个时间性的存在者来说，它的追问的起点和终点都不可能是没有条件的。

因此，发现下面的这一点将一点也不奇怪：《存在与时间》的最后几页——透着没有完成的语气，指向还未做的工作，强调重新系统地表述问题，而不是为其提供明确的答案——像人们通常所希望看到的那样，也在哲学中达到了一个非常典型的结论性的终点。因为以下两个观念与其说是所有哲学家应当渴求的理想，不如说是他们必须学着摒弃的幻想：只有当一个哲学计划明确回答了它为自身所设定的所有问题时，这个哲学计划才是完整的；只有当一个文本不再要求继续自己的时候，这个文本才是完整的。我们将回到这个处在这本书最后几页的问题。但是，读者从一开始就应当牢记：《存在与时间》看起来显然没有完成它为自己设定的任务，这一失败确实不意味着它的哲学工作是不完整的。

然而，在我们转向考察那个工作之前，我想重点指出海德格尔的一般计划在哲学上具有什么独特性。当然，他对人的生存的具体本质的关注在哲学史上并不罕见，特别是在现代，它一直都是这门学科的绝对中心。然而，特别之处在于海德格尔的分析框架更加宽广。的确，或许有一个关于存在本身的问题这样一个观念，正是海德格尔在能够回答这个问题之前需要从遗忘状态中拯救出来的观念。这个问题潜藏在关于存在的具体领域的所有问题之中，并构成它们的存在论基础。要拯救这样一个观念，就使海德格尔卷入了一项有益的工作，让他的读者看到一个问题能够在通常不受质疑的层次上被追问。哲学家们通常都强迫那些不是哲学家的人去追问一些具有破坏性的问题，这些问题能够瓦解奠定他们日常活动的基础的假定。怀疑论者关于归纳法和他人思想的问题把这一点推向了极端。因此，看到同样的程序用在哲学家们自己未经思考的假定之上，不仅非常诱人而且具有潜在的教育意义。即使我们最后不再考虑海德格尔的问题，但是他试图提出这个问题的努力至少使我们去反思我们曾经认为理所当然的事情。

这种强烈的自我意识正是海德格尔工作最独特的地方。他的研究渗透着对自己所假定的前提的清醒意识。首先，他一开始就把引导着他的分析活动且与他的主题相关的一些前概念明确表达出来。这些前概念没有被留在暗处等待追随者和解释者们去发掘，而是本身就成为分析的对象——这个分析认同这样的前概念在任何探究中所扮演的重要角色。其次，他对这样一个事实非常敏感：他的探究形成了一个漫长的哲学传统的一部分，在一定程度上，他的探究不可避免地在传统中寻找自己的方向，传统必然会给他提供工具和陷阱——提供重要的概念资源和僵化的貌似不言而喻的范畴。也许海德格尔比其他任何哲学家（黑格尔除外）都更加充分地认识到，若没有自身的历史，他探究的主题在现在乃至未来都不可能被理解。他也更加充分地认识到，哲学史属于哲学而不是历史。在自己的工作中，他清醒地意识到，所有这样的工作只有接受自己的过去才可能富有成效。再次，在写作中，海德格尔一直都意识到这样的写作是人的一种行为，展现了人的一种可能性。他知道他是这样一个存在者：他的存在方式就是他的工作主题。因此，他的工作所取得的成果必定反过来影响他的工作方式。

最后这一点的内涵非常丰富且深刻。首先，它为所有以此在为研究主题的学科指出了一个重要的方法论原则。只有在对此在作为一个探究者意味着什么有了最丰富最准确的理解之后，一个探究本身才可能是丰富而准确的。但是那种理解只有通过对此在的存在进行探究才能获得。对海德格尔来说，这并不意味着矛盾——只有探究者完成了对此在的探究，此在才能成为一个探究者。这揭示了在人文科学中存在着那种可以称之为解释学循环的东西。它的意思不是说开始新的探究是不可能的，而是说任何探究都不能完全没有前设。相应地，前设不仅不应该被回避，而且应该被接受并得到尽可能充分的利用。我们必须通过在某个前概念（虽然是临时性的，但却是深思熟虑的结果）的基础上开始我们的探究来进入这个循环，然后当我们得出一个暂时的结论的时候，我们在更深刻的理解的帮助下重新回到出发点，接着，这样一种向出发点的回返又能使随后得出的结论更加深刻——如此就不断地循环下去。这就是《存在与时间》的第二部分再一次仔细考察属于第一部分的材料的原因。《存在与时间》的第二部分在海德格尔所做的第二次循环的基础上深化了所得出的洞见。

这种对所有对此在和存在的意义进行探究的人的本性的意识，引出了第二条非常重要的方法论原则——哲学批评需要诊断。因为，海德格尔既断言此在是唯一对存在有所领会的存在者，又断言此在对存在的探究一直都把存在彻底领会错了。这两个断言一起暗示着，此在一直都彻底和在本性上仍然最适合自己的东西不相协调。这样一种长期的根深蒂固的不一致，这样一种不仅是理智上的而且影响着此在的生存状态的不理解，明确地要求解释。从这个背景来看，海德格尔公开宣称自己有能力避免那些错误，有能力在貌似不言而喻的传统范畴中发现真理的颗粒,有能力重新唤起对存在的探究并为这些探究重新确定方向,这种能力本身需要解释。他如何能够看到其他那么多人没注意且仍旧没有注意的问题?换句话说,在海德格尔的哲学中,哲学误解不仅要求被认同,而且要求提供一种病原学,要求诊断努力阐释这些误解的人如何并且为什么误解了如此接近他们本性的东西。

因此,必要的诊断工具由对此在本身的生存论分析提供。对海德格尔来说,因为此在的存在对此在自身就是一个问题,所以此在任何既定的生存模式都必须接受海德格尔所说的本真性和非本真性的评估。对任何一个既定的人,我们总是可以问:她(she)在各种不同的可能生存模式中所做的选择以及她据此行动或践行选择的方式,是否能够最真实地展示她自己,更确切地说,是否忽略甚至忘记了她自己。本真性这个术语的完整意义将在下一章显示出来。但是,如果本真性与人的生存的一般相关性能够真正地建立起来,那么本真性必须适用于描述个体彻底进行追问存在意义这一具体任务时的状态。如果哲学家没有以最本真的可能方式这么做,如果他们没有恰当地把这样的探究作为他们存在的生存状态来把握,那么他们探究的相应结果将是非本真的。正如海德格尔所说:

> 生存论分析的最终根据……是生存状态,也就是说,是存在者的存在状态。除非从生存方式的角度,把哲学研究的探究活动本身领会为每一个生存着的此在的存在可能性,否则这种探究活动就不可能充分揭示生存的生存论结构,也不

可能为存在论问题的讨论奠定适当的基础。

（《存在与时间》，第4节，第34页）

这就是海德格尔针对他的前辈和同事的错误做出诊断的基本假定：他们没有正确地提出存在问题是由他们没有领会本真性的意义造成的，而且没有正确地提出存在问题本身就是本真性的失败。当然，这意味着正确地提出这一问题的任务只有在生存论意义上进行本真探究的追问者才能完成。海德格尔有点傲慢地认为，这就是至少他开始去做的事情；但他谦卑地认识到在这条道路上所犯的任何错误将暴露他自身的非本真性。而且，他的成就，如果的确是真正的成就的话，将不仅仅对他自己有益；因为在生存论分析中他提供给读者的东西同时就是诊断他们自身非本真性的工具，而且也是克服他们自身的非本真性的工具。事实上，在本书中，下面一点将变得越来越清楚：我们要理解海德格尔在《存在与时间》中试图去完成的工作，就必须充分领会他为何持续地专注于他的文字允许并迫使他和读者建立和维持的关系。

在哲学活动领域，提出本真性问题曾经是老生常谈：从事哲学活动在很长时间内都被看作是一种获取关于人生意义的智慧的方式，或许可以说从事哲学活动就是在试图获取这种智慧，因此从事哲学活动也是在追求过一种更美好的生活。现在，某人在哲学上的成功或失败能够依据他本人的体验得到合理评价的观念很少得到重视；可以把某人的哲学立场在生存论的意义上判定为非本真的这种观念，看起来既荒唐又无礼。如此的反应证明了哲学压抑了这样一个事实：正是人创造了哲学，从事哲学活动是人生的一部分。当然，用行动把这种压抑完美地发泄出来是可能的；最容易的发泄方式就是以压抑自我本性的方式从事哲学写作。但是，正如克尔凯郭尔所指出的，如此的遗忘——特别是当某人讨论的话题就是人是什么的时候——若不是喜剧性的，就将带来悲剧性的结果。在《存在与时间》中，海德格尔试图描绘出这种压抑在哲学史上产生的悲-喜剧效果，并展示出当这种压抑被解除的时候哲学释放出来的丰富内容和强劲活力。

第一章

人的世界：怀疑主义、认识和中介

（《存在与时间》，第9—24节）

《存在与时间》的第一部分对此在进行了准备性的基本分析。就海德格尔关心的存在论问题而言，它是基本的，或更确切地说，是生存论的。海德格尔并不打算列出此在所有可能的生存模式，也不想对其中的任何一种模式进行分析，也不想依赖那些迄今仍指导着人类学家、心理学家和哲学家们的关于人的本性的假定。相反，他通过对此在进行生存论分析，批判地评价了那些假定。对此在的生存论分析真正允许此在的存在在自身中并为了自身显示自身。然而，这种分析也是准备性的：它的结论不是我们研究的终点，而是能使他的研究进一步深化的出发点。这种准备性分析揭示了此在的存在和时间性之间的基本关系。在这个意义上，第一部分为第二部分扫清了障碍。

第一部分的整体结构在逻辑上非常清楚。对此在平均的日常状态的说明被用来证明此在的存在就是在-世界-之中-存在（Being-in-the-world）。在-世界-之中-存在本质上是一种统一的现象或一个整体。因此，海德格尔对笛卡尔的观点提出了质疑。笛卡尔认为人的存在方式在本质上是复合的，是纯粹物质世界中的不同成分（也就是说思想和身体）的范畴综合。然而，在-世界-之中-存在这个术语中用连字符连接起来的成分却都是相对独立的。因此，海德格尔对"世界"的观念进行了非常不同的分析，接着对那个和同类其他存在者一起栖居在那个世界中的存在者进行了同样的分析，最后分析了"在之中"这个成分本身。海德格尔通过揭示作为在-世界-之中-存在的此在的存在以他所谓的"操心"为基础并由"操心"统一起来，结束了第一部分。这一章着重分析海德格尔对笛卡尔的批判。这种批判是由海德格尔对世界的世界性的分析引出来的。第二章将考察此在与他人以及与它自己的情感和认识状态之间的关系。第三章将系统阐释语言、实在和真理概念。这些概念以人的生存概念为基础。这种人的生存概念认为人的生存在本质上以它的世界以及那些和它一起占有这个世界的人为条件。我们对作为一个整体的第一部分的讨论，将以系统地阐明此在的存在在本质上就是操心这个观念作为结束（第四章）。

关于此在的特征的两个假定从一开始就为这种分析确定了方向。起初，海德格尔仅仅凭直觉认为这些假定是合理的，但是后来他努力给出更加令人满意的阐释。第一个假定（已经介绍过了）是此在的存在对此在是一个问题。它的生活的继续，那种生活所采取的形式，都是摆在此在面前等待它身体力行地去解决的问题，否则，它就不能继续生活下去。第二个假定就是："这个存在者在其存在中作为一个问题加以关心的那个存在，总是我的存在。"（《存在与时间》，第9节，第67页）在某种程度上，这仅仅是把第一个假定的一个含义抽取了出来。因为选择以一种具体的方式生活的任何存在者都把那种生存论的可能性据为己有——那种存在方式成为它的存在方式，那种可能性成为它自己的生存现实。这就解释了为什么海德格尔通过说在谈及此在的时候人们必须使用人称代词，来解释他对此在的"向来我属性"（"mineness"）的讨论。这是海德格尔把握住这个意义的方式。在这个意义上，这种类型的存在者都是人。但是他却没有使用像"意识""精神"或"灵魂"这样一些充满成见的哲学术语。因此，海德格尔坚持认为，具有"向来我属性"的这类存在者如果不具有个体性，至少也具有潜在的个体性。

这两个特征明确地标志着此在不同于物质对象和大多数动物。正像我们前面所强调的那样，桌子和椅子不能够把自身和它们的存在关联起来，即使是作为完全没有差别的东西也不行。它们具有属性，其中某些属性（海德格尔称之为它们的"范畴"）构成了它们的本质。但是此在具有可能性，更确切地说，此在就是可能性。就此在具有一个本质而言，它的本质在于生存（海德格尔用"生存形式"[existentialia]标记它的特征）。但是，这意味着，人的生命和其他生物的生命不一样，人的生命能够展示出个体性。鸟和兔子的生活却被源于它们的种的类别的天性和行为方式决定，它们以分类的方式来划分它们的种别。然而，那种其存在总是我的存在的存在者却能让它们是谁影响它们是什么，或者能让它们是什么体现出它们是谁（或者也能不这样做）：

> 因为此在在本质上总是它自己的可能性。在它的存在中，它能"选择"自身，赢得自身；它也能失去自身，从来不赢得自身；或者说它从来没有能赢得过自身，而只是貌似赢得过自身。就其本质而言，如果它能是本真的存在者，也就是说，如果它能本真地生存，那么它才有可能已经失去自身，才有可能尚未赢得自身。本真状态和非本真状态这两种存在模式……都奠基在此在总是为向来我属性所规定这一事实之上。

（《存在与时间》，第9节，第68页）

由于在相关的意义上桌子和椅子并不生存，不能说它们是本真地还是非本真地生存。但是，由于具有此在式存在的存在者确实生存着，它们能本真地或非本真地生存。非本真生存并不缺少存在，它像本真生存一样真实。海德格尔对本真或非本真的讨论并没有要体现任何价值判断的意图，它仅仅暗示了任何它的存在对其本身是一个问题的存在者都具有一个非常明显的特征。

然而，在海德格尔书中的这个部分，此在的这个具体特征推动了他的分析过程的其他两个方面。第一个方面是他的分析最初所关注的重点。像我们在前面所看到的那样，为了把文化中积淀下来的偏见对人的自我理解的影响降至最低程度，他打算把他的生存论分析的重点放在描述处在最普通的平均的日常状态中的此在身上。这种平均状态本质上是一种无差别的状态。任何具有明确特征的生存模式在其中都不可能突出，成为一种有代表性的具体生存模式。然而，作为此在的一种生存模式，平均的日常状态必定也要根据本真性接受评价。按照海德格尔的说法，它事实上是非本真的。因此，虽然为了揭示此在的基本生存论结构，能够对平均的日常状态进行完全合乎逻辑的分析，但是无论如何，一定不能认为它要比哲学家们所关注的典型的生存状态（例如，适合作为理论认识和科学研究的对象的状态）更本真或者更真实。

在这里，值得注意的第二件事情就是海德格尔观察到：不管此在的存在模式多么独特，一直以来在对此在的阐释中都没有承认它的这种存在模式；更具体地说，与实体和物质对象的存在相适合的存在论结构被投射到此在的存在上面。我们倾向从什么-存在（what-being）的角度理解此在，好像它拥有一个本质，它的特征就从这个本质中流出来，就像一块岩石的属性是从它潜在的本性中流出来一样；我们把自己阐释为我们所遭遇的所有存在者当中的一个普通的存在者。海德格尔对作为在-世界-之中-存在的此在的分析揭示了那些潜藏在这种阐释后面的错误观念。但是这种阐释的普遍性，以及那个唯一真正能够领会自己的存在的存在者却总是误解自己的存在这个事实，都需要解释。本真性是此在的一种生存性质（它是此在的一种生存形式），海德格尔的这个断言有助于提供一种解释。因为，如果此在的平均的日常状态是非本真的，那么它所体现出来的自我理解将同样也是非本真的；的确，在这样一种状态中，此在的存在最明显的一个标记是它将不能把握住应该属于它最本己的东西。由于哲学探究本身就是普通人所做的事情，就是人类文化实践活动的一个方面，在其中所出现的关于人的本性的观念很可能处于类似的非本真状态。

　　这种诊断方法确实不能完全解决海德格尔的问题；因为任何能够非本真地生存的存在者必定也能够本真地生存，所以我们仍旧需要知道为什么我们总是在前一种状态而不是后一种状态中结束——无论在哲学中还是日常生活中。然而，认识到非本真状态的可能性至少使下面这一点变得明白易懂：那种能够对自己的存在有所领会的存在者也可能在非本真的自我领会中过着日常的生活，并且把那种领会吹捧成哲学智慧的象征。

笛卡尔的批判

（第12—13节）

至少从笛卡尔以来，人和外在世界的关系问题就一直是西方哲学的中心问题。针对这个问题的标准的现代答案有一个重要的共同特征。笛卡尔通过描述自己坐在火炉前，在沉思中凝视着蜡球，生动地把这个问题刻画了出来。休谟在寻求因果原理的经验根据时，把自己想象成弹球游戏的观众。康德不同意休谟的分析，这导致他把自己描述成一个观察者，望着一条船顺流而下。换句话说，这三者都站在那个世界的中立的观察者的角度上来探索人和世界之间联系的本质，而没有从作为世界之中的一个参与者的角度进行探索。笛卡尔确实谈到了他把蜡球拿到火炉附近，但是他和蜡球之间的实际联系仅止于此。休谟没有想象自己在打弹球。康德从来没有想过让自己站到船的驾驶者的位置上。《存在与时间》扭转了认识论传统所关注的焦点，使它远离那种把人看作世界的一个固定的观察点的观念。海德格尔的主角是参与者而不是旁观者。他的叙述表明，仅仅依赖于旁观者的形象严重扭曲了哲学家们对人在世界中的生存特征的认识。

当然，任何传统的哲学家都不会否认人生活在一个物质对象的世界中。然而，如果这些对象从根本上被想象成视觉对象，那么那个世界从根本上就被想象成了一个演出的舞台——一系列造型或表演艺术在我们面前上演。这个舞台世界是一个从根本上排斥观众的世界——他们可以观察这个舞台世界上演的角色，但他们不能参与其中或逗留在里面。这样一幅画面非常有吸引力。一个人们不逗留在其中的世界是一个本质上不把人们牵涉在其中的世界，从根本上来说，人们不受这个世界的束缚。这个旁观者模型把传统中归于上帝的属性的自由和超越看成在这个世界上的人的能力，这不是偶然的。但是也有一些缺陷：因为这个模型也使人和对象的基本关系看起来纯粹是空间上的近邻关系，人和对象并列在一起，就像一个对象和另一个对象并置一样。正如海德格尔所解释的，这就好像是说人"在"世界"之中"的方式就如同有一些水在杯子里。这在两个非常重要的方面扭曲了事实。

首先，它使人在世界中的逗留看起来像一个关于人的生存的偶然的附属性事实，而没有表明这关系到人的生存的本质。杯子里的水可以从杯子里倒出来而没有影响水的本性。但是与杯子中的水不一样，人是生活"在"世界"之中"这个观念却不是那么容易理解。因此，在太空旅行的宇航员也不会脱离海德格尔感兴趣的那个世界。甚至设想我们离开这个空间和时间的世界之后个人的生命还能继续存在的基督教义都认为，人死后的生命拥有一个（可被复活的）身体并逗留在另一个（天上的）世界——在这个世界中，它们可以生活，可以走动，并且可以以其他的方式展现它们已经发生转变的存在。海德格尔借助于"此在"（Dasein）这个词在字面上的意义"那里-存在"（there-being）或"存在-那里"（being-there），用"此在"这个词来意指人的存在方式。他意在强调人的生存本质上是在-世界-之中-存在。事实上，这肯定了在"人"和世界之间存在着内在的关联。如果两个概念是内在相关的话，那么要完全把握其中一个概念的意义就需要去把握它和另一个概念的联系，尽管如此，这两个概念却不能被合二为一。例如，疼痛不可以被还原成疼痛-行为，但是如果一个人不理解表达疼痛的行为，那么他也不能理解疼痛这个概念的意义。海德格尔的看法是，脱离了对人生活于其中的世界的理解，人的存在方式同样不可理解。

第二个问题是表达人与其世界的关系的"空间接近"模型取消了这种关系的本质特征——在在-世界-之中-存在中的"在……之中"的真正意义。对海德格尔来说，一个人面对一个对象不像一个物质对象紧挨着另一个物质对象。桌子可以靠着墙，在这种意义上，这两个存在者之间的距离可以是零。但是桌子不能把墙作为墙来和墙照面——墙不属于桌子的世界。只有此在，这个能对自己的存在有所领会的存在者，才能在对墙本身有所理解的意义上靠着墙。

上面这句话的模糊性富有深意。海德格尔不是在说像笛卡尔这样的哲学家不愿去理解人与对象的关系的本质——毕竟，笛卡尔拿着他的蜡球完全是为了证明人的理性能够把握实在的本质。但是人不仅能够从思想或理论上把握对象，而且能够从实际生活或实践中把握它们——他们能真实地把握对象。此在所遭遇的东西在此在追求自己目标的过程中非常有用：用海德格尔的话说，它们不仅仅是现成的理论沉思的对象，而且是在手边或上手的东西。当此在照管或使用某物，完成某事或不做某事，放弃某事或休息的时候，此在就是以这种方式和它们相遇。此在不仅在它的世界中理解对象，而且关心它们（或不去这么做）。海德格尔觉得，哲学家们不仅倾向于忽视这种现象，而且不能说明这种现象的可能性。

一位笛卡尔式的哲学家也许会这样回应海德格尔的指责，虽然她可能一直没有特别关注实际生活中和世界的相互作用，但她能在对现成状态（presence-at-hand）理解的基础上很好地解释上手状态（readiness-to-hand）。的确，笛卡尔的蜡球在他的手里放着，脱离了任何直接的实际工作，也脱离了许多其他的对象和许多其他从事这样的工作的人。在制作封蜡和蜡烛的时候，蜡球的性质使蜡球变得非常上手。这些性质作为蜡球的现成特征似乎是那个哲学家怀疑的眼睛所凝视的焦点。但是那种凝视揭示出蜡球的一些属性，这些属性说明了为什么对写信的人和教堂的看守人来说，蜡球是上手的。我们可以认为如此使用蜡球的实际环境包含着许多因素：大量类似的现成对象及其属性，还有关于人的思想如何把价值和意义投射到自然世界上面的故事。这样一种说明将会证实，现成状态在逻辑和形而上学的意义上先于上手状态。如果现成状态在解释方面是一个更加基本的概念，那么哲学家们应该马上把注意力集中到它上面。

这样一种策略如何可行？对此后面将会有更加详细的解释。然而，重要的是预先澄清海德格尔正在向这种策略的支持者们要求什么以及没有要求什么。海德格尔并不认为，这样的哲学家们赋予理论认识和现成状态的那种原初性，应该被赋予实际活动和上手状态——好像制作一把椅子要比坐在椅子上思考蜡球更能体现此在的存在。在形而上学的意义上，上手状态并不先于现成状态。他确实宣称，仅仅关注理论思考倾向于遮蔽那种活动模式的某些重要的存在论特征，这些特征在其他情况下更加清楚地凸显出来，并且证实了上手状态和现成状态这两种存在模式的存在。因为如果我们把注意力集中在一个不动的主体思考一个孤立的对象的例子上，那么我们的反思很可能就带有了很深的偏见。首先，在某个环境中，如果我们的主动性没有得到发挥，并且全神贯注于思考和我们面前的对象的存在相适合的范畴，我们将倾向于用最触手可及的术语来阐释我们自己的本性——就像用一个现成的存在者来理解另一个现成的存在者一样。其次，我倾向于把两个孤立的存在者之间的关系本身看作是独立存在的，认为它先于或独立于一个更大的背景中的其他因素，我们在理论上已经把它从这个更大的背景中隔离出来。但是在这个更大的背景中，那种理论活动（就像其他活动一样）事实上必定发生。换句话说，理论认识所固有的某些特征诱导我们错误地阐释它真正的本性，诱导我们忽视这个事实：它是一种具体类型的活动，是一种和世界发生实际联系的变化了的形式，因此这种活动（像其他更加明显的实践活动一样）只有对那些身处于一个环境中的存在者，也即它们的存在是在-世界-之中-存在的存在者来说才是可能的。但是，由于忽视了我们的世界性，我们就忽视了在存在论意义上对人的任何活动形式都至关重要的东西，无论是对理论活动还是其他活动形式都一样。如果这种"世界"观念奠定了从理论上认识现成对象的可能性的基础，那么就不能把它解释为一个来自大量纯粹的现成属性和一系列价值设计的构造。因此，在存在论上无根据的东西不是理论认识或现成状态本身，而是迄今在哲学中流行的对它们的（错误）阐释——以及随之引起的对非理论活动模式的（错误）阐释。上手状态在存在论上真正的重要性是，对它的仔细分析能够清楚地揭示那些（错误）阐释没有抓住的东西——"世界"现象。

因此，海德格尔对在-世界-之中-存在的讨论有一个复杂的结构。首先，他必须表明和上手对象的实际遭遇只有作为在-世界-之中-存在的模式才能得到理解，从而揭示出了迄今未被注意的"世界"现象的基本角色。其次，他必须表明和现成对象的理论遭遇也只有作为在-世界-之中-存在才能得到理解，从而证明看起来最适合笛卡尔式分析的人的活动种类能够被容纳到他自己的方法领域。再次，他必须表明对上手状态进行笛卡尔式的解释是不可能的，从而证明"世界"现象作为一个来自现成存在者及其属性的构造是不可理解的，相反必须把"世界"现象看作存在论上的原初现象。在当前真正考察的部分，海德格尔在第二和第三个标题下面概述了他的批评。他指出了现象学的方法如何能够清楚地解释和存在者的纯粹认识关系以及为什么笛卡尔的方法不能够清楚地说明这种关系。

他开始便指出，我们和世界的交往完全吸引或迷住了我们，我们的任务以及在其完成过程中我们所使用的各种各样的存在者预先就占有了我们。因此，应当把对存在者的现成状态的理论认识看作对这种操劳的一种修正，是脱离这种熟悉的迷恋状态形成完全不同的另外一种态度的过程：

> 如果认识能够通过观察来规定现成事物的本性，那么

在我们操劳着同世界打交道的过程中，必定首先发生了一种残断（*deficiency*）。当操劳抑制着自身不去涉及生产、操作等任何活动的时候，它就把自己投入"在之中"当下唯一现存的模式中，也即纯粹停留在某处的模式。这种"滞留"（"*dwelling*"）抑制着自身不去涉入任何操作和利用活动。在这种"滞留"中，完成了对现成事物的认识。

(《存在与时间》，第13节，第88—89页)

把"认识"称为在-世界-之中-存在的残断模式，并不等于说这种模式缺少真实性或本真性。这仅仅意味着它（像在工作中忘了休息，或休息一会）能够和其他涉及利用对象完成某事的活动方式形成鲜明的对照。仅仅就它抑制自身不与对象发生相互作用而言，它是"残断的"。在所有其他意义上（并且必然如此，由于它是一种在-世界-之中-存在的模式），它都是一种完全独立的、合理的和对象打交道的潜在重要方式。如果能正确地理解"认识"，那么它（无论是仔细打量一个出了问题的工具还是在实验室中分析一种物质）就是在具体环境中进行的一种活动，因为它是从发生在其他实际环境中的人类的其他活动中派生出来的。简言之，认识仅仅是人在世界中的一种具体活动模式，因此也仅仅是由这样的活动组成的复杂网络中的一个结点，这个复杂的网络形成了文化和社会。

然而，如果没有正确地理解"认识"，如果我们把它当成表示现成的主体和现成对象间的孤立关系的一个概念，那么我们面对怀疑主义的挑战就没有任何方法化解危机。因为，如果那样的话，知识就必定被认为是这个或那个存在者的属性。由于知识显然不是被认识的对象的一种属性，也不是认识主体的外在特征，它必定是一种内在特征——它的主体性的一个方面。这样一来，"意识的密室"的神话就产生了，并且不可避免地引出这样的问题：认识主体如何能脱离它内部的密室进入外部的公共领域中，在这个领域中，存在者及其属性是它的"知识"的假定对象？当这样一个主体每次对物质领域的突然考察仅能导致有更多的观念来装饰它的密室的时候，它如何能够判定它关于对象的观念和对象本身之间所假定的一致性？它到底为何能如此确信存在着一个和它的观念相符合的对象？正如休谟著名的发现一样，任何这样的证明都不可能。当和一个对象相符的那个观念开始崩溃的时候，这个对象就把外部领域，也即世界的观念作为替代。在世界中，我们声称无须依赖具有生命的对象存在，通过观察就遭遇到它们。

海德格尔提出一个论断（哲学史上试图反驳怀疑论的种种努力似乎印证了这一论断）：如果将主客体关系理解为两个现成存在者的简单共存，那么这些怀疑论质疑就永远无法得到解答。但倘若将认知理解为"在世存在"的一种模式，这些质疑便会自行消解。因为"如果我'仅仅'知道存在者的存在联系……那么和我刚开始把握它们的时候一样，在世界中我仍旧处在和我相遭遇的存在者的外面"（《存在与时间》，第13节，第89—90页）。简言之，对此在在本质上作为在-世界-之中-存在的分析使那个怀疑论者失去了明确提出她的问题的可能性。然而笛卡尔的分析却剥夺了我们能够明确回答它的任何可能性。

这看起来就像通过抛弃笛卡尔的模型（因为它没有能够驳斥

怀疑主义)并达到怀疑主义所怀疑的概念本身,以直接回避问题的方式来反驳那个怀疑论者。但它并不是这样。因为,我们知道,笛卡尔的研究被认为是要在存在论上对认识进行充分的说明。如果那种说明的措辞使怀疑主义变得不可驳斥,那么它们就排除了知识的可能性,从而就取消了它们打算解释的现象。换句话说,从笛卡尔的角度来看,怀疑主义的不可驳斥性对笛卡尔的人与世界的关系模型构成了一个非常具有破坏性的内部障碍。条理清楚地概括出人与对象相遭遇的模式的特征是不可能的。这种模式是所有我们和世界的相互作用的逻辑和形而上学基础。当然,海德格尔的诊断在笛卡尔模型中一个更根本的薄弱环节发现了这种无能为力的根源——它没有注意到世界现象。因为,它最初把人的知识阐释为两个现成存在者间的孤立关系时,就完全忽视了那种现象;由此所导致的怀疑主义的不可驳斥性在事实上证明了如果从那个出发点开始的话,那种阐释不可能达到一种切实有效的世界概念——证明了世界概念是不可**构造**的。因此,总而言之,人们必须或者安心于这个概念的缺失,或者承认从一开始对人的存在方式的任何说明都必须利用它。

当然,那个笛卡尔主义者能这样抗议:无论哲学史的教训是什么,从笛卡尔的角度驳斥怀疑主义的挑战并构造一个切实有效的世界概念是可能的。可以肯定地说,海德格尔并不依赖于把过去的失败当作未来同样会失败的保证。然而,在笛卡尔的院子里,那个蜡球非常重要。当我们深入分析海德格尔自己对此在作为在-世界-之中-存在的阐释,并对世界现象真正是什么获得了一个更加准确清楚的理解的时候,我们将进一步发现许多强有力的理由来怀疑她能否证实她的断言。

世界的世界性

（第14—24节）

根据海德格尔的说法，"世界"概念至少能够在四个不同的方面使用：

1. 作为一个存在者层次上的概念，意指在世界中能够现成存在的存在者的整体性。

2. 作为一个存在论层次上的概念，表示这样的现成状态的存在者的存在——没有世界它们将不能成为那种类型的存在者。

3. 在存在者层次上的另一种意义上，代表一个处所，可以说某个此在生活在其中——例如，它的家庭和工作环境。

4. 在相应的存在论（或更确切地说，生存论）的意义上，指的是世界的世界性——使第三种类型的每一个世界都得以可能的东西。

海德格尔仅仅在第三种意义上使用这个概念，尽管他最终的目标是在第四种意义上把握这个概念。相应地，形容词"世界的"及其同源词仅仅用来恰当地表示人的存在方式，物理对象或其他存在者被认为"属于世界"或"在-世界-里"（within-the-world）。

因此，尽管世界必定包容在其中被遭遇的存在者，但不能用适用于它们的术语来理解世界。在第三种意义上，世界是此在存在的一个方面。因此必须从生存论而不是范畴的角度来理解世界（用我们在导论的第三部分所定义的海德格尔的术语）。

相应地，要理解世界现象，我们必须发现一种人和存在者相互作用的方式，这种方式显示出了它周围的环境。由于和对象理论上的纯粹认识关系的某些特征倾向于掩盖它的世界背景，海德格尔就把关注的焦点转移到一种更具有普遍性的非残断的人类活动形式上面——在这种活动形式中，我们使用许多东西，不是把它们看作怀疑的眼神凝视的对象而是作为工具，更宽泛地说作为用具或材料（比如"板球用具"或"园艺材料"）来和它们相遭遇。在这样一些和对象的实际交往中，它们不是作为现成的东西而是作为上手的东西出现。这就是海德格尔著名的锤子出现的地方：

> 锤打这一活动不仅显示了锤子的某些用具特征，而且它以不可能更恰当的方式占有了这一用具。……我们越少打量锤子这个东西，而是能抓住它使用它，我们和它的关系就变得越原始（primordial），它就越公开地作为它所是的东西被遭遇——作为用具被遭遇。锤打本身揭示了锤子特有的"称手性"。用具的这种存在方式（它以自己的方式公开自己）我们称之为**上手状态**。

（《存在与时间》，第15节，第98页）

笛卡尔的蜡球在他的手掌里，使它能够顺手地用作封蜡和制作蜡烛的那些性质作为偶然出现的属性公开出来。但是海德格尔的锤子是在木匠的劳动中被举起，它是工具箱或作坊里的一件东西，它被摆在那里，可以用来改变人的环境。它的重量和力量属性有助于完成最终的产品，实现工作的目标。

因此，上手状态的概念给用具带来了一个相当复杂的概念背景。当从现成状态的角度来把握对象的时候，这个概念背景并不是那么明显。海德格尔的目标就是把这一背景清楚地阐释出来——由于哲学家们迄今为止仍忽视这个背景，因此没有为它构造上手的、被广泛接受的术语，海德格尔的阐释总是困难重重。他首先指出，单个用具的观念没有意义。在缺少他所谓"用具整体"的情况下，任何东西都不可能作为用具被使用——一支钢笔仅仅在和墨水、纸、写字台、书桌等的关系中才作为一支钢笔存在。其次，一件工具的用途预先就假定了它可用于某事，假定了一件目的产品——钢笔是写信的工具，锤子用来制作家具。这种指引联系（directedness）就是"何所用"。再次，这样的工作预先就假定了有可用的原材料存在。锤子只存在在可以加工的木材和金属以及能够用其制作出锤子的情况下，锤子才可能用来制作家具——那就是构成它的"材料"。最后，目的产品将有接受者，那些将使用它的人以及他们的需要和兴趣将影响着生产这件产品的那个人的劳动——无论那种劳动是以手艺为基础的高度个人化的生产模式的一部分，还是高度工业化的生产模式的一部分。这是海德格尔所谓"公共世界"侵入车间的一个最明显的例子。在这里，工作环境越来越参与到一个更大的社会性的世界中。

因此，一件用具必然是具有"何所为"结构的某种东西：复杂的指引联系构成了它的上手状态，这种指引联系规定了它在一个用具整体和使用它的实践活动中的位置。在这种意义上，无论看起来多么孤立或不受外部影响，任何单一的上手状态的对象都是在一个工作世界中被遭遇的。甚至在一个倾向于忽视这种用具整体的工作环境中，也是如此。因为全神贯注于当下工作的任何人都将把她的注意力集中到她的劳动目的上，集中到终端产品的正确性上，她用来达到这个目标的工具当然也卷入了生产过程之中，而且正是由于它们的上手性，在生产过程中它们没有成为注意的对象。非常矛盾的是，当最初作为上手状态的对象以各种方式变得不上手时，它们就显现出来，成为注意的对象。海德格尔提到了三种不上手的方式。如果一个工具被损坏了，那么它作为不可用的东西就变得非常触目；如果它从架子上的通常位置消失不见了，它本身甚至作为不在手边的东西就侵入我们的视野，引起我们的注意。如果我们在工作中遇到障碍，或许有助于我们的工作的东西反而就变得阻碍工作，它们就顽固地作为不上手的东西出现——被当作出了毛病的东西来对待。

在所有这三种情况中，当我们努力修复被损坏的工具或避免遇到障碍时，那些我们当下必须处理的偶然出现的问题就成为我们唯一的关注点，用具通常具有的上手性变得不再上手，接着用具就处在了现成状态。当然，这样的转换在其他情况下也能发生。具体地说，每当我们为了考察对象的本质属性从日常活动中抽身而退的时候，这种转换就发生了。这有助于解释为什么我们那么倾向于得到现成的范畴；但是在当前的情况下，它也能给予我们某种哲学上的启示。因为，消失或被损坏的对象的不上手性，强迫我们去思考在什么情况下它们曾是上手的东西，从而去考察构成它们的上手性的基础的指引联系的整体；它揭示出上手状态通常是不触目、不侵入和不顽固的。简言之，正因为我们不能进行我们的工作，工作本身以及和工作一起中断的各种事情就明确地进入我们的意识中：

> 当指引被中断的时候，也即当某种东西就某种目的来说不再能用时，指引就非常明确地显示出来。……因此，当朝向某个具体的"所用"（towards-this）在寻视中被唤醒的时候，我们就看到了这个"所用"本身以及随着它和工作有关系的各种东西——整个"车间"。这个"车间"就是操劳总逗留在其中的地方。工具联系不是作为一个从未被看到的整体被照亮的，而是作为一个在寻视中不断被看到的整体被照亮的。然而，世界就随着这一整体显露出来。
>
> （《存在与时间》，第16节，第105页）

然而，尽管世界仅仅随着大多数用具回顾性地显露出自身，但当那个对象不知怎的变得不再上手并且它的指引联系被打断的时候，恰好有一种工具被设计出来，指示实际活动发生于其中的世界性背景。这种工具就是符号。海德格尔的例子是汽车的变向指示灯，如果我们用闪光的信号灯代替他的过时的红箭头，那么他的讨论将变得非常清楚。在某种意义上，这样一个符号仅仅就是一件用具，也即一个工具，其自身的功能就预先假定了它在复杂的用具整体中的位置——这个用具整体包括汽车、路标、控制汽车改变行驶方向而不影响其他车辆行驶的交通规则，等等。只有在那种社会和文化背景中，汽车后部保险杠右侧的信号灯的突然闪现，才意味着它要向右转。但是信号灯也照亮了行驶的汽车周围的环境。当行人和其他司机看到这个闪现的信号灯时，这个信号灯使他们注意到在他们和发出信号的汽车一起前进的环境中马路和人行道、十字路口以及红绿灯的状况，还有他们在其中所处的位置以及他们预期的路线。简言之，这个信号灯不仅指示了发出信号的汽车当前和预期的前进方向，而且指示了它的司机正在向其发送信号的那些人们当前和预期的前进方向；它提供了一个焦点，一个旅行者对她所处的环境中用具的多种功能的意识围绕着这个焦点得以具体化。海德格尔对此作了如下的解释：

> 一个符号……就是一件用具，它把某种用具整体明确地带入寻视所关注的视野中，以便上手事物的世界性特征随之显露出来。
>
> （《存在与时间》，第17节，第110页）

显然，世界既不是作为现成状态的事物也不是作为上手状态的事物显露出自身。因为它本身不是一个存在者，而是从社会或文化的角度被构造起来的指引网络。在其中，存在者作为它们自身所是的具体类型的对象能够显现出来。因此，在与某个对象的任何具体遭遇之前，这个指引网络必定总是被摆出来（"被揭露出来"，按照海德格尔的说法）。在一种具体的文化中成长，或者相反，开始进入一种具体的文化当中生活，这都涉及要努力学习从实践中把握概念、角色、功能和功能性的相互关系所构成的错综复杂的大网络。那种文化的居民在这个错综复杂的网络中和他们周围环境中的对象打交道。学习驾驶汽车或制作家具是被那个网络同化的过程。只有在那个网络中，具体的存在者才能作为它们所是的存在者显现出来——作为方向盘、变速杆和路缘，或作为器具、把手或椅子。这一整体构成了海德格尔用世界所意指的东西；而且正因为它自身不是一个对象，所以在日常的实践活动中，甚至当它从通常的不触目状态中浮现出来时，它也完全不是一个寻视所关切的对象。一般来说，在存在者层次上，只有用我们刚刚概述的本质上是间接的方式才能模糊地看到它。但是海德格尔关心的是存在论上的而不是存在者层次上的问题；他想把这样的经验作为从事以下工作的手段：加固指引联系的网络的基础并使之能够清楚地显现出来，牢固地把握世界的本质属性——世界性。

任何一件用具在本质上都是"为了"某事：用具作为在具体的工作中它所展示的多种功能中的一部分被遭遇，因此也作为本质上具有可用性和因缘的某物被遭遇。但是构成这种有用性的指引关系的错综复杂的系统有一个最终的目标：

> 因有用性的何所用，用具能够再有因缘；例如，因上手状态的锤子，锤子和锤打有因缘（因此我们把在锤打中处于上手状态的那种用具称为锤子），因锤打，锤子和修固有因缘，因修固，锤子又同防风避雨之所有因缘；这种防风避雨之所为了此在能够避居其下而"存在"，这也就是说，为了此

在存在的一种可能性而"存在"。

(《存在与时间》,第18节,第116页)

任何给定的上手状态的存在者总是已经和某项(实际的或潜在的)工作有因缘,这项工作自身或许被安置在其他更复杂的工作之中。但是这样的因缘整体性最终总是奠基在某种不再有进一步的因缘联系的指引关系中——奠基在此在的存在所固有的"为何之故"(for-the-sake-of-which)中。锤子的上手性最终是为了给此在提供庇护之所,钢笔的上手性最终是为了和别人交流。换句话说,存在者最初在其中被遭遇的实践活动的模式就其本性来说是此在在世界中的生存模式的贡献者——具体的生存可能性的贡献者。在这种意义上,世界性(worldhood)的存在论结构是从并且必须从生存论的意义上被理解。世界是此在存在的一个方面;此在的存在是在-世界-之中-存在。

这样的话,海德格尔对此在作为在-世界-之中-存在的详细的现象学分析,就与他最初把此在描述成其存在对其自身是一个问题的存在者完全相吻合,每一方都包含着另一方。因为,如果人最突出的特征在于不仅有生命而且能够从事活动,那么此在总是面对着它应当选择哪一种可能的生存模式这个问题,并且回答这个问题必然涉及要在实践活动中履行它的意图。但是这反过来就预先假定了此在生活在一个世界之中——预先假定了它把各种各样的物质对象作为这样的实践活动的一个领域来遭遇。因此,如果此在和它自己的生存的实践关系对它的存在而言是本质因素的话,那么它和它所居住的世界的实践关系必定也是本质性的因素。把对象作为上手状态的事物（并且因此作为指向此在存在的某种具体的可能性的事物）来遭遇是此在的在-世界-之中-存在的根本基础。

当然，这种"世界"观念对那些熟悉西方哲学传统的人来说非常陌生——正像海德格尔把他对空间的现象学理解和笛卡尔的理解相比较时所强调的那样。对笛卡尔来说，空间在本质上是数学化的：空间位置的确定是通过把一个客观的坐标系加在世界上面并用一连串的数字来标示其中的每一个位置，此在沿着这些被确定下来的一系列现成位置行进实际就是测量一个现成的空间本身的延续。然而，在海德格尔看来，此在从最根本的意义上把它和对象的空间关系理解为远和近的关系，而且这种远和近的关系反过来在和此在的实际目的的关系中被理解。我鼻子上的眼镜要比我用它们来观察的墙上的那幅画离我更远，我看到的正在穿过马路的朋友要比我脚下的人行道离我更近。如果我的朋友出现在我的旁边，她将不能离我更近，然而直接走到那幅画前面事实上将使它远离我。近和远在这种意义上是上手和不上手的问题；用海德格尔的术语说，笛卡尔的空间是从我们对空间的理解中抽象出来的。我们把空间理解为一个区域或一系列区域，一个由位置和对象组成的相互联系的整体。它们属于一个用具整体和一个具有周围环境的工作-世界。对象首先是上手的或不上手的，就此而言，它们的重要性就在于它们从最根本的意义上被放置在相互以及和此在的关系中——而不是一个纯粹的坐标系中。因此，空间和空间性既不在主体中也不在世界中，相反是在此在对世界的揭示中被此在揭示出来的；此在生存在空间中，它是空间化的。

在这种对此在作为在-世界-之中-存在以及世界的世界性的

描述的基础上，海德格尔认为传统哲学相对于上手状态赋予现成状态在逻辑和形而上学上的优先性使事情完全走向了错误的方向。对他来说，把对象作为现成的东西来遭遇是一种控制自己不和对象打交道的模式，一种临时性的相对的去背景化的模式。在这种模式中，人不再沉浸在工作中，尽管那些对象和它们的属性差不多都是上手的工具。相似地，遭遇自然——自然世界的物质、材料和物种，首先就被理解为包含着一种以工作为基础的和自然资源的遭遇，自然资源作为有用的物质资源而不是作为凭借其自身的力量和美打动并吸引我们的东西而出现，因此，它可以成为科学猜测的对象。然而，正像最后这个例子清楚表明的那样，复背景化（recontextualization）和去背景化（decontextualization）对海德格尔此处的分析同样具有根本的意义。因为这样的和存在者的遭遇是此在生存的合理模式，并且此在必然是在-世界-之中-存在，所以它们也必定从本质上被理解为世界性的现象。把注意力集中在它们上面或许导致我们忽视我们的生存所具有的世界性特征，但这并不意味着它们真的是无世界的，或者说很少依赖于某个（改造过的）指引关系的整体。

相应地，除了我们在前面考察的从怀疑主义当中得出的结论，海德格尔至少有两条主要的思路来攻击那些将把逻辑和形而上学上的优先性赋予现成状态的人。这些人宣称上手状态能够被看作来自现成状态的构成物，并且因此能够被还原为现成状态。首先，海德格尔能够证明，就把对象看作现成的东西来遭遇，这种遭遇本身就是一种在世界中同对象打交道的形式而言，这样的一种还原分析将预先假定它正在声称要去解释的东西。任何这样的对上手状态的分析都要求对世界的世界性作出解释，但是任何这样的解释都早已把世界现象预设为前提，这些解释由和对象的现成遭遇（present-at-hand encounters）提供的概念资源开始。看起来似乎显而易见，一处特别的自然景观，从它为木匠或铣工提供了原料资源的角度来理解它与从它的自然美的角度来理解它相比较，这两种理解同样地依赖于某种由具体的文化确定的构造概念的方式，这种方式把它的要素、它的形式、它们与人的知觉和人的生活的关系加以概念化。但是在人把对象作为现成的东西来遭遇的各种各样的方式中，能够发现诸多相似之处。为了修理一把锤子，研究它的各种偶然属性的木匠确实是在她希望把锤子还原到一系列具体的指引关系当中的背景下这么做的，而且这一背景引导着她端详和努力的方向。甚至研究锤子的目的在于了解其分子结构的科学家，也只有在用具、资源、理论和文化理解（以及相应的指引关系的整体）所构成的复杂网络之中才能这么做。在这个网络中，人们把其看作对物质的化学-物理分析的任何事情甚至能够在想象中被设计，更不用说人们实际去做了。[1] 当某个人（或许是一个哲学家）对她面前的对象拥有一种真正客观公正的关注态度，仅仅注视着它们的时候，她所流露出来的那种不受利益或兴趣诱导的公正性也只有对某个在乎利害关系的存在者来说才是可能的。正如海德格尔对此的解释那样，她能够逗留在存在者的旁边，仅仅因为她也能够和它们打交道，因此甚至抑制自己而不去使用或操纵它们这种事情也确实不会完全在

---

[1] 在《存在与时间》第69节中，海德格尔对这样一种描述科学活动的方式进行了更加具体的概括。在第六章，我们将讨论海德格尔的概括。

世界性（worldliness）的领域之外发生。简言之，即使在去背景化（decontextualizing）真正所意指的就是这种事情的情况下——即使在没有潜在地把任何复背景化（recontextualization）预设为前提的情况下，它也不能被理解，除非把它理解为在-世界-之中-存在的一种残缺样式。因此从可理解性的角度来说，不能把和现成状态的存在者的遭遇看作世界性的概念可以由之建构起来的出发点。

海德格尔的第二条论证思路就等于这样一个断言：在和上手对象的遭遇中所凭靠的那种世界性理解不能够简单地还原为那种在对偶然出现的存在者进行理论认识的过程中所展现出来的理解。从思辨理性为了理解现成的对象及其属性所提出的术语的角度来看，世界的世界性是不可理解的。事实上，这个论证相当隐秘地潜藏在海德格尔的文本中。而且，甚至当它显露出来的时候，对它的系统阐释也极度谨慎：

> 指引联系作为意蕴构建着世界性。就形式上来说，人们能够在关系系统的意义上来把握它。但是必须注意到，在如此的形式化中，现象会被敉平（平均化）以至它们真正的现象内容会被丢弃，甚至像意蕴隐藏在自身之中的那些如此"简单的"关系也会被丢弃。这些"关系"和"关系项"的现象内容——"何所为""为何之故"和因缘的"何所缘"——抵制任何数学上的函数运算。

（《存在与时间》，第18节，第121、122页）

然而，事实上，正如某些有影响的海德格尔阐释者（也许最著名的阐释者是赫伯特·德赖福斯[1])强调过的那样,海德格尔论证的基础在这里赋予下面这个更加极端的结论以合理性:用这样的术语分析世界的世界性是根本不可行的。

这个论证依赖于两个相互紧密联系在一起的论据:联系的不可确定性、知道如何(knowing how)和知道那(knowing that)之间的差异。首先,我们讨论一下关于联系的这个论据。把一支钢笔作为一件顺手的写作工具或者把一把锤子作为木工的一件工具来遭遇的能力,取决于在某种联系中把握它在一个由相互关联的用具所组成的复杂网络中的角色的能力。但是详细地阐释它和这样的整体之间的关系是远远不够的。一把锤子不仅仅是能够把钉子钉入某种表面的东西;把它的本质理解为一件工具的任何一个人也都知道哪些表面适合钉入钉子,也都知道哪些材料可以用来制作一把可用的锤子,也都知道一把锤子能够用来从事其他无数的工作(楔牢楔子、松一下接头、撑开窗户、击退入侵者、做"掷锤子"[toss-the-hammer]的游戏等),也都知道其他无数的东西可以被用来代替一把损坏的锤子或者经过调整能够被用来从事这些工作——这个清单举不胜举。在其他的东西之间,知道什么东西是一把锤子也就知道了所有这一切。而且知道所有这一切是一种固有的不受限制的能力——一种不能通过列举有限的明确规则来彻底捕获的能力。我们的实践活动总是和具体的处境紧密相关并在其中得以展开,但是没有任何明确的方式能够把我们关于锤子及其性能的知识,在其中

---

[1] 请参见《在–世界–之中–存在》一书的第六章(剑桥,马萨诸塞州:麻省理工大学出版社,1991年)。

能够得到恰当应用的所有可能的方式和联系所构成的封闭系统具体地展现出来。任何一种把上手状态还原为现成状态的努力，都必然涉及把我们对一个对象的可用性的理解还原成对一套有限的一般规则的把握，以及对它们应用于其中的一套有限的处境的明确而具体的说明，就此而言，它从一开始就是被注定的。

这把我们带到了上面所提到的问题的第二个论据——知道如何（knowing how）和知道那（knowing that）之间的差异。如我们已经看到的那样，把锤子作为上手状态的对象来遭遇是和把它作为它所是的工具加以使用的能力——锤打的能力紧密相关的。这是一种实践能力，它首先在适当的行为中，在我们可以称为知道如何（know-how）的技能活动中显露出来。但是理论认识，如哲学传统所理解的那样，首先在对真命题的把握中，在我们可以称为知道那（knowing that，如此这般的事情就是事实）的实际例子中显露出来。因此，主张锤子的上手性能够被理解为从锤子的偶然属性，以及关于它和具体的行为背景的关系的某些事实中抽象出来的构造物，就等于主张知道如何（know-how）能够从知道那（knowing that）的角度得到理解——能够把知道如何理解为把关于对象、处境和希望在那种处境中使用锤子的那个人的事实的知识付诸应用。然而，自从赖尔（Ryle）的《心的概念》（*Concept of Mind*）[1]面世以来，由于它的支持者面对一个两难困境，这种观念一直都处在重压之下。因为他们所援引的命题知识必定可以应用在认知者所面对的处境中，这个应用过程本身或者必须以进一步的命题知识（一种对

---

[1] G. 赖尔,《心的概念》（London: Hutchinson, 1949）。

被认识的原理的应用加以规定的规则知识）为基础，或者完全没有根基。如果选择前一种情况，那么可以得出把应用规则付诸应用本身必定受应用规则的支配，从而，一个无限的倒退过程就展开了。如果选择后一种情况，那么为什么原初的实践能力本身不能是没有根基的这个问题就出现了：如果没有依赖于命题知识原理能够被付诸应用，那么用原理来解释的行为为什么就不能够没有根基呢？简言之，知道如何（know-how）以知道那（knowing that）为基础这个观念涉及要为命题知识指派一个角色，对命题知识来说，去扮演这个角色要么是不可能的，要么是没有必要的。因此，在我们和现成对象的遭遇中显露出来的知识，能够被还原为和现成对象的遭遇相适应的那种知识的观念，必定要么是空洞无物的，要么就是多余的。

把这两条论证思路和对怀疑主义的驳斥放在一起，就表明了海德格尔能够应付那位笛卡尔式的哲学家针对他把此在作为在-世界-之中-存在的分析所提出的挑战。他的"世界"概念并没有不合理地赋予那种仅仅主观地投射在根本上毫无意义但在形而上学领域具有根本意义的问题上面的价值体系以优先性。相反，它构成了人和对象之间每一种交往模式的基础，包括一般来说哲学家们醉心于其中的似乎是价值中立的理论遭遇（theoretical encounters）的基础。

然而，甚至在这里，针对海德格尔的例子的说服力，一种担忧能够重新浮现出来：他的例子所具有的力量关于物质对象也就是说关于物质性的非常明显的事实所削弱。因为，非常确定的是，没有任何对象能够作为上手状态或现成状态的对象被遭遇，除非它事实上处在一个能够被遭遇的地方并且拥有某些属性；一把锤子不能够被用来锤打，除非它具有必不可少的重量、结构和形状，而且它甚至不能成为人们凝视的对象，除非它事实上就在我们面前。但是，要是这样的话，如果人和一个对象相遇的任何一种形式都把对象的物质实在性预设为前提，那么由文化所决定的构成人的实践活动的世界的指引关系的整个网络，在概念构造和形而上学的意义上，难道不是也必须依赖于我们的文化由之出现并且离开它就无法生存的物质领域吗？"世界"这个术语在其第三和第四种意义上所指的"世界"概念预先就假定了第一和第二种意义上的"世界"概念，难道这不是很显然吗？

这种担忧不应该被轻易地打消。但是它是那种海德格尔在后面更具有说服力的细节中——在他对真理和现实的反思（在本书的第三章我们将考察这个问题）中才遇到的担忧。然而，在这一点上，他确实试图努力消除这种担忧，因此我将通过概述他的策略来结束本章。非常关键的一步就是区分存在者层次和存在论层次上的分析，并且指出我刚刚解释过的那种担忧把这两个层次上的问题混合在一起。海德格尔从来没有否认，除非一把锤子具有相应的物质属性并且在事实上能够使用，否则它就不能被用来锤打。在这种意义上，任何给定的对象的物质性对解释对象的功能来说都是必不可少的。但是，这是这样一个问题，他将其称为存在者层次上的问题。在存在者的层次上，我们关心人的实践活动的具体形式以及在其中所包含的具体类型的对象，并且理所当然地认为存在着这样的实践活动，并且想当然地认为在其中，对象作为上手的、不顺手的和现成的对象被遭遇。然而，在存在论的层次上，我们恰恰要质疑那些假定：我们探究人的实践活动和物质对象的存在，在这个过程中，追问有什么必然的根据能够说明存在着一个人的实践活动的世界；追问一个对象的上手状态、不顺手或现成状态真正意味着什么。这正是海德格尔在他的书的开头这些章节所要解决的任务。他的论证思路表明，如果我们要去理解这些现象当中的任一现象的本性（存在），那么我们必须援引"世界"的观念以及它的存在论预设。这些预设不仅不可能用和理论认识相适宜的范畴来解释，而且它们必须被借用来解释理论认识本身的存在论预设。由于忽视或贬低了第三和第四种意义上的"世界"概念，哲学家们既不理解我们最熟悉的人的活动模式，也不理解他们给予这种活动模式的最高的优先性。并且，他们因而剥夺了自己真正理解此在的存在的机会。

第二章

人的世界：社会、自我和自我–阐释

(《存在与时间》，第25—32节)

海德格尔认为人的存在方式在本质上是有条件的，应该已经变得非常清楚。西方哲学传统经常假定人类主体能够以某种方式超越它所凝视的物质领域，因此人仅仅是偶然地拥有一个世界；但是，对海德格尔来说，排除了世界或者说世界之外，有人存在着这个观念没有任何意义。然而，这并不意味着人以某种方式被囚禁在世界中，被迫接受具体化，以及和自然的实际交往所具有的和它的本性格格不入的限制。因为这些限制在本质上是异己的。如果在没有世界的情况下，无法想象出可识别的人类存在，那么人的生存是世界的这一事实就不能是对人的限制或约束；正如只有在她的囚禁之外存在着一个把她排除在外的世界，她才能被囚禁，因此，如果存在着一个这些限制确实不能适用其中的可能的生存模式，那么一系列限制（limits）仅仅能被看作限制（limitations）。由于在这里，那不是事实，人的生存所固有的世界性必定被看作人的条件的一个方面。它是人的生活的条件，不是对它的一个限制。

　　但是，按照海德格尔的说法，人的生存不仅仅以世界性为条件——或更确切地说，世界性以我们尚未考察的方式决定着人的生存。这一章将考察其中的两种方式：决定了世界内在地是社会的或公共的那种方式，以及决定着人的情感和认知能力的那种方式。

个体和公众

（第25—27节）

就此而言，看起来此在的世界似乎完全被奥斯丁称为"中等大小的干货"（medium-sized dry goods）的物质对象或存在者占据。但是海德格尔强调，至少存在着一种其他类型的存在者，它们必定被对那个世界所进行的任何恰当分析包含在内，它们是具有此在式存在的存在者——简言之，他人。如果我们不能以适用于对象的术语来理解此在，那么我们也不能用那种方式来理解他人以及此在和他们的关系。

但是，许多哲学家显然试图这样做。"他人的心灵问题"这个标题就证实了这一点。在此标题之下的这一系列问题在这个学科中都是常识。"他人的心灵问题"意味着，虽然我们能断定具有和我们自己的身体相类似的躯体的其他生物的存在，但是证实这些躯体具有附着在其上的心灵这个假说却是极端困难的。在这里，把人看作心灵-身体的耦合的二元化理解和物质主义的推动结合起来，试图表明我们和假定的他人的关系在实际上就是和某种具体的物质对象的关系，我们倾向于把附加的各种突出特征归到这种物质对象身上。这必然就向我们提出了一个根据问题，我们有什么根据或理由进行这样极其独特的归类。试图解决这个"问题"的任何努力必然分享了这些预先的假定，因为它们将以提出问题本身的方式被表达出来。

例如，由类比推出的结论告诉我们，我们的理由就存在于我们的身体和其他类人的生物的躯体之间，在形式和行为方面所具有的相似性之中。假定我们从自身的情况出发知道，这样的行为是和各种各样的思想活动关联在一起的，我们就能可靠地做出推断，就其他这些存在者来说，同样是正确的。这是一种归纳性的推断，在我们了解什么东西和我们自己的行为有关联的基础上，推断出什么东西和他人身体的行为有关联。但是，不可避免的事情是，我们的观察仅仅适用于思想现象与我们自己的行为之间的关联，因此完全无法为以下结论提供任何依据：他人的行为究竟与什么（如果有的话）存在关联——一种在原则上我们不可能直接观察到的关联。看起来，我们自己的身体和行为与他人的身体和行为之间可观察到的相似性为这样的一个推断提供了合理的根据，但关键的问题是：有哪些相似性？就身体和行为方面来说，身体和行为是相似的，没有任何疑问。但是关键的是，这样的相似性是指一个心灵以类似的方式附加到其他那些身体及其行为上面，即使在我们的身体形式和全部行为与他们的身体形式和行为之间存在着再多的相似性，也不能证实这一点。从另外的角度来思考——想想从我自己的身体和心灵之间所确立的联系出发竟能够简单地推断出他人的情况——就要假定对他人本性的理解其实就是把我们对自己的本性的理解投射到他们身上。但正是这种以同类相通为基础的移情式投射的合理性——把另一种类人的生物看作好像我们自己一样，把我们和它的关系看作好像是我们自己和自己的关系一样，或者用更具有海德格尔色彩的语言来说，以面向自我的存在来看待面向他人的存在——仍旧是有争议的。

我认为，这正是海德格尔在下面的段落中所表达的思想：

> 这个"其他的"存在者本身具有和此在同样的存在方式。因此，在与他人的共在和面向他人的存在中，有一种从此在到此在的存在关系。但是，可以说，这种关系已经构建着每一个自己的此在，每一个此在都以自己的方式拥有对存在的领会，并因此把自身和此在关联起来。于是，面向他人的存在关系……变成了一种投射，把自身所具有的面向自身的存在投射到"一个其他的存在者上面"，这个他者是自我的一个复本。
>
> 但是尽管这些想法看起来不言而喻，还是可以轻易地看出，它们所立于其上的根基并不牢固。这个论证所要求的前提——此在面向一个他者的存在是它面向自身的存在——并不可靠。只要这个前提的合理性还没有被证明是不言而喻的，此在和自身的关系如何向作为他者的他人揭示出来，就仍旧是一个谜。
>
> （《存在与时间》，第26节，第162页）

因此，由类比得出的结论看起来不会有效，除非那个被设计出来供回答的问题没有回避掉真正的问题——除非从一开始就假定我所遭遇到的其他类人的身体不仅在身体和行为方面，而且在心理方面和我的身体相似，也就是说，他们以类似的方式和心灵相关联。因此，赋予归纳性推断以合理性的相似性被证明就是那种被用来进行证明活动的相似性；由类比得出的结论假定了它试图去证明的东西。在这方面，笛卡尔对他人心灵的理解就像他对外在世界的理解一样面对着同样的困难：在这两种情况下，对这些理解的措辞所招致的怀疑论者的挑战没有做出任何令人满意的回应。海德格尔推断说，我们因此应该抛弃那种在本质上把他人当作合成物的理解：我们尽力把那个概念当作由更基础的成分组成的一个构造物（例如，当作是由一个类人的心灵概念投射到一个类人的身体上面所产生的结果），那个怀疑论者瓦解我们的这种努力的能力表明了这样的做法或预先假定，或消除了他们试图去分析的东西。相反，我们必须承认他者（他人）的概念是不可还原的，绝对是构成对我们生活于其中的世界的理解的基础成分，因此是我们的本体论研究必须由之开始的东西。用斯特劳森的术语来说，他人的概念（而不是他人的心灵加他人的身体复合而成的概念）在逻辑上是原始的。[1] 只要他者在最原初的意义上是人，是对世界拥有看法的生物并且其本质是生存的话，那么他们的存在必定和此在的存在是一样的。

但是海德格尔的观点既反对唯我论也反对二元论。它不仅仅是说一定不能把另一个人的概念理解为复合物，也就是说，与其把另一个人的概念理解为两种现成的材料并置在一起的构成物，还不

---

[1] P. 斯特劳森，《个体》(London: Routledge and Kegan Paul, 1959)。

如把其理解为此在。那个概念也是对此在进行任何充分的存在论分析所必不可少的因素，也就是说，此在的存在在本质上是和他人共在。毕竟，此在的存在是在-世界-之中-存在，因此此在的概念和世界的概念之间具有内在的关联。但是世界的结构却和那些其存在与此在自己的存在类似的其他存在者具有本质上的关联。因此，除非此在栖居在一个它必然和与它类似的存在者分享的世界中，否则此在就变得无法理解。

那么这和其他存在者在本质上有什么关联呢？

> 在我们对工匠的工作世界……的描述中，……可以看到制作中的工件所将服务的他人，连同在工作中所使用的工具一起，也被遭遇到了。如果这一工件处在上手状态，那么在属于这一上手事物的存在方式中，也就是说，在其因缘中，存在着一种本质性的指引关系，指示着可能的使用者。例如，它是为谁剪裁的。同样地，当材料被使用时，我们遭遇到它的生产者或供应者，他提供了或好或坏的"服务"。……因此，在处在上手状态并与周围环境相关的用具联络中，也遭遇到了他人。可不要在头脑中首先把这些他人联想到某种仅仅现成存在的物上面去。相反，这样一些"事物"是在正在出现的世界中被遭遇到的，在这个世界中，这些事物对他人来说正处在上手状态。这样一个世界事先就已是我的世界，并且总是我的世界。
>
> （《存在与时间》，第26节，第153—154页）

这表明了他人是此在的世界的构成成分具有三种不同的意义。第一，他们形成了此在在自己的世界中所遭遇的另外一类存在者。第二，此在所加工的材料通常是由他人提供的，它所生产的东西通常也是为他人所用。换句话说，用具整体的"关于什么"（whereof）和"何所用"（towards-which）把工作世界和他人联系起来。第三，对一个具体的此在来说，对象的上手性并没有被理解为（并且不能凭借想象把其理解为）单单对这个此在而言的上手性。在一项给定的工作中，任何上手的对象，对每一个能够从事这项工作的此在来说都是上手的。在这种意义上，上手性内在地是主体间的；并且由于同样的论证适用于现成对象所构成的复背景化的（recontextualized）世界，此在内在的世界性存在，本质上必然是社会性的。

值得注意的是海德格尔在这里并没有宣称此在不能离群索居，不能被孤立；在具体的时间和场合如何对待一个具体的个体，无论这是不是一个典型的个案，都是一个纯粹的逻辑问题。此在的存在是共在，这个断言是一个存在论断言。它认为，无论是否有他人在场，此在都拥有某种生存论特征。这有两个原因。首先，如果此在不具有生存论特征，此在和另一种与它同类的生物相遭遇的可能性将变得不可理解。因为，如果此在的存在在存在论的意义上来看不是共在，它将缺乏和另一个人共处的能力——就像桌子能够接触到墙，但绝不能把墙作为墙来遭遇一样，因此也无法想象此在能和另一个人相遭遇。其次，正是因为此在的存在是共在，它才能被孤立或者离群索居；正如除非此在也能把一个对象作为上手的对象来遭遇，谈论此在能够把它作为不上手的对象来遭遇才有意义。因此，当他人在场时，除非此在能够和他人共在，谈论此在能够离群索居才有意义。换句话说，孤独无依是此在存在的一种残缺样式，"他人只有在共在中并为了共在才能消失不见"（《存在与时间》，第26节，第157页）。

在存在者层次上的问题和存在论层次上的问题之间所作的同样的区分证实了海德格尔更进一步的论断，正如此在对上手对象的最基本的关切是一种操劳（concern）一样，它对他人的关切是一种操持（solicitude）。当然因为，"操劳者"同对象打交道能够采取无动于衷、冷漠和忽视的形式：此在发现自己处在必须与之打交道的对象中间，不仅要包容具体的远离操劳的（由于只有能够操劳的存在者，才能够具有远离操劳的可能性）存在者状态，而且要使其得以可能，通过把这一事实突显出来，"操劳"这个术语从一个方面表达了此在的存在论状态。同样，用操持来谈论此在和他人的共在是一种存在论层次上的断言：它不仅不否认此在能够并且经常对他人的幸福漠不关心或怀有敌意，相反，它揭示了此在与其同时代人之间所有具体的存在者层次上的关系的存在论基础，无论这些关系体现的是关切还是冒犯。

海德格尔认为，在此在的存在是共在这个断言和他前面把此在存在的特征刻画为在任何情况下都是我的存在之间并没有冲突。相反，前面这个断言是对后面这种特征的更加深入的说明。"向来我属性"（mineness）这个观念包含两点重要的思想：首先，此在的存在对其自身是个问题（它关于要去实现的生存可能性所做的每一个选择，都是关于它自己要采取什么样的生活形式所做的选择）。其次，每一个此在都是一个个体，都是一个能够用人称代词来指称的存在者，并且至少是一个可能拥有真正的或本真的个体性的存在者。一再地宣称这样一个存在者的存在是共在，并不是否定早先赋予向来我属性的特征。因为，说世界是一个社会性的世界，其实就是说它是一个此在作为"我们的"世界来遭遇的世界。这样一个世界之所以是我的，恰恰因为它也是你的。我们的世界既是我的也是你的。主体间性不是否定主体性，而是对主体性进行更深入具体的规定。而且，这种更进一步的具体规定深化了我们的理解，理解到此在在什么条件下必须发展（不能发展）它的向来我属性或个体性。因为，如果此在的存在是共在，那么共在非常本质的一面就是此在和他人的关系，这对此在来说是一个问题。这个观念至少部分地说明了，此在是在自己和他人的关系中并通过这种关系来确立和维护与自身的关系，反之亦然。这两个问题在存在论上是不可分的，限定了一方也就限定了另一方。

这种对主体性和主体间性之间关系的理解决定着海德格尔如何刻画此在平均日常生存模式的特征。因为这种理解表明了，此在作为一个个体失去或找到自我的能力总是决定着此在理解和处理与他人的关系的方式，并且为这种方式所决定。这种理解的平均化的日常形式把某人与同其分享世界的那些人之间的差异（在外貌、行为、生活风格和观点方面的差异）作为关注的焦点，把其他那些人看作某人的自我感觉的主要决定因素。海德格尔认为，我们通常对我们是谁的理解纯粹取决于我们如何看待我们与他人的差别。我们或者把那些差别理解为必须消除的东西，从而把一致性当作我们的目标；或者（也许这种情况比较少见）把其理解为必须充分强调和发展的东西——这是一种仅仅在表面上回避一致性的策略，我们的目标与其说是在某种具有特殊价值的具体方面使我们自己凸显出来，还不如说是要我们自己和别人区别开来，因此这种策略就等于允许别人（通过否定的方式）决定我们的生活方式。他人的专制以及相应地在海德格尔所谓的"平均化的日常差别性"（distantiality, Abstaendigkeit）中本真的个体性的丢失，不仅因此在那些按照常人的方式阅读、理解和鉴赏文学和艺术的人身上表现出来，而且在那些打算接受与常识对立的观点的人身上表现出来。培育非同一般的兴趣、思想和态度不是生存论的个体性的保证。

> 作为日常的相互共在，此在受制于他人。它自己不存在；它的存在被他人给剥夺了。他人的喜好支配着此在存在的日常可能性。而且，这些他人不是某些确定的他人。相反，任何一个他人都能代表他们。……人自身属于他人并加强了他们的权力。因此，为了掩盖人自身在本质上属于他人这一事实，人们所称呼的他人通常首先就是在日常的相互共在中"处在那里"的那些人。这个"谁"不是这个人，不是那个人，不是人自身，不是某些人也不是他们的总和。这个"谁"是个中性的东西，是"常人"。
>
> （《存在与时间》，第27节，第164页）

换句话说，这种个体性的缺失并不局限于某一可确定的社会阶层；相反，由于它规定了人们如何同他们的同时代人相关联，如果它不适用于任何一个给定的此在都受其支配的所有那些他人，那么它必定适用于所有那些他人当中的大多数人。他们对差别性的诱惑同样能表现得非常敏感，因此不能认为他们就能够避免受制于作为他人站立在他们面前的那些人。因此，不能把"他人"看作一群真正具有个体性的人，他们共同分享的情趣左右着其他每一个人的情趣；另外，他们也并没有构成某种主体间的或超个体的存在者，某种具有共同体色彩的自我。"常人"既不是由某些特定的他人构成的集合，也不是一个特定的他人；它不是拥有真正的向来我属性的一个存在者或一系列存在者，而是某种自由变动的无人性色彩的构造物，某种具有同感性的幻觉。在这种幻觉中，我们每一个人都放弃了追求真实的自我关系以及过一种本真的个体生活的能力。所以，如果一个给定的此在的思想和行为是常人的所思所行或者为后者所决定，那么此在为自己的生活担负责任的能力与其说被（他人）替代了，不如说是把这种能力错误地转嫁给了他人。此在消失了，被某人投射到那个并不存在的代表着每一个人的人身上，随后便留下了一个无所不包的中性的世界。既然这个代表着每一个人的人不存在，那么把此在投射其上的那个人也不存在。正如海德格尔所说的，"每一个人都是他人，没有一个人是他自己。为日常此在为谁这个问题提供答案的'常人'，就是不存在的'虚拟人'（nobody, das Niemand）。每一个此在在相互的共处中都已经拱手让出自己，任其摆布了"（《存在与时间》，第27节，第165—166页）。

简言之，此在平均化的日常存在模式是非本真的。它的向来我属性采取了"常人"的形式，它的自我是常人-自身——一种和自身以及他人发生关联的方式，它以及他人都不能通过这种方式发现自己，因此也不能获得真正的个体性。另外，这种文化批判也解释了哲学传统中普遍存在的存在论误解。因为,海德格尔需要解释在本质上对存在有某种领会的生物(按照海德格尔自己的理解)如何能够如此彻底地误解它自己的存在。但是可以肯定地说,如果此在通常迷失在"常人"当中,那么它将用"常人"提供给它的语言来理解它的世界和自身,因此它也将用流行文化和日常生活提供给它的那些最顺手的范畴来解释它自己的本性,这些范畴和它们的创造者一样都是非本真的。这些行为将体现出同样的削平冲动——规避异常与困难之事、盲从主流观点等等。另外,由于哲学探究一般来说将是那些同样非本真的个体从事的工作,哲学传统将同样地包含着非本真的存在论范畴,这些范畴被哲学传统在当前的代表们毫不犹豫地接受。因此,试图恢复本真的存在论理解的任何努力看起来将要颠覆显然自明的真理,推翻常识并违背日常语言的使用规则。

  关于这种非本真性的观念有两句非常恰当的警告。首先,这样一种非本真状态并不是某种原因造成的存在论层次上的错误。当此在的自我变成常人-自身时,它好像不如一个存在者那样真实,就像缺少了自我一样。相反,任何能发现自身的存在必定也能够失去自身。其次,本真性并不要求割断与他人的所有联系,好像真实的个体性以孤立甚至唯我论为前提一样。然而,海德格尔的观点却是此在的存在是共在;换句话说,就像此在的生存所具有的世界性一样,它的生存所具有的内在社会形式不是其生存不可突破的局限,而是一种活动范围——是人的存在方式所必备的一种更加深刻的条件。因此,本真的自我存在不能和他人相分离;相反,它必须要求与他们建立一种不同的关系——一种特殊的共在形式。

遗憾的是，海德格尔陈述这一要点的方式引发的问题比其解答的更多。因为海德格尔说，"本真的自我存在是……作为本质性生存论环节的'常人'的一种生存变式"（《存在与时间》，第27节，第168页）。如果常人-自身是此在的一种本质性的生存论环节，那么它不仅仅是此在通常试图去实现的某种具体的生存可能性，而且是一种"此在的真实建构所拥有的源始现象"（《存在与时间》，第27节，第167页），是它的存在论结构的一部分。但是，由于听任常人-自身的摆布是此在内在的非本真存在模式，海德格尔似乎是在宣称，从某种角度来看，此在的存在内在地就是非本真的。换句话说，虽然海德格尔先前已经宣称，此在在存在论意义上能够过一种本真的或非本真的生活，它能获取一种什么样的生活取决于它何时何地如何做出它的生存选择，但是现在他想说，正是此在的本性使此在陷入了这样一种非本真状态的困境之中：它有时可以获取的这样的本真性仅仅是一种生存变式。

什么意义可能被附加到这种思想上面，即本真性是存在论意义上的非本真存在的一种生存模式，很难看清楚。此在如何能够同时既是本真的又是非本真的以及能够在本真意义上是非本真的？从更具一般性的角度来说，海德格尔的断言看起来像是把他自己的范畴简单地拼凑在一起，模糊了他一直所坚持的在存在者层次上和存在论层次上的分析之间所做的区分；而且在这一章里，他的分析没有为他想要得出的结论提供任何帮助。因为他分析的焦点是此在平均的日常性，这是一种生存状态。因此他的分析所揭示的仅仅是日常此在的自我是常人-自身。如果这能够允许推出任何存在论结论的话，也就是说，允许推出一种与此在具体的存在状态无关的关于其存在结构的结论的话,那么这个结论就是此在的存在总是共在。这个结论肯定无法推出共在必须采取听任"常人"摆布的非本真的形式。

在这里,海德格尔表面上的难以捉摸能够得到合理的辩护吗?或者说,至少能够得到解释吗?有两个段落提供了一条线索,其中的第一个段落在第27节的开头:

> 我们前面已经表明,在我们周围的环境中,那个"公共的"环境是如何处在上手状态并成为操劳的对象的。在利用公共交通工具以及使用诸如报纸等信息服务的情况下,每一个他人都和另外的他人没有区别。这种相互共在把本己的此在完全消解在"他人"的存在方式中。同样的是,作为具有明确的差异性的他人,事实上也逐渐消失了。
>
> (《存在与时间》,第27节,第164页)

在某种意义上,这段话并没有促进我们的理解,因为它所选择的现象(一些关于交通和报纸的流行的分类方法)正是人们非常容易想到的被多少从根本上修正过的此在世界的特征。在这里,似乎没有任何存在论层次上的含义。另外,它显然把关于仅仅像其他此在一样存在的某个此在的观念和关于其最切近的环境的观念联系起来了。当然,这个此在最切近的环境就是那个工作-世界——好像在海德格尔看来,那个世界内在地具有公共的或无个人色彩的特点,这种特点就像公共交通系统不承认它的每一个"顾客"的个体性,或者像报纸不承认它的每一个读者的个体性一样,它也不承认那些生活在那个世界当中的人们的个体性。这种特点大概是什么呢?

第二个段落出现得稍微早一些:

> 当使用材料的时候,它的生产者或"供应者"作为提供了或好或差的"服务"的人和我们相遭遇。例如,当我们沿着一块田地边缘在它的"外面"行走时,这块田地就表明了自己属于某某人,并显示着自己被他护理得井井有条。我们正在使用的书是从某某店买来的。……抛锚停泊在岸边的小船在其自在的存在中就表明自己属于用它来旅行的某个熟人。即使对我们来说,它是一条陌生人的小船,它仍旧指示着他人。
>
> (《存在与时间》,第26节,第153—154页)

乍一看,这个段落似乎仅仅强调了此在的世界能够用各种各样的方式揭示他人的在场。但是带着我们的问题来读这个段落,最触动我们的东西或许正是那些他人如何向此在显现出来。他们作为生产者、供应者、田地的主人或农民、书商和水手——简言之,作为社会角色的扮演者而出现;并且他们是否很好地扮演了他们的角色就是判断他们的标准。因此,他们的身份首先是由他们的职业,由他们所从事的工作以及发挥的作用给予的。对我们来说,他们是谁就是一个他们做什么、如何做的问题。但是这些事情都是参照相关的工作和职位所要求的东西来确定的,而与个人完全没有关系。在假定每个人都具备必要的能力的前提下,哪个人拥有那个职位就像和当前的工作没有关系的性格癖好、才能一样，都不是非常要紧的事情。因此，就他人首先是作为一分子出现在我们所分享的世界中而言，他们不是作为个体而是作为在本质上可被替换的角色占有者而出现，这些角色的确定和人的个性色彩无关。由于在他人看来，我们必定是以完全类似的形式出现在他们面前，我们必须把自己放在完全同样的立场上来理解我们自己。

如果还记得海德格尔在前面对世界的世界性所做的分析，那么我们就能明白为什么这是存在论上的而不是存在者层次上的问题。它构造了一个由被社会确定的概念、角色、功能以及功能性的相互关系所组成的错综复杂的网络。在这个网络里面，只有人能够和对象相遭遇。海德格尔对作为共在的此在存在的分析仅仅强调了这样一个事实，即人像对象一样是同一个网络的一部分。毕竟，他们的存在是在-世界-之中-存在。由于最切近他们的环境是工作-世界，最适合他们的身份就是作为工人，作为从事由社会确定、文化传承下来的工作的人的身份。这些工作的性质先于并独立于他们自己的个体性之外而被给予。他们临时扮演的工作角色将不会对这些工作的性质有什么重要的影响。就像我们必须首先在对象与嵌在文化实践中的目的和存在的可能性的关系中来理解它们一样，我们因此必须首先把我们自己作为实践者来理解——作为在任何给定的工作领域规定着特定实践的规范的遵循者。海德格尔指出，这样的规范以及由此产生的实践必然是人际间的，因此在某种意义上来说是与个人无关的。对他人来讲，拥有同样的角色，从事同样的实践，必定也是可能的。否则，社会和文化就不能通过一代代人的努力被再生产出来。但是，更重要的是，只有一个人能够从事的实践根本就不能算作实践，因为只有在某个人能够遵守任何其他人都不能遵守的规则的情况下，也就是只有在他能够遵守一条纯粹私人的规则的情况下，这样的事情才有可能存在。正如维特根斯坦所论证的，那个说法本身就有矛盾。[1]

因此，对海德格尔来说，由于此在的存在是在-世界-之中-存在，此在将必然总是从某一个位置开始扮演它的角色，在这个位置上，它必须在实践中作为某个角色的占有者和自己关联起来，因此它必须通过由这个角色所提供的在本质上与个人无关的术语来理解自己，才能开始扮演自己的角色。这个角色所提供的术语和此在作为个体的身份没有本质性的关联。但是这些术语却规定着任何一个人可能要承担的某种或一系列功能。可以说，即使这样的角色确实要求具备具体的技巧和能力，它们也并没有要求选择某个具体的人来承担。它们明确指出的不是你或我为了占有它们必须做什么，而是一个人必须做什么——什么事情必须被做。因此被明确指出的角色占有者是一个理想物或构造物，是一个抽象的或平均化的人，而不是任何具体的人。换句话说，它是一种常人-自我。在这种意义上并且仅仅在这种意义上，"常人"是此在的本质性的生存论环节。

但是，恰恰因为这样的角色是完全由没有个性色彩的术语规定的，占有它们的个体当然不需要总是毫无个性色彩地和它们相关联。一个社会角色在个体的自我理解中能够成为一个极为关键的要素（例如，作为一种职业）；但是，尽管通过这样的方式能够本真

---

1 参见维特根斯坦《哲学研究》(Oxford: Blackwell, 1953)，第185—243小节。

地把这个角色据为己有,它的本质属性也并不保证或者说甚至不鼓励这样的占有行为。海德格尔并不否定必须由这样一种自我理解开始其生存的存在者拥有本真生存的可能性。他明确指出:此在(Dasein)的初始立场必然包含着某种自我阐释,而若想达至本真存在,就必须从这种自我阐释中挣脱出来;而且由于任何这样的本真性个体生存必定是在世界中被体验的,它必定是以角色为中心的任何这样的生活的一种变式,而不是对这种生活的一种超越。本真性所指的是人与其占有的角色相关联的方式,而不是说要拒绝占有任何角色。简言之,此在从来不需要失去自身,相反它必须总是通过发现自己来开始自己的生存;本真性总是一种需要努力获取的成就:

> 日常此在的自我就是常人-自身,我们把它和本真的自我区分开来,也就是说,和以自己的方式把握的自我区分开来。作为常人-自身,具体的那个此在已经消散在常人之中了,所以它必须首先发现自己。……如果此在以自己的方式把世界揭示出来并带到自己的近处,如果它面向自己把自己本真的存在公开出来,那么这种"世界"的揭示和此在的公开,作为一种清除遮蔽和晦涩的活动,作为一种粉碎此在用来阻碍自己的伪装的活动,总是在进行当中。
>
> (《存在与时间》,第26节,第167页)

激情和筹划

（第28—32节）

在考察了"世界"的观念和此在通常表现出来的自我性之后，海德格尔转向了"在之中"（Being-in, In-Sein）的观念——构成在-世界-之中-存在的结构整体的第三个也是最后一个要素。他的目的是，通过超越它们最初所具有的反笛卡尔倾向，凭借他对世界性和自我性的描述走向一种更加积极的存在论的分析，从而深化他早先对这一居第三位的观念进行的初步评论。当然，因为在此在的存在论结构中，每一个要素都是仅仅相对地独立存在。通过一定程度上的独立考察，分析的清晰性被进一步加强了。但是，分析的准确性要求我们承认它们是内在相关的——每一个要素所具有的意义最终都与它们所构成的存在论整体的意义不可分离。至于"在之中"，这意味着承认此在生活在它的世界中的方式反映和决定了那个因此被拥有的世界的本性，而且更具体地说，这意味着承认它是此在与那些完全和此在一样的他人一起生活于其中的世界——一个社会性的世界。

然而，对"在之中"所进行的这种新的考察的更具体的目标涉及这样一个事实：此在和它的世界、它的在-此（being-there）或此-在（there-being）的关系，是一种富有可理解性的综合关系。海德格尔通过指出，就我们把我们和世界的交往看作一种主客体间的关系而言，此在就是这种"之间"的存在，用一种具有误导倾向但仍然富有启发的方式强调了这种关系。换句话说，他认为此在并没有被困在心灵或身体里面，它试图由此伸出手来达及对象。相反，此在总是已经在自身之外，生活在所有类型的对象之中。此在的思想、感情和行为把存在者自身（不是从思想上再现它们）作为对象，那些存在者不仅能作为环境障碍或作为欲求和厌恶的对象显现出来，而且作为存在物能够以充分而具体地表现出它们的本性、它们的存在方式（例如，顺手的、不上手的、偶然出现的等），以及它们的实在的方式显现出来。这种把存在者作为存在者来遭遇的能力，就是海德格尔把此在作为澄明，作为存在者如其所是地向其显现并为其而显现的那个存在者来谈论的时候所引出的东西：

> 只有对在生存论上被如此照亮的存在者来说，现成对象在光亮中才变得可以通达，在黑暗中才能被隐藏。就本性而言，此在本来就随身携带着它的"此"；如果它缺少它的"此"，那么在事实上，它就不再是具有此在本质的那个存在者，而且它根本就不是缺少"此"的存在者。此在就是它的展开状态。
>
> （《存在与时间》，第28节，第171页）

在这个部分，我们将考察海德格尔的断言：此在的在之中在生存论上的建构有现身情态和领会两个要素,它们各自构成了人的生存的限制或条件。

海德格尔用"Befindlichkeit"(现身情态)这个词所指的是,此在在揭示自己和它的世界方面本质上就具有被动的或决定论的色彩。把"state of mind"(心理状态)当作"Befindlichkeit"的标准翻译容易让人产生严重的误解。因为"state of mind"在心灵哲学中具有非常具体的意义,它的意义范围和德文词"Befindlichkeit"的意义范围并不完全一致。事实上,对"您好吗?"或"您怎么样?"等问题的任何回应都可以用"Befindlichkeit"来表示,而用"state of mind"来表示却不行。后者也意指相关的现象纯粹是主观状态,因此就使海德格尔对此在作为在-世界-之中-存在的强调受到抑制而不能凸显出来。相比而言,"frame of mind"(心理框架)更准确一些,但仍旧保留着把心理看作内在领域的某种含义。因此,"Befindlichkeit"这个术语最确切的意思看起来是指此在接受来自它的世界的影响的能力,以及发现以下这一点的能力:它所面对的存在者和处境对它非常重要,而且某种程度上它无法完全控制它们的影响。

这种生存论环节在生存状态上最熟悉的表现形式就是情绪现象。沮丧、厌烦、快乐、高兴和恐惧都是反映此在性格的情感形式。通常,人们把它们体验为"被给予的"东西,体验为我们被抛入其中的状态——在这个领域对我们的语言进行词源学分析时所强调的东西。例如,谈到各种情绪和感情,我们把其看作"激情的",是被动的而不是主动的东西,是我们遭受到的而不是我们施加的东西——"遭受的东西"(suffering)在这里不是指痛苦而是指顺从，就像当我们谈到基督的受难或他的不幸时，这个词意味着让子民们走向基督的东西。更一般地说，我们的情感并不仅仅影响别人，而且标志着我们已经受到别人的影响。例如，我们不能按照我们的意愿随时随地地去爱和恨，相反，我们把我们的情感看作作为它们的对象所控制的东西，或者看作使我们易于接受别人影响的东西，使我们遭受痛苦的东西。

对人来讲，这样的情感是不可避免的，其影响非常普遍。而且，它们进一步构成了人的生存的根本条件。当然，有时候我们能克服或改变我们的主要情绪，但是除非那种情绪允许并且把我们安置在新的情绪（安静和坚定像沮丧或狂喜一样是情绪）之中，否则就不可能。一旦处在某些情绪控制之下，它们就能够给我们生存的各个方面披上一层色彩。当然，在这个过程中，它们决定着我们对世界的理解：它们改变了此在和在其中发现自己的对象和可能性之间的关系——所有的存在者都在与此在所是的已经实现的可能之在的关系中被理解。在这种意义上，情绪具有揭示功能：具体的情绪以具体的方式把世界中的某种东西（有时候是所有东西）作为对此在具有重要意义的东西揭示出来——作为令人恐惧的、厌烦的、高兴的或憎恨的东西揭示出来；在存在论的意义上讲，这反过来也揭示出此在是把世界作为能够影响它的东西而向世界开放的。

然而，接受情绪揭示着此在这种思想要比接受它们揭示着世界的思想容易一些。由于人经受着情绪，或许可以说，某人令人讨厌或恐惧这个断言，记录了关于她的一个简单事实。但是她的情绪确实没有（或许被认为可以）把关于世界的简单事实挑选出来（世界或其中的某些东西是令人讨厌或让人生畏的）。因为情绪记录的不是实在物所具有的客观特征,而是对就自身而言在本质上毫无意义的世界做出的主观反映。简言之,不可能存在情绪认识论这样的东西。然而,海德格尔却一味拒绝任何这样的结论。由于情绪是此在生存的一个方面,它们必定也是在-世界-之中-存在的一个方面。因此,就像它们揭示着此在一样,它们必定也揭示着世界和世界中的存在。正如海德格尔所解释的:

> 情绪和精神因素没有关系……而且它本身不是一种内在的状况。于是,它也不会像这种状况那样以谜一样的方式向外扩散并给人和物打上自己的烙印。……它既不是来自"外部"也不是来自"内部",而是作为在-世界-之中-存在的方式从在-世界-之中-存在本身当中产生出来。
>
> (《存在与时间》,第29节,第176页)

海德格尔通过对恐惧进行更加详细的分析进一步证实了这个断言。它的基本结构有三个要素:面对什么而生恐惧、恐惧本身和为何物而恐惧。面对什么而生恐惧指的是令人恐惧或让人生畏的东西——我们在世界中所遭遇到的对我们的健康或安全有害的东西;恐惧本身是指我们对让人生畏之物的反应;为何物而恐惧当然是指我们的健康或安全——简言之,就是指我们自己。因此,恐惧既有主观的一面也有客观的一面。一方面,它是人的一种反应,而且这种反应主要关切的是恐惧之人的生存。这是因为此在的存在对它自己而言是个问题;由这样的情绪作为例证所说明的揭示性的自我定调证实了海德格尔先前的断言:此在把对象作为上手之物来遭遇的能力涉及此在要在这些对象与此在的可能之在的关系中把握它们。然而，另一方面，世界中真正可怕的东西以及对恐惧之人造成危险的东西，在这里把此在的存在置于可争议的境地。这不仅揭示了此在生活于其中的世界能够以最根本的方式影响此在，揭示了此在对这个世界是开放的并且易于受到它的影响。而且揭示了这个世界中的东西能够真正地影响此在。一条狂犬所造成的威胁不是虚幻的。面对这种威胁，此在回应可怖之物的能力已经和这种威胁相协调了。

这个论证反对对情绪进行所谓的投射主义描述。这使人想起了约翰·麦克道尔（John McDowell）所提出的论证。[1]那个投射主义者（projectivist）在本质上震惊于这个事实：当我们把某物当作让人讨厌或令人恐惧的东西时，我们是在对它的某种反应的基础上这样做的。因此，她得出结论说这样的一些特征仅仅是对那些反应的投射。但是，在这个过程中，她忽视了下述事实：那些反应针对的是世界中的事物和情景，对这些事物和情景所做的任何恰当的解释都必须考虑到这一点。因此可以举例说，对某些对象的可怖之处所做的任何恰当说明必须以某些主观状态，以关于人及其反应的某些事实为根据。然而，这种说明也必须以人所恐惧的对象为根据——它的某种特征激起了我们的恐惧-反应：例如，就狂犬而言，它的唾液含有危险成分。当然，现在说那种唾液是危险的，仅仅是因为它在某些方面还对人的生理机能有作用。因此，要弄清楚

---

1 参见麦克道尔《价值和第二性质》一文，引自《道德和客观性——J. L. 麦凯纪念文集》（London: Routledge, 1985），T. Honderich 编。

是这条狗的什么特征使它变得可怕,就必须再援引人这个主体作为根据。但这并不会使它的可怖之处减少真实性——例如,如果它咬了我们,我们就将进一步证实这一点。

重要的是称某物是主观的有两种意义:它可能意味着是"虚幻的"(和真实的相对),或者是"不可理解的,除非根据主观的状态、属性或反应"(与之相对的现象,对它们的解释不需要任何这样的根据)。像长度这样的第一位的性质在哪种意义上都不是主观的。幻觉在两种意义上都是主观的。可怖性(在麦克道尔看来,像第二位的性质和道德性质一样)仅仅在第二种意义上是主观的。换句话说,某物是否真的可怖在某种重要的意义上来讲是一个客观问题——当某些东西并不值得恐惧的时候,我们却能够把它们当作可怖的东西(例如家里的蜘蛛),这个事实就表明了这一点。就我们对事物能够有所恐惧的能力允许我们把真正可怖的东西和非-可怖的东西区分开而言,那种被动的反应揭示了关于世界的某些东西。

而且,对于情绪与那些正经受着它们的人的关系——我们一直称之为情绪问题的主观方面——我们不能用过于主观的方式来理解。就海德格尔来说,由于此在的存在是共在,它的个体状态不仅影响着它与别人的关系,而且被它与别人的关系影响。这有两个非常重要的结果。首先,它意味着情绪能够是社会性的:例如,假定此在是某个团体的成员,这种身份可能使此在被抛入控制着那个团体的情绪之中,从而发现自己陷入了郁郁寡欢或歇斯底里的情绪之中。这一点被此在的自我性的日常模式是常人-自身这个事实进一步证实了:"公开作为属于'常人'的存在方式,不仅完全具有自己拥有情绪的方式,而且需要情绪并且为了自己'制造'情绪。"(《存在与时间》,第29节,第178页)在一阵道德恐慌的浪潮过去之后,一位决定司法政策的政治家恰恰是在对公共情绪做出回应。

情绪的社会性也意味着一个个体的社会世界确定了她被抛入其中的情绪的变化范围。当然,从存在者的层次上来说,一个个体能够超越或抵制处于主导地位的社会情绪——她自己的情绪不仅需要反映公共世界的情绪,而且,即使它没有这样做,对她开放的可能情绪的变化范围本身也是被社会决定的。这是因为此在的情绪是从在-世界-之中-存在当中产生出来的,而且这个世界是由一系列被社会确定的规则、范畴和概念支撑起来的。但是,这意味着,甚至此在看起来最内在的个人感情和反应的基础结构,也是以社会为条件的。

海德格尔的这种思想巩固了查尔斯·泰勒把人看作自我阐释的动物的观念。[1]泰勒接受海德格尔对情绪所做的三重分析,认为一种情绪,比如羞耻,在本质上是和某种处境(让人感到"羞耻"或"丢脸"的处境)相关的,而且和针对它的那种具体的自我保护性反应(例如,隐藏或遮盖)相关联。因此,如果不考虑引起这样的感情的那种处境,它们甚至不能够被认同。因此,只有在具体场合的基础上,从它们与其产生的环境相适宜的角度,才能够对这样的感情做出评价。但是,在刻画这种感情以及与其相适宜

---

[1] 参见泰勒的《阐释和人的科学》《自我阐释的动物》(选自《哲学论文集》[Cambridge: Cambridge University Press, 1985]),以及《自我的根源》的第一部分(Cambridge: Cambridge University Press, 1989)。

的环境的特征的时候，我们所使用的术语的意义却在一定程度上为用来描述这样的情感和处境的更广泛领域中的术语所决定，而且前者构成了后者的一个组成部分。在那个语义领域中，每一个术语都从自己与其他术语之间存在的对比中得出自己的意义。例如，根据所用的对比是否包含了诸如"可怕的"（terrifying）、"让人担心的"（worrying）、"让人窘迫的"（disconcerting）、"凶险的"（threatening）、"令人作呕的"（disgusting）这样一些术语，对一个令人恐惧的处境的描述将意味着非常不同的东西。所涉及的语义场越广阔，通过选择与另一个术语意义相对的词所能做出的区分就越细微，每一个术语的意义也就越具体。因此，一个人发现自身处于其中的那些处境的意义以及她的情感的含义和本性，都取决于在刻画它们的特征的过程中她所能够使用的词语的范围和结构。如果缺少充足的词语来表达羞耻所特有的处境范围、感情和目标，那么她就不可能感觉到羞耻。这种感情的真正意义将随着那些词语所嵌入的语义场的不同而发生改变。

这并不是说感情和可利用的词语之间的关系非常简单。特别是，思想和言说活动并没有使这种关系变得如此简单：没有任何一种关于我们的感情的定义能够强加给我们，而且我们欣喜地接受的一些定义或者是本真的或者是欺骗人的。但这也不是简单地说词语和先前就存在的个人的大量感情之间相一致或不相一致的问题。因为，我们经常体验到这样一种需要：如何选择利用更加地道的词语使我们情感生活更加成熟。在这里，"词汇"这个术语易于让人误解：它指的不仅仅是一系列符号，而且也是由概念和实践构成的复合体，只有在这个复合体中，那些符号才有意义。例如，当某人宣称，在二十一世纪初期的英国，没有人能够体验一个武士的自豪感，因为相关词汇非常贫乏。"词汇"不仅仅指一系列日语术语，而且指它们在由习俗、假定和制度组成的复杂网络中所扮演的角色。因为我们的情感生活以我们发现自身处于其中的文化为前提条件，所以深陷于具体情绪或感情中的我们的存在以一种非常深刻的方式揭示着关于我们的世界的某种东西——这具有重要的认知意义。例如，我们受到惊吓的感情不仅仅记录着有可怖的东西存在于我们的周围，它也表明我们的世界是这样一个世界：在这个世界中，制造出恐怖的那个由具体的感情、处境以及反应组成的复合体有一个位置，也即恐怖在其中有一个位置的世界。

这就解释了为什么泰勒和海德格尔宣称一个人的内在生活和她所能使用的词之间存在着非常密切的关系。由于词本身是她个人从她自己所身处其中的社会和文化当中继承下来的东西，所以她可能被抛入其中的那些具体的感情或情绪的变化范围本身就是她被抛入其中的东西。在可想象的范围内，事物对她而言可能具有的重要程度，就像在一个确定的时刻事实上对她所具有的重要程度一样，是由她的社会和文化而不是由她自己的心理素质或意志力决定的东西。这就是海德格尔在谈到下面一点时所引出的被抛状态的双重意义："从生存论上来讲，现身情态包含有一种不断公开出来的对世界的依赖，依赖于世界，我们才能与走上前来的关系着我们的利害的东西相遭遇。"（《存在与时间》，第29节，第177页）

如果现身情态揭示了此在是被抛的在-世界-之中-存在，那么领会就揭示了此在不断地向前推进着这种被抛活动；这与此在能够积极面对自己的生存可能性的一面相符合。因为，如果此在的存在对它自身是个问题，那么在它的生存活动的每一个时刻，它都必须把其处境提供给它的诸多可能性当中的一种可能性变成现实，或者说，如果它没有那样做，那么它因此也会落入那些可能性当中的某种可能性中（当然，包括仍旧处在它发现自己处身于其中的那种状态当中的可能性）。换句话说，此在必须向这种或那种生存可能性筹划自己。这种筹划是海德格尔用"领会"这个术语所指的最核心的东西。但是任何这样的筹划既预先设定了，也构成了一种对这种筹划发生于其中的世界的综合把握。这种综合把握包含着对那种具体处境为日常行为提供的可能性的把握，因此也包含着在与此在的可能之在的关系中把握世界。另外，就像用现身情态所谈的问题一样，领会所涉及的问题是综合地把握世界，把世界作为符号或指引的背景，作为一个整体来理解。在这个整体中，任何给定的对象与其他对象都是相关联的，而且最终都与此在存在的某种可能性关联起来：

> 在此在朝向"为何之故"和意蕴（世界）的存在筹划中，展现着一般存在的展开状态。在朝向可能性的筹划中，存在领会已经预先被看作理所当然之事……尽管存在不是从存在论上被理解的。
>
> （《存在与时间》，第31节，第187页）

筹划中的领会具有一个真正的认知维度，要比情绪拥有一种认识论更容易让人接受。但是这使理解相关知识的本性变得愈加重要。就像我们在分析上手状态时看到的那样，这种知识在本质上是实践性的,是关于技巧(know-how)而不是关于事实(know-that)的知识:领会指的是有能力做某些事情,有能力从事某些实践。这种实践能力在本质上和某些生存可能性相关。我如何同我周围的对象相关联是由我出于某种缘故正在从事的工作(例如,制作一把椅子)所决定的。但是,出于某种能够确定我是谁的更具普遍意义的生存可能性(例如,成为一位工作认真的木匠)的缘故,我做这份工作。在这方面,更具普遍性的为何之故指引和限制着更为局部的为何之故。我的自我-理解决定着我从事我所面对的更具体的工作的方式,也决定着我朝向这份工作筹划自己的方式。更准确地说,我以某种具体的方式朝向后者筹划自己的方式恰恰也是以某种具体的方式朝向前者筹划自己。但是,某人作为一个木匠生活意味着他正在不断地以某种方式筹划自己。某人现在是木匠是因为他过去曾向着那种可能性筹划自己。如果他不再这样继续筹划自己,那么在当前支撑他作为一个木匠来生活的东西将逐渐消失。反过来,这意味着此在真正的生存论工具(medium)不是现实性而是可能性:

> 任何此在,作为此在,已经在筹划着自己。只要存在着,它就筹划着自己。只要存在着,此在就已经对自己有所领会,并且将总是从可能性的角度来领会自己。……作为筹划活动,领会是此在的存在方式。在这种存在方式中,此在就是作为可能性的它的可能性。
>
> (《存在与时间》,第31节,第185页)

在这里,本真性的问题重新出现了。因为,在选择把这种而不是另一种生存可能性变成现实的过程中，此在或朝向那种能够真正表达它的个体性的生存方式（通过这种生存方式，它能够"成为其所是的东西"）筹划自己，或根本做不到（"不能发现自己"，也许是允许常人-自身决定它的选择造成的，也许是用那些与它的世界中的存在者相适宜的范畴来领会自己从而理解或误解了自己造成的，因此它对发现自己甚至是一种可能性失去了感觉）。简言之，筹划中的领会既能是本真的也能是非本真的，尽管通常它是非本真的。但是筹划中的非本真性和相应的本真性在存在论上同样真实。失去自身或不能发现自己同发现自身一样也是此在表达自我性的方式。如果此在的存在是在-世界-之中-存在，那么它从其世界出发对自己的领会不能等同于它在存在论上失去了和自己的联系。

人的筹划能力当然不是完全没有根基或漂浮无据。一个具体的此在不能在任意给定时间朝向任意给定的生存论可能性筹划自己。首先，实际上，环境可能使它很难甚至是不可能以奉献自己的方式来生活：那位工作认真的木匠在完全忽视她希望赖以为生的好手艺的工厂里工作的过程中，可能发现自己。其次，希望扮演某种社会角色的人可能缺乏必要的才能，或者没有得到过必要的教育机会，或者发现自己认识到获得的机会不再像曾经看起来那样具有吸引力。再次，某人所能筹划的生存论可能性的范围是由这些可能性所具有的社会背景决定的。就像我们不能将自己领会为一个21世纪初的武士一样，我们在一个没有任何与木头相关的工作概念的文化中也不可能领会到作为一个木匠生活是什么样的。

这表明领会总是仅仅具有相对的自主性，我们的筹划能力和我们的情感状态一样都是被有条件地决定的。把某种给定的生存论可能性变成现实的自由是真实的,但是这种自由不是绝对的,由于被当作真实的可能性的东西受到,而且必定受到了作出选择决定的具体处境和文化背景(以及它们各自在当前的主要状况)的影响。这些因素在很大程度上超出了有关个体的控制范围。正如海德格尔所解释的:

> 无论如何,作为在本质上拥有某种现身情态的此在,此在已经卷入了某些确定的可能性之中。作为它所是的能在,它让这样的可能性交臂而过;它不断地放弃它的存在的可能性,或者抓住它们并犯了很多错误。但是这意味着此在就是把存在的可能性转渡给自己的可能之在——是彻底的被抛的可能性。

(《存在与时间》,第31页,第183页)

因为此在总是处身于世界之中,所以它总是面对着某些确定的可能性。没有任何处境能把可供选择的可能性还原为一种可能性,否则它将根本不是处境(生存论空间中的某个具体位置),除非一种处境完全排除掉了许多可能性。正像被抛总是筹划着的被抛(以某些具体的方式把世界作为与我们密切相关的可能性的空间不断揭示出来),因此筹划也总是被抛的筹划(在某种可能性领域进行的筹划确实没有自己筹划整个可能性领域的结构)。事实上,这是单一的存在论结构在分析中不可分离的两个方面。此在是被抛的筹划,就此而言,它需要某些限制(limits),但一定不能把这些限制当作缺陷(limitations)来理解。因为若缺少某些限制,人的任何生存方式都是不可理解的。

然而，如果我们对领会的存在论基础做更深入的探究，我们将看到，领会并不仅仅在本质上把此在和可能性领域关联起来，它也包含有这样一种关系：我们在筹划中的领会能力本身拥有某些能够自我发展和自我实现的可能性。当这些可能性被变成现实的时候，它们为我们理解这种能力的完整存在论结构提供了一条重要的途径，因此也为我们理解拥有这种能力的存在者的完整存在论结构提供了一条重要途径。

有时候，我们正在顺利进行的日常活动被打断了——例如，当我们被迫停下来修理一件工具，或者为一份既定的工作改制一个对象，或者说甚至当突然而至的过于强烈的好奇心驱使我们仔细观察我们工作世界当中的一件东西的时候。在这时，我们从事着海德格尔标称为"解释"（interpretation, Auslegung）的活动，而且，我们日常在理解活动中与这些对象相交往的结构显然变成了我们尤为关注的事情。这样的解释并不是叠加在我们实践性的理解之上的东西，相反却是它的一种发展——是筹划中的领会内在地具有的某种可能性正在变成现实的过程，但是这种使其变成现实的活动对通常更谨慎地进行的领会活动来说并不是必不可少的。在解释活动中，由于领会在实践中对解释如何指导实践发生兴趣，我们可以说，领会在领会活动中占有自己，成就自己。因此，那些明确地进入视野的就是如下的东西：

> 所有准备、安排、修理、改善和补充活动都是以如下的方式进行的：在谨慎的考察活动中，我们对以其自身的"何

所为"（in-order-to, Um-zu）的方式上到手头的东西进行条分缕析，在这个过程中，映入眼帘的东西，就成为我们关注的对象。就其"何所为"，像这样在谨慎的考察活动中被剖析的东西——那种被明确领会的东西——其结构呈现为"作为某物的某物"。

（《存在与时间》，第32节，第189页）

这种在把什么东西看作什么东西的活动和筹划中的领会活动之间的联系，在回忆中非常明显。因为我们把事物看作什么（例如看作门、锤子和钢笔）的"作为"范畴，显然具体地说明了它们被编织进此在的实践活动中的方式。"作为"其实就是构成世界的指引联系的整体性的基本结构。但是它也具体地说明了世界中的对象如何使自己变得让此在可以理解：它阐明了它们的基本意蕴或者说意义结构。换句话说，此在筹划中的领会和上手对象的可理解性被关联起来的方式，恰恰如同作为（seeing-as）概念和被看作（being-seen）概念被捆绑在一起的方式。它们是同一事情的两个方面。因此，在-世界-之中-存在的基础或根基是一个拥有具体本性的统一性框架或意义场。

海德格尔再一次反对把世界在本质上看作是无意义的解释，以及把我们和世界的关系看作是把主观的价值和意义投射到世界上面的解释。他用在本质上拥有一个世界的此在概念和属于可清楚阐明的在世界-之中-存在的统一体的意蕴概念，来抵制把现成主体和现成对象并置的笛卡尔模型：

可以说，在解释活动中，我们并没有把某种"含义"抛到某种赤裸的现成的东西上面，我们并没有给它贴上某种价值的标签。但是，当我们就这样和世界中的某种东西相遭遇的时候，被解释的东西已经包含有某种在我们对世界的领会中解释出来的因缘联系，这种因缘联系就是那种被解释揭示出来的东西。

（《存在与时间》，第32节，第190—191页）

解释所揭示出来的东西就是这样一个事实：解释总是已经奠基在某种力图把握我们感兴趣的对象的具体概念活动中。我以这种或那种具体的方式来理解这个对象（我们的前概念），这种方式本身又奠基在某种对我们与这个对象相遭遇的具体领域的认识中（我们的前见），反过来，这种方式最终被嵌入具体的因缘整体中（我们的前有）。那个被损坏的工具的例子就具体地阐明了这个思想。当我们停下来去修理一把锤子的时候，我们认为需要对锤子进行具体的改造，这种理解是从我们对锤子必须被复原到其中去的具体工作环境的更广泛的理解中浮现出来的。这种更广泛的理解本身奠基在我们在实践中和对象世界打交道的基本能力之中。与此相似的是，我对《存在与时间》中的这个片段的解释预先就把我对作为一个整体的这本书的解释假定为前提。对作为一个整体的这本书的解释反过来又以我对哲学的具体兴趣以及我对哲学是什么的理解为指导。因此，这种解释最终依赖于我对现代西方文化的这一具体方面有多少理解。

这种多层次的嵌入是否有三个基本的层次或方面并不是非常

重要。重要的是，没有前概念就不可能有解释，因此也不可能有领会；而且，这并不是一种引人同情的缺陷，而是与世界的任何可理解性关系所具有的本质性前提条件。这个断言的第二部分表明了海德格尔的立场：它不仅使海德格尔反对任何宣称已经完成了对一个完全不受前概念影响的文本的阅读的解释者，甚至反对正在打算进行这样的阅读的解释者，而且使海德格尔反对任何批评这种解释的人。他们接受这样一个纯粹的事实：解释依赖某种前概念来展示它的充满偏见和被扭曲的本性。如果所有的解释必然涉及前概念的话，这样一个批评者的相关工作不仅决定着具体案例中前概念的存在，而且要对它们的成效和合法性做出评价。站在海德格尔的立场上来看，这样的评价本身将建立在前概念的基础上，反过来，前概念必须让自己向评价开放。但是如果这被用来证明一个恶性循环的存在，那么领会从根基上就被误解了：

> 决定性的事情不是走出这个循环，而是以正确的方式进入它。这个领会的循环不是任何认识方法都可以在其中转动起来的圆圈。相反，它表达了此在本身在生存论上的前结构。……在这个循环中，隐藏着最源始的认知活动的一种积极的可能性。无疑，只有在如下的情况下才能够真正地抓住这种可能性：在解释中，我们领会到我们首要的、固定不变的和最终的任务就是不但绝不允许突发奇想和流行的观念把我们的前有、前见和前概念呈现给我们，而且要从事情本身

出发来整理这些前结构,从而为科学的课题提供保障。

(《存在与时间》,第32节,第195页)

没有前概念,对对象的任何解释都是不可想象的。因为,没有某种预先确定的方向,不论这个方向多么源始,要把握对象都将是不可能的:我们对将试图去解释的东西是什么样没有任何感觉。但是这一点也不意味着所有的解释都建立在偏见的基础上:因为不论我们利用了多少前概念,把它们揭示出来并使它们接受批判性的评价,这始终是可能的事情。例如,就海德格尔的这种解释而言,我们可以问它是如何扎根在文本的那些可确定的特征中的,我们可以问对哲学是什么的具体领会——这种领会或许会引导我们反对把海德格尔的工作看作哲学——在事实上是否不应当为那种工作本身所质疑,等等。关键的问题是我们能够区分好的解释和坏的解释以及更好的前概念和更糟的前概念,并且在它们之间做了区分。我们只有通过允许文本、解释和前概念之间相互进行质疑才能这么做,但是循环过程在本质上既能是良性的也能是恶性的。简言之,前概念和偏见有差别,我们能够指出这种差别。

这不仅仅在文本解释中是个关键问题,诸如对文学批评、《圣经》研究、历史等的文本的解释。它也适用于人类知识的各个领域,包括自然科学和数学:作为此在与世界的综合性理解关系的各个方面,它们必须预先把领会的前结构假定为前提,这在人文科学中更加显而易见。甚至数学家之所以能够从事他们的工作,也仅仅是因为他们对那份工作是什么有某种预先的初步了解——它是如何进行的,它的完成标准是什么,它的哪些专业资源是合法的,等等。数学家和研究历史的人相比,他们所利用的是一个非常不同的因缘联系的整体,而且这个整体没有历史学家所利用的那个整体那么广阔。但是他们的努力一样建立在预先对世界的综合把握的基础上:"数学并不比历史学更严格,但只是更狭窄一些,因为与它相关的生存论基础处于一个更加狭窄的领域之中。"(《存在与时间》,第32节,第195页)简言之,就解释揭示出了领会的结构而言,它对此在在世界中生存的每一方面也都有所揭示。

第三章

语言、真理与实在

(《存在与时间》，第33—34，43—44节)

迄今，海德格尔对人的存在方式的描述把人的存在方式明显具有的几个限制或条件孤立了起来——此在的世界性、它的公共性（communality）和它的被抛的筹划性（thrown projectiveness）。海德格尔的描述也进一步概述了它们之间的相互联系——此在的世界所具有的结构是主体间意义上的结构，它也决定着个体的激情和筹划的有效范围。然而，这幅关于人的条件性的图画还需要一个因素，一个来自并决定着此在世界的公共性结构的因素——语言。海德格尔对语言的分析导致了一种关于真理和实在的本性的与众不同的解释——这种解释推翻了后笛卡尔哲学传统的某些关键假定。因此，我们将改变按照纯粹线形的顺序来解释海德格尔的文本的方法，用这一章来处理两个顺序不相连的章节。在其中，海德格尔考察了这些复杂而又紧密地缠结在一起的问题。

语言：命题与话语

（第33—34节）

语言这个话题自然来自海德格尔对领会和解释的分析，因为命题这种语言学现象和两者密切相关。更准确地说：正像解释奠基在领会之中一样，命题也奠基在解释之中，命题是解释的一种形式。

海德格尔把命题定义为"赋予某物以明确特征并将其传达出来的指示"（《存在与时间》，第33节，第199页）。因此，命题具有在未诉诸言词的解释活动中显示出来的结构，诸如修理一件工具。在考虑如何改进一把锤子以重新使用它时，就涉及一种解释的前结构，这种前结构揭示了在使用中我们对锤子的领会的前结构。同样，如果描述我们的困难——通过说"这把锤子太重了"——我们就领会了对象的某种特征，从而阐明它的某种具体的前概念。我们已经认识到，这种前概念和我们默默地改进它的努力的前结构以及那些努力深深地印在其中的具体的前见和前有是相互关联的。因此，我们的命题具有同样的结构，这种结构奠定了我们在实践中和那个对象的源始的相互作用的基础。在随后对它的解释中，这种结构更加明确地显示出来。"像任何解释一样,命题必然具有前有、前见和前概念,这三者是它的生存论基础。"(《存在与时间》,第33节,第199页)

通过把我们关于对象的前概念表达出来,我们使对象变得更加易于把握。毕竟,命题通常被用来向他人传达某事。在这方面,命题性的言语行为反映了这样一个事实:此在的存在是共在。但是,根据海德格尔的说法,命题也使我们操劳所及的范围大大缩小:

> 在赋予某物一个明确特征的规定活动中,当我们遇到已经显示出来的东西——那把太重的锤子时,首先,我们必须后退一步。在"确立主语"的过程中,我们的关注焦点把存在者淡化到"此处的锤子"上,因此,通过这种淡化过程,已经显示出来的东西在其可规定的规定性中可以让人看到。
>
> (《存在与时间》,第33节,第197页)

提出关于某个对象的命题就把我们的开放性限制在了这个对象上面,就如同解释限制了我们在解释前所具有的领会。当一件工具需要修理的时候,在工具关联着的整体中,作为上手对象被把握的工具现在就被归结为处于非上手状态的工具本身。当我们为了他人能够明白,把使它变得不上手的原因概括出来时,我们就进一步把我们的关注点限制在某个对象的偶然出现的具体属性上,现在这个对象被理解为现成状态的对象。简言之,这样的命题如果不是理论命题,至少是原始理论命题。通过切断对象与它在实际操劳的工作世界中所处的位置之间的联系,并把它单独作为一个能够为其制造一个谓语的具体物来定位,它们就改变了我们与这个对象的关系。正像海德格尔所说的,"我们的前见在处于上手状态的事物中指向现成状态的东西"(《存在与时间》,第33节,第200页)。在单一的运动中,上手状态的东西被遮蔽而现成状态的东西被揭示出来。

因此,语言的意义(如在命题中显示出来的)双重地背离了意义本身,也即背离了为人领会世界奠定基础的意义领域。尽管分享了所有领会的基本结构,作为拥有谓语的现成主体的存在者,关于它们的命题的前概念通过还原,以某种具体的方式使不上手的存在者的解释性前概念发生了转变。这本身就限制着我们在解释前对作为某个因缘整体的一部分的存在者的领会。当然,这条鸿沟是不可跨越的。毕竟,正像解释所把握的东西正是解释前的领会的前结构,命题清楚地阐明的东西也是在我们的解释活动中与我们息息相关的东西——它使那个给定的工具不再上手。命题或许倾向于把存在者作为现成的东西揭示出来,但是它是"在"它们的上手状态中被揭示出来的现成对象。而且,命题改变而不是取消了解释的意蕴结构——它衰微了或被简化了,而不是被否定了(参见《存在与时间》,第33节,第200—201页)。

"提出一个命题"这种活动对此在来说是可能的,所以它是一种在-世界-之中-存在的模式,并且因此奠基在构成存在者的意义基础的"作为"结构之中。然而,尽管具有这些先决条件,命题的意义(压缩、还原、敉平、去背景化)仍旧不同于在它最终由之所派生出来的意蕴领域中被阐明的意义。因此,把我们对命题的领会当作人们领会意义本身的模型或蓝图只能导致错误：

> （在命题中）并不是通过赋予某物一个明确的特征，我们才首先发现那个显示自身的东西——锤子，而是当我们赋予它这样一个特征的时候，我们的看就局限在它上面。
>
> （《存在与时间》，第33节，第197页）

那么，海德格尔为什么把语言和此在展开状态的生存论建构联系起来呢？在强调了命题的基础性前结构掩盖了构成我们对世界的领会的基础的因缘整体和意蕴之后，通过宣称"在-世界-之中-存在的可理解性……作为话语表达出自身"（《存在与时间》，第34节，第204页），他直接引入了"言谈"（Rede）这个术语（意思是"话语"，或更确切地说，"谈话"），并把"言谈"看作语言（包括命题）的生存论-存在论基础和可理解性的环节。由于命题是还原性的，"话语"必定表达出了命题性（当然还有非命题性）的说话方式的生存论-存在论基础的某个方面，以及存在者在其存在中所真正显示出来的东西。但这会是什么呢？

当我们肯定地说"锤子太重"的时候，这就已经把锤子看成了一个孤立的现成对象。因为这个命题的主谓结构只强调锤子是否具有某种偶然的属性，从而把锤子从它的世界性的环境中分离出来。然而，即使这样，在提出这个命题的过程中，我们用一个语言学的术语来把它归为一个具体类型的物（一把锤子），这样一种分类就是把某物当作某物来看待——当然，这是意蕴或意义的基础结构，因此也是实际的领会和解释的基础结构。简言之，在陈述某事的时候所使用的概念、范畴——人们可以称之为语言的环节——和意义领域的深层环节是一致的。这种一致性不仅仅是一种偶然的巧合；相反，那些在解释中首先被公开占有并构成了我们对事物的意义的领会的模糊环节，在对构成语言的基础的环节所进行的详细描述中，找到了最适合它们的实现方式以及最公开的（因此在某种意义上，也是最容易理解的）占有它们的方式。

因此，海德格尔在命题和话语之间所做的区分或许可以理解为一种言语行为和它（与其他的每一种言语行为一起）所利用的概念框架之间的区分。后者似乎可以被认为是事物的可理解性的环节。因为，它首先恰恰是一种意义框架：它清楚地表达了在做某些事情时具体的言语行为所使用的术语的意义，因此成为它们得以可能的先决条件。如果构成命题的术语没有意义，那么就没有人能够断言锤子很重；只有掌握了那种意义，人们才能从某种存在者中辨认出锤子，才能确定能否把它们正确地描述为重的。那个命题的真假是由相关存在者的某些事实决定的。但试图做出这一决定的任何研究本身必须得到指引：对一把锤子和重量各自意味着什么都有所领会——这种决定本身并不来自对世界的研究（那将导致无穷的后退），而是来自对语言概念框架的先天了解。然而，这个框架清楚地表明了被当作一种具体的存在者意味着什么，因此，它具体指出了事物的本质属性：了解"锤子"这个术语使用的具体标准。也就是去了解如果一个存在者被看作锤子，那么它的本性是什么。也就是去理解它的本质特征，如果没有这些特征，它将不是所是的东西。因此，把握这个框架，不仅仅是去把握关于我们使用这些词的某些事实，也是去把握事物的本质。在这个层次上，语言学的意义和存在者的意义是同样的：前者揭示了后者，从而清楚地阐明了此在能够在存在者的存在中揭示存在者的基础。

这一点也不意味着语言和话语是完全等同的。相反，语言——被认为是词的整体——是话语的世界性展示，是可理解性的环节的上手形式（有时是现成的）。话语本身不是一个世界性的整体，而是此在的生存性质（existentiale），就像现身情态和理解一样，是此在的展开状态的一个方面。

因此，话语的存在反映了此在存在的另外这些方面。由于此在的存在是共在，语言本身是朝向他者的：它是一种交流的媒介，从本质上说，它是某个给定的此在发现自己被抛入其中的文化和社会遗留下来的一份共同的遗产。这反映了语言和现身情态联系在一起的一种方式；另一种方式就是说语言是一种媒介，凭借这种媒介此在通过自己谈话的音调、语调以及节奏来吐露自己的内在状态或情绪，从而表达自身。反映话语和领会具有同等源始性的东西甚至更加显而易见，因为语言允许我们交流关于世界中的事物的信息，允许我们关于某事说些什么。简言之，话语、现身情态和领会必须被理解为此在的生存论建构的三个内在地相互关联的方面——他的展开状态，它的此之在的三个基本方面。

实在与真理

（第43—44节）

由于此在揭示存在者的存在的能力，是人把握实在的真正本质的能力的存在论基础，海德格尔对那种能力的分析必然引出了关于实在与真理的问题。更确切地说，它引出了能否对现实和真理的概念进行适合其本性，并且与此在的本质相一致的分析。海德格尔的回答在很大程度上依赖于以上对人与语言的关系的说明。

在现代西方哲学传统中，"实在"——被理解为物质对象的领域，这个领域被认为存在于人"之外"并且独立于人而存在——作为一个问题而出现。这个问题就是去证明实在是真实的，去证明有这样一个世界。但是对海德格尔来说，这里真正的问题不是我迄今没能证实这一点，而是我们一直认为需要这样的证明："'哲学的耻辱'不是还没有给出这种证据，而是一再地期待着并试图给出这样的证据。"（《存在与时间》，第43节，第249页）因为这种期待源于没有能够正确理解此在和它的世界的关系的本质，这种失败的根基在于对此在和"世界"的存在进行了错误的阐释。

甚至任何试图提出外在世界问题的努力都不可避免地把这种

误释设定为前提。那些系统解释这个问题的人都把人这个主体的存在看作理所当然的事情，他们问道，我们对在我们当前的意识之外存在的那个世界的信仰能否被证明是合理的。但是，这就预先假定了，人是这样一个主体：它自己的生存问题能够毫无矛盾地从它所生活于其中的世界的存在问题中排除出去——这与此在的存在是在-世界-之中-存在相冲突。然而，如果我们认为人在本质上不是现成的非物质的实体，而内在地就是世界性的实体，那么毫无矛盾地提出关于实在的问题就变得不可能。

因为后面这个概念恰恰就体现了"意识领域"的超越性对前者来说是一个不可根除的问题框架。当我们正在谈论其存在的世界被概念化的思考归结为大量现成的存在者的时候，同样的不足就出现了。如果存在者只能作为一个在世界之中的存在者而出现，如果那个世界建立在构成此在的世界性的指引联系的整体的基础上，那么对世界的真正的存在论领会就再一次取消了主体和世界之间的逻辑距离，这种距离甚至曾使主体和世界的关联成为问题。

在这里，海德格尔的批判并没有采取回应那个怀疑论者的形式。相反，如果他的分析是正确的，那么解决笛卡尔问题的努力将被完全错误地当作证明它的不可解决性的努力。那个怀疑论者并不比那些试图构建怀疑论反驳的哲学家更易陷入错觉。因为，只有当一个问题和疑问能够被毫无矛盾地提出来的时候，问题才能被解决，疑问才能被解答。因此，认为一个问题需要一个解决办法，一个疑问值得回答将等于预先假定它们来自一个关于它们的主体的可理解性概念。因此，如果通过断定世界真的存在着，或者说通过断定我们确切地知道它的存在，或者说通过把我们对它的存在的确信建立在信仰的基础上,来回应那个存在论者,我们就会对笛卡尔问题框架中的术语不加质疑,因此将进一步加强而不是驳斥它们所预先假定的关于主体和世界的错误观念。

如果我们更仔细地考察笛卡尔关于主体与世界的关系的观念,我们就能够明白这个警告的目的。因为,在系统地阐释"实在问题"的过程中,那个怀疑论者先构想出了我们是否能确切地知道外部世界将存在着这样一个问题,接着宣称这个问题不能成立,从而预先假定了主体和世界的关系从认识的角度说是一种认识(knowing)关系。然而,正如海德格尔所指出的,"认识是通达实在事物的一种被奠基(founded)的途径"(《存在与时间》,第43节,第246页)。因此,认识作为一种典型的途径,在两个方面不适用于主体和世界的存在论关系。首先,认识是此在的存在也即在-世界-之中-存在的可能的方式,因此,认识必定从在-世界-之中-存在的角度被理解,而不能确立起在-世界-之中-存在的方式。其次,因为认识是一种关系,在这种关系中,此在能够面对的是一个给定的事实状态,而不是面对世界本身。此在能够知道(或怀疑)一个给定的椅子是舒适的或某个具体的湖很深,但它不能够知道世界存在着。正像维特根斯坦可能解释的那样,我们并不生来就具有存在一个世界这种思想:这不是一个建立在可强可弱,甚至不存在的证据之上的假说。[1]知识、怀疑和信仰都是关系。在这些关系中,此在可以面对世界中的具体现象,但是世界不是一个可能

---

[1] 参见维特根斯坦《哲学研究》(Oxford: Basil Blackwell, 1953),第2部分第4小节,关于我们与他人关系的相应评论。

的知识对象——因为它根本不是一个对象,不是一个存在者或一系列存在者。它是一个存在者在其中显现出来的领域或视域。从存在论上说,这个领域或视域奠基在某种指引联系的整体之中;这个视域是任何世界内的关系得以可能的条件,因此,从任何这样的关系角度来看,它都是不可分析的。奠定笛卡尔的主体和世界概念并因此为怀疑主义打开方便之门的东西,正是对世界的阐释。这种阐释把世界看作一个极其庞大的对象或对象的集合,把世界看作一个知识的可能对象的整体,而没有把世界看作所有可能的知识对象在其中被遭遇的场所。在海德格尔看来,这样一种阐释把存在者和存在论层次上的问题混淆在一起,它假定主体对世界中遭遇的对象的具体的生存态度或许可以代替使所有此类态度和遭遇者得以可能的生存论结构(existentiale)。

正像我们在第四章将看到的那样,这不是海德格尔对怀疑主义的哲学意义所下的定论。但是,即使我们暂时局限在他的策略的这个方面,它显然也预先假定了他对作为在-世界-之中-存在的此在的存在的分析是可信的。由于他的分析把世界的世界性看作此在的存在论结构的一个方面,它似乎难免会招致把实在主观化的指控,以及在宣称能够保护实在免于怀疑论干扰的同时,也可能因让出了它的客观性和独立性遭受指责。如果世界在存在论上根植在此在的存在之中,必定不能推断出当此在不存在时世界也不存在吗?什么样的实在留给了这样一个世界:其自身的存在依赖于在其中生存的人这种生物的持续存在?如果这样的一个世界就是海德格尔的分析留给我们的一切,那么在他和那个怀疑论者之间存在着真正的差异吗?

这种担心没有能够认真地对待在海德格尔的工作中存在者和存在论层次上的分析之间的区分。这一疏忽的重要意义含蓄地包含在他关于那个事情实际所说的东西中：

> 当然，只有在此在存在的情况下，也就是说，只有在存在领会在存在者层次上能够得以可能的条件下，才"有"存在。当此在不存在的时候，"独立性"也不"存在"，"自在"也不"存在"。在这种情况下，这种东西既不能被领会也不能不被领会。在这种情况下，甚至处于世界之中的存在者既不能被揭示也不能处于隐藏状态。在这种情况下，既不能说存在者存在，也不能说它们不存在。但是现在，只要存在着对存在的领会，并且因此存在着对现成状态的领会，那就的确能够说，在这种情况下，存在者将仍旧继续存在下去。
>
> （《存在与时间》，第43节，第255页）

注意海德格尔确实没有说，"只有此在存在，存在者才能存在"；他说，只有此在"存在"（is），才有"存在"。换句话说，他引出了他有时候称为存在论差异的东西，他区分了存在者和存在者的存在，物质的对象和它们的本性以及对象的现实性。但是这样一种区分能提供什么帮助呢？

此在把物质事物作为独立于它和它们的遭遇的现象来遭遇。当我们说看见一张书桌在房间里时，我们的意思是说我们看到某物在我们进入房间之前就在那里，我们离开之后它将继续在那里。我们用"实在的世界"所指的意思部分是在人类发展之前就已经存在的对象领域，在我们人类灭绝之后它将同样能够继续存在。在这种意义上，谈论对象的存在独立于人的思想和行为。我们一方面把这样的事物和诸如错觉、幻觉和令人迷惑的表面现象等这样的主观现象区分开，另一方面把它们和情绪、感情以及激情等区分开——这些现象的存在依赖于人的本质特征。

相应地，鉴于存在者这个术语的意义（海德格尔将之描述为它的什么-存在［所是］），断定只有此在存在着，存在者才能存在，显然是矛盾的——那就等于说当此在缺席的时候存在者就消失不见了，或等于说房间里的桌子的实在性依赖于它的被人这种生物所遭遇的存在。但是，如果此在将要消失，那么从世界中所消失的将是在存在者的存在中领会存在者的能力，将是把存在者作为存在着的存在者以及作为它们所是的存在者揭示出来的能力。在那些情况下，不能够断定存在者存在着还是不存在——因为那样不可能有关于存在者的断言（命题）或任何其他的对存在者的综合把握，在它们的存在中，也不可能有任何东西和它们相遭遇。

我们必须区分以下两种言说：其一是关于无此在之世界中的存在者的言说，其二是关于在无此在之世界中对无此在之世界中的存在者的言说。海德格尔的确没有说：对在一个没有此在的世界中存在的存在者来说，不能说它们存在着（或它们不存在）。他是说：在一个没有此在的世界中不能谈论存在者存在着（或它们不存在）。就关于这样的情景中存在着的存在者所能说的任何东西而言（就存在着一个能够做出断言的存在者来说），所能说的唯一正确的事情是它们将作为它们所是的存在者继续存在。但是，在那些情况下，说出任何东西都将是不可能的，因此不能够说存在者继续存在着或它们不再继续存在。

海德格尔以系统地阐明他的立场的方式强调了这一区分。因为当他宣称"只有此在**存在**,才'有'存在"以及"当此在不存在,'独立性'也不存在"时,他谨慎地把关键的动词放在引号里。与此同时,通过提及它们并使用它们,他让我们注意这样一个事实:关于在一个没有此在的世界中的存在者事实上将说什么的问题,必定不能和在这样一个世界中那种真理是否能够被清楚地表达出来这个问题混在一起。真理不仅仅是和实在相一致的命题,而且是命题式的言语行为的内容。通过强调这一事实,他提醒我们,真理得以可能的本质条件是此在的生存。

在那个断言的某种意义上来说,几乎没有人会否认它。因为在一个没有能够进行阐释活动的生物的世界中,没有真理能够被阐释出来,这不是一个多么重要的真理。但是阐释真理的条件完全独立于它们的真实性的条件——后者仅仅是它们和实在的符合这个事实,也是人这种生物的在场或不在场完全没有触及的东西。但是海德格尔意在断言更多的东西。他的核心思想是,如果真理是指一个判断和实在之间相符合这个事实,那么此在的存在就是真理得以可能的条件——不是因为没有判断者就不能有判断,而是因为没有对那种实在的先天的阐释,就不能有一个判断和实在相符合或不能相符合的问题,以及没有此在,就不能有任何这样的对实在的阐释。

他讨论了某个人判断"墙上的画是斜的"这个例子。在首先强调了这个判断的真理是它和画本身相符合的问题,而不是和对画的某种思想再现相符合的问题之后,他认为我们的知觉证实了它的真理。我们感知到那幅画正是以那个判断所说的方式存在着:

说一个命题是"真的",意味着它把存在者按照如其所是的样子揭示出来。这样一个命题在存在者的被揭示状态中说出存在者,指向存在者,让存在者被看见。命题的真在(真理)必须被当作揭示着的存在来理解。因此真理绝不是在一个存在者(主体)和另一个存在者(客体)相适合意义上的认识和对象相一致的结构。

作为揭示着的存在(Being-uncovering, entdeckend-sein)的真在(Being-true, wahrsein),反过来只有在在-世界-之中-存在的基础上在存在论上才是可能的。这后一种现象……是真理的源始现象的基础。

(《存在与时间》,第44节,第261页)

这些断言的基础是什么呢?

在这里,我们需要回忆起命题和话语之间的区分。一个断言是一个旨在寻求真理的命题或陈述的表达。它是否达到它的目的不是由此在而是由实在所决定的——由事物是否如它所宣称的样子所决定的。但是对于一个命题来说,为了是真的或假的——是否符合它的对象,它必须是有意义的。在能够确定"墙上的画是斜的"是否真实以前,我们必须知道"画""墙""斜的"这些术语的意思是什么。简言之,我们必须理解画、墙以及那个命题由之被构造出来的空间方位等的概念。但要理解这些概念,要理解相关术语的意义,就必须能够区分是否正确地把它们应用于实在——能够(在实际上)把握一幅画是什么,不是什么,等等。因此,这些概念不仅仅是语言的构成环节（我们在前面称之为"话语"），而且是实在的构成环节；在它们缺失的情况下，对一个具体的命题来说，显然不可能有和一个具体的实在物相符或不相符的问题。真理问题仅仅在由意义框架或领域所创造的逻辑空间中才能出现。

这种可理解性的空间的开放就是海德格尔通过谈论"解蔽"所意指的东西。对"解蔽"的谈论，利用了希腊的真理概念无蔽（aletheia）。但是如果认为真理问题在这个空间内通过评价命题与其对象间的一致性能够被解决是正确的话，那么关于这个逻辑空间自身的阐释为什么不能提出同样的问题？如果不是意义和我们把其应用于实在的本质结构之间的一致性，那么是什么决定了意义框架的有效性呢？为什么海德格尔应当提出解蔽状态并不是一致性的问题？

让我们再一次从语言的角度看看这个问题。命题的真理价值可以是它与实在的符合问题，但是从命题的构成环节（作为它的构成成分的术语的意义）来看，概念范畴的意义是由支配它们的用法的标准确立起来的。这样的标准并不处在和实在的一致性（不一致性）关系中。以水的概念为例，假定我们把水定义为化学分子结构为 H_2O 的液体。这个定义本身并不是一个关于实在的断言，它本身并不是可以真或假的东西。它是对下面的规则的说明：如果一种液体具有化学分子结构 H_2O，那么它是水。它并没有断言任何具体的液体确实具有那种化学分子结构，或者说在宇宙的任何地方都可以发现这种液体。它仅仅让我用单词的另一种形式（具有化学分子结构 H_2O 的液体）代替了单词的这种形式（水）。它并没有断言单词的后一种形式是永远可用的。它仅仅确定了每当单词的后一种形式合理地使用时，前一种形式也可用。

换句话说，定义不是描述。尽管由于定义赋予在描述中所使用的术语以意义，定义是构成描述的本质前提。因此，就概念框架是对意义的具体规定（用海德格尔的术语说，就是可理解性的环节）而言，它根本不是能够和实在相符合的选项。它并不包含一系列假设或确凿有据的断言。相反，如果它被看作相关概念的一个例证，那么它就决定着任何给定的存在者必须具有什么东西。因此，对实在的考察不可能证明我们的概念和它的本质属性不相符合；因为，任何这样的考察都要着眼于描述所发现的东西的角度，把某种意义框架或领域、某种范畴系列假定为前提。而且，它们既不能破坏那种意义框架，也不能为它辩护。发现一种给定的液体没有化学分子结构H_2O，或者发现根本就不存在这样的液体，这种发现揭示的不是我们关于水的概念错误地再现了实在，而是那一概念不可在某个地方或全球范围内使用。当然，如果一种概念框架不能够错误地再现实在，那么它也不能准确地把实在再现出来。再现和概念没有关系，它与利用概念构造起来的经验命题息息相关。虽然概念框架使语言和实在之间的一致性得以可能，但是不能在一致性模型的基础上来理解它们与实在的关系。

海德格尔认为人构造和使用概念的能力展示着我们揭示存在者的能力，因为我们的概念框架包含着我们把存在者作为具体类型的存在者，甚至在任何情况下都把存在者作为存在者（独立于我们和它们的遭遇而仍继续存在的现象）来遭遇时所使用的基本范畴。这些基本范畴决定着现象的本质属性，因为它们展示了任何一种类型的给定物必不可少的特征——没有这些特征，任何给定物都将根本不能被看作代表那种类型的物的一个实例；它们明确阐明了视为意义的结构，所有与存在着的相遇都必须在其中发生。但是如果语言的那种结构特征不能在一致性模型的基础上得到理解，那么实际上也不能把它当作构成事物的环节在话语中的反映。的确，那种认为实在已经被以独立于话语的方式清楚地阐明的观念在条理上缺乏一致性。因为，如果表达那种结构的命题确实没有陈述关于实在的真理或谬误，那么也就不能认为那种结构本身是真实地或错误地表达了实在——这意味着不能够毫无矛盾地认为实在拥有某种内在的结构本质：话语的这些构成环节可以和这种结构本质相一致，而且在没有任何拥有语言的生物的情况下，这种结构本质仍将存在。

换句话说，关于实在的真理甚至在没有此在的情况下也仍旧必定成立，然而它的本质却不能。实在的本质属性不仅仅是关于实在事物的事实，不仅仅是关于人能够认识并且在人缺席的情况下将继续存在的世界的真理的一个方面。本质不是经验性的，因此，它不能像经验事物那样独立于此在继续存在。具有某种特征的事物的本质——确定相关存在者的身份的必要条件——并不因事物在世界中的存在方式而发生变化，相反它由于概念框架的建构方式不同而发生改变。[1]反过来，这种本质又依赖于某种意义领域：它构成了此在在存在者的存在中领会存在者的基础。因此，这些构成环节（articulations）最终在存在论上奠基在作为在-世界-之中-存在的此在的存在中。

因此，一个没有此在的世界不但是一个没有能够做出真判断

---

[1] 有一个相应的观点，请参见维特根斯坦的《哲学研究》，第371—373小节。

的存在者的世界，而且是一个没有范畴的最终根据的世界。真假判断必须以范畴的最终根据为依据才能被清楚地阐明，而在范畴的最终根据中，那些阐释的环节自身却不存在。能够说且必须说（假定我们理解一个存在者是什么），在这样的情况下，存在者和它们所构成的实在世界将继续存在。然而，不能说实在、存在或真理将继续存在。因为那些术语代表着实在的本质属性、构成事物存在的环节以及真理得以可能的范畴条件——在此在缺席的情况下，那些构成环节能够存在，这个观念上面不可能附加任何意义。当海德格尔说"唯当此在存在，才'有'存在"（《存在与时间》，第44节，第269页），以及所有真理都与此在的存在（不是与此在）相关联时，他用大写字母T所指的就是这种真理：

> 这种相关性确实意味着所有真理都是主观的吗？如果把"主观的"解释为"任由主体的喜好决定的"，那么真理当然不是主观的。因为，在最本己的意义上，解蔽使陈述摆脱了主体的喜好，并把解蔽着的此在带到存在者面前。仅仅因为真理，作为解蔽，是属于此在的一种存在方式，它才能摆脱此在的喜好。甚至真理的"普遍有效性"也仅仅扎根在这样一个事实中：此在能够在存在者自在的存在中解蔽存在者并解放它们。只有这样，这些存在者在其自在的存在中才能把所有可能的命题也即所有展示它们的可能方式联系在一起。
>
> （《存在与时间》，第44节，第270页）

没有此在，就不能有任何揭示活动。但所揭示的东西却是自在的存在者本身，因此在此在遭遇它们之前，它们一直那样存在着，在遭遇它们之后，它们也将继续存在。

然而，如果揭示是真理得以可能的生存论条件，展开状态是此在存在的一种模式或特征，那么对真理的最源始的领会就是生存论的领会：此在"在真理中"存在。由于此在是那种其自身的存在对其自身是个问题的存在者，将应用于它的这种存在模式的本真性和非本真性问题也将应用于所有其他的存在模式。换句话说，那种唯独能说存在于真理中的存在者也能说它存在于非真理中。能够在存在者自在的存在中（包括自身）揭示存在者，这意味着此在也能不这样做，因此也能遮蔽存在者的存在。此在通常就存在于那些生存论选择之中吗？为了揭示一种扎根于展开状态和生存论状态中的对真理的真正源始的领会，我们不得不克服一种强烈的哲学倾向。这种哲学倾向把现成命题和事实状态之间的双重派生关系看作真理的基本模型。真理的非本真的模式看起来更加流行。但是我们需要更详细更普遍地考察这个问题。此在的展开状态，也即它的此之在的日常模式是什么？

第四章

第一部分的结论：日常生活的神秘性

(《存在与时间》，第34—42节)

前一章的结尾处所提出的那个问题要求我们在形成海德格尔对人的存在方式的描述的存在论网络中增加一个更深刻的纽结。它将表明，平均的日常社会关系如何涉及一种融于或繁忙于世界的具体方式，因此也涉及一种揭示世界的具体方式。但是这一附加的因素允许海德格尔通过提出人的生存所具有的独一无二的最重要的特征来结束他最初对人的有条件性的研究。人的生存的这种特征揭示了它的存在论基础的统一性。

沉沦于世

（第34—38节）

作为共在，此在通常在常人的存在中维持自身。因此，我们关于此在的此之在的日常模式的问题，其实就是追问常人自身如何从展开状态的角度来显示自己。海德格尔的回答集中在三种现象上面：闲谈、好奇和两可。

"闲谈"是在日常的语言交流中显示出来的可理解性的形式——平均的可理解性。所有的交流必然都涉及一个对象（所谈及的东西）和关于它的断言。在闲谈中，我们对那个断言的关心胜过了对它的对象的关心。我们不是努力寻找通达对象本身的方法，而是把注意力集中在关于对象的断言上面，仅仅因为这个断言被说了出来，就把所说的东西看作是理所当然的，并把它继续讲下去——传播这个断言，允许它扭曲我们对对象的谈论，等等。因此，我们就和表面上的交流对象失去了联系；我们的谈论没有根据。无论谈论什么，我们看起来都能非常轻松地理解。这必然使我们认为自己能理解一切事情。即使当我们恰好不能理解的时候也这样认为。通过表明这样的彻底的理解，闲谈遮蔽了它的对象，而不是揭示出了它们，它也遮蔽了未来对它们进行研究的可能性。因此，一种非个人的无根据的理解（常人的理解）支配着此在与世界和他人的日常关系。

一种无根据的对世界的理解脱离了任何能够使此在关注它身边的对象的具体工作。这种理解倾向于远离上手的东西而朝向外来的、陌生的和遥远的事物。如果它关注的焦点是新奇的事物，那么它最初的关切指向的就是该事物的新奇性。它寻求新的对象，不是为了在它们的实在中把握它们，而是用它们的新奇性刺激自己，以至它越来越快地寻求那种新奇性。简言之，此在变得好奇：由于被新的可能性吸引而分散注意力，它越来越短暂地逗留在任何既定的环境中；它到处漂流，不在任何一地逗留。由于此在彻底脱离自己的环境，它不能够区分真实的理解与假冒的理解：当深刻的真实的理解看起来非常奇怪并遭到排斥时，肤浅的理解受到普遍推崇。这种模棱两可不是任何假定的个体有意为之的目的；但是，在一个公共世界中，由于受闲谈和好奇的支配，这种两可性渗透了此在总是已经发现自己被抛入其中的理解，渗透了它从同代人和自己的文化中继承来的遗产。

这三种相互关联的生存论特征揭示了属于此在的日常状态的一种基本的存在方式——沉沦：

> 这个名称并不表达任何否定的评价，而是被用来意指：此在首先和通常就处于它所操劳的"世界"当中。这种"消融于……"通常都具有在"常人"的公开性中失去存在的特征。首先，此在在沉沦中与作为本真的自我能在相分离，然

后沉沦于"世界"之中。

(《存在与时间》,第38节,第220页)

简言之,此在平均的日常展开状态是非本真的。由于此在消融于"常人"之中,它就远离了任何对它的世界的真正操劳以及对它的同代人的操持,它也远离了任何真正的自我理解——对自己的与某一个常人所有的那些可能性正相反的真正的可能性的理解。

这种远离真实的自我理解的沉沦渗透了此在的哲学活动以及它的日常生活。的确,沉沦构成了海德格尔对以下事实的最核心的解释:那种本质上就对自己的存在有所领会的存在者,仍然秉承了全面压制任何对人的存在方式的真正理解的哲学传统。在前面,我们看到哲学家们倾向于使用更加适合于描述存在者的术语来阐释此在的存在。我们也看到这种对现成范畴的误用非常自然地既出现在我们的实际工作的前理论的关注投入中(当对象处在引诱人把它们当作什么东西来理解的上手状态时),也出现在理论思考的特殊情境中(对象和人完全脱离它们的世界而出现)。此在内在的社会性和它迷失于"常人"中的倾向进一步表明,一旦这样的错误阐释在哲学文化中确立起来,新时代的哲学家们将倾向于毫无置疑地把它们作为不言而喻的真理,作为每个人都知道的常识接受下来。那些一直都偏爱更加新奇的理论建构的哲学家们拒绝接受被当作常识的东西。他们复杂的理论建构使那些喜欢新奇和高级事物的人们感到兴奋。现在,我们能够看到,这些哲学家们仍旧被常人世界的一致性幻觉所束缚。这样的哲学倾向背离了本真的自我关切和自我关系,是更具普遍性的沉沦的征兆。就像在人类活动的其他模式中一样，哲学家们变得沉迷于平均化的日常世界，因为他们失去了自身，失去了对他们有一个可以失去的自我的意识。

但是海德格尔并没有仅仅宣称：沉沦是一种普遍性的现象——人类文化的任一方面总是有沉沦的倾向。他也强调它的普遍性（无所不在性）不是偶然的（特别是它的影响在哲学传统中的支配地位）。因为，如果沉沦和此在在"常人"中的消融具有内在的关联，它必定也如同常人自身一样是此在的存在论结构的一部分，但却是"此在自己所具有的明确的生存论特征"（《存在与时间》，第38节，第220页）。在-世界-之中-存在的存在论结构并没有使本真性变得不可能。但它们也没有留下在哪些具体的存在者状态中，此在在完全开放中找到自身这个问题。如果此在总是被抛入这样一个世界：它的角色和范畴内在地以一种非个人化的方式建构起来，闲谈、好奇和两可在其中居于支配地位。那么在常人自身中的消融使此在失去自己的立场。它或许能找到自身，但只能从原初的消失状态中重新发现自身。在这种意义上，本真性总是涉及对非本真性的克服。"在沉沦中，作为事实上的在-世界-之中-存在的此在本身就是那种它已经由此脱落的东西。"（《存在与时间》，第38节，第220页）此在发现自身被抛入其中的那个世界本质上就倾向于诱惑它从自身脱落（疏离自身）。在那种沉沦状态中，在那种沉沦状态固有的两可性中，普遍存在着一种假定：此在的沉沦状态实际上是完全本真、完全真实的。因此，常人世界使此在镇定下来，但这种镇定作用在疯狂的活动中表达出来。此在在好奇心的驱动下不断地寻求新奇和陌生的东西，从而不断地和周围的环境以及自身相疏离——一种自我异化，有时以由好奇心驱动的持续不断的自我分析的形式表达出来。这也适用于此在的哲学活动:哲学传统在自我理解方面所犯的各种错误完全由这种更具普遍性的人的状态的征兆确定下来。

简言之,此在的日常状态(在哲学中和与哲学无关的)是此在发现自己被抛入非本真性中的状态:"此在的事实性状态是这样一种状态:只要此在是其所是,它就仍处在被抛状态并被卷入常人的非本真状态的混乱之中。"(《存在与时间》,第38节,第223页)它能获取本真性,但是当它努力时,本真性仅仅是在沉沦中抓住日常性的一种变式(《存在与时间》,第38节,第224页)。从存在论上来讲,本真性是非本真性的一种变式。

畏与操心

（第39—42节）

这种平均的日常状态的特征之一，也即此在在非真理中的存在将是自我消融：此在被分布在他的好奇心不断变换的对象之中，陷入常人世界的无主之我的集合中，并且由于自我切割而碎裂。因此，在这一点上，非常令人好奇的是，海德格尔对此在的日常状态的分析遭受了同样的命运。尽管我们一直被安慰，在-世界-之中-存在是一个单一的统一整体，迄今我们所看到的是似乎构成那个整体的脱域化碎片——世界、在之中、共在和此之在，每一个碎片自身又倾向于进一步分裂。就如同一种此在生存的本真模式要求克服它的自我消融性一样，一种对此在存在的真正整体性的理解要求对那些证明它们具有整体统一性的碎片获得一种理解，一种具体的现身情态有助于解决这两个问题。作为一种生存模式，它强迫非本真状态的日常此在去面对它的生存的真正结构；并且作为现象学分析的对象，它给予我们一条对此在的存在进行一种单一的统一性的阐释。这种现身情态就是畏或畏惧（Angst）。

畏经常和恐惧混淆在一起。两者都是对使人胆怯、感到威胁的世界的应答。但是恐惧是对世界中的具体事物（一支枪、一只动物、一个手势）的回应。畏在这种意义上是没有对象的。心生畏怯的人所面对的可畏之物并不是世界中任何具体的存在者。的确，畏的独特的压制性就在于不是由任何具体的东西引发出来，因此我们不能用任何具体的方式来回应它（例如通过逃跑）。对海德格尔来说，压制我们的不是任何具体的上手对象的整体，而是这样一个整体的可能性：我们为世界本身所压制——或者更确切地说，为在-世界-之中-存在所压制。畏使此在认识到它已经被抛入世界之中——总是已经被引渡到对它非常重要而自己却不能完全选择或决定的选择和行动的处境中。它使此在直面其自身在世存在的决定性却又全然偶然的事实。

但在-世界-之中-存在不仅仅是心生畏怯的人所面对的可畏之物，而且是她为之而畏的东西。在畏中，此在为自身而畏：不是为某种具体的生存可能性，而是为此在的存在是能在，此在的生存必然涉及把自己筹划到这种或那种可能性这一事实而畏。实际上，畏把此在投入一种面对自身为自身的畏中。由于在这种状态中，世界中的具体对象和人都已经隐去，世界本身占据了前台，那么常人-世界的具体结构也必须隐去。因此，畏能够把此在从沉沦状态，从在"常人"中的迷失状态中拯救出来。它使此在重新成为能够追问自己的存在的存在者，因此也重新成为具有个体性的生物：

> 在畏中，有一种极具特色的展示的可能性，因为畏具有个别化的力量，这种个别化把此在从沉沦中拽回来，并使本真性和非本真性作为它的存在的可能性向它公开出来。此在

的这些基本可能性以及此在在任何情况下总是我的此在这种向来我属性，在畏中都依赖自己如自己所是的样子显示自己，而没有被此在首先和通常所依附的世内的存在者掩饰起来。

（《存在与时间》，第40节，第235页）

畏通过使此在面对自身，迫使此在承认自己的生存在本质上是被抛的筹划，特别是让它认识到沉沦也即完全消融在"常人"之中是它日常的生存模式。畏突出了这样一个事实：此在总是处在日常生活中的对象和事件之中，尤其是它通常把自己隐藏在它们当中——总是躲躲闪闪不愿承认它的生存作为能在总要比它当前的现实更多或与其不同，因此它决不会完全安心地生活在任何具体的世界中。

通过这种神秘性的体验，畏揭露了此在的生存作为被抛的筹划沉沦于世的基础。此在的被抛性（例如在它朝向现身情态的开放中）表明它存在于某个世界之中；它的筹划能力（例如在它的领会能力中）表明它同时先于自身而存在，目的在于实现某种生存论的可能性；它的沉沦状态表明它忙于和世界打交道。这种至关重要的三重结构及特征揭示了海德格尔称之为"操心"（Sorge）的此在存在的本质统一性：

因此，此在的存在论结构整体在生存论上所具有的形式整体性必须在如下的结构中才能得到把握：此在的存在就是作为处于（-在世界中被遭遇的存在者-）之中的-存在（Being-alongside [-entities-encountered-within-the-world]，

Sein-bei［innerweltlich begegnendem Seinden］）的先于-自身-已经-在-（世界）-之中的-存在（ahead-of-itself-Being-Already-in［-the-world］, Sich-vorweg-schon-sein-in-［der-welt-］）。这种存在充分地体现出了"操心"这个名称的意义。

（《存在与时间》，第41节，第237页）

连字符的增加表明，此在存在的这些临时性的可分因素根本上都是一个整体的组成部分。给这个整体贴上"操心"这个标签，海德格尔引出了这样一个事实：此在总是忙于和它在世界中遭遇的存在者打交道——操劳着上手的和现成的存在者，并且操持着和其他人的往来。重要的不是此在总是在操心和操劳着，或者说，不在于同情心的缺失是不可能的或应受指摘。相反，作为在-世界-之中-存在，此在必须和那个世界打交道。世界及其中的一切事物不能是对此在无关紧要的东西。

海德格尔重新描述了一个古老的创造神话，显然是要表明他对此在的本性的阐释不是没有前例。在这个神话中，女神Cura（"操心"）把精神（来自朱庇特神）注入泥土（来自地神）塑造了人。三方关于它的名称争吵不休。农神萨杜恩决定把它叫作homo（人，据说这个词来自humus，也就是泥土）。然而，这个神话也清楚地表达了在它之前的《存在与时间》第一部分的内容——海德格尔基础存在论的一种标志性的浓缩。例如，操心女神的行为在时间上先于朱庇特神和地神的行为，代表着此在的存在在本质上是一个统一体而不是一个复合物，代表着此在存在的基础就是它在存在者的存在中对存在者的操劳，而不是构成那个被假定的复合物的任何一个因素。然而，此在以humus（泥土）为名称这个事实表明，人的与众不同的存在方式来自它在世界中的具体生活，而不是来自任何超世能力。

这个神话也为我们的目的提供了其他两点重要的暗示。首先，女神Cura（"操心"）对此在的塑造暗示着此在终其一生都被操心紧紧地抓住或控制着。这不仅意味着操心是其存在的基础，而且是控制着它的东西——它被抛入其中的东西，决定着它的东西。如果操心女神是此在创造者，那么此在就是那种会操心的创造物。任何创造物都是在双重意义上被决定的：首先是在它是被创造的而不是自我创造的意义上，其次是它为它的创造模式所决定。因此，在说此在被它的创造者打上了抹不掉的印记的时候，这个寓言暗示着操心是标志着此在与众不同的生存方式的各种限制的共同根源。因此，通过援引这个故事，海德格尔象征性地指出了人的生存的有条件性，亦即人的条件。这种有条件性从根本上讲就是自我的命运是被注定的，我不能不选择去关切的由其他的自我和对象组成的世界，其命运也是被注定的。

这个寓言的第二个寓意针对的是后面的内容而不是前面的内容：除了考察在《存在与时间》中前面的内容说了什么之外，它不但表明了有"更多的东西"要说，而且表明了那"更多的东西"大概是什么。但是，如果此在的创造者本身是农神萨杜恩的奴仆或创造物，那么要描述此在存在的最基本的特征，所必须求助的就不是操心，而是那种以某种方式使操心得以可能或决定着它的东西——时间。换句话说，海德格尔援引这个寓言就表明了他坚信，把操心作为人的生存的统一的存在论结构揭示出来，这本身仅仅是他的生存论分析工作的一个暂时的目标,这为读者指明了在《存在与时间》的第二部分中他的探究工作的基本方向——他认为时间作为使操心得以可能的条件本身就是人的存在方式的基本条件。

畏、怀疑主义和虚无主义

然而，在我们转向《存在与时间》第二部分的内容之前，我想指出，海德格尔对畏的分析有更深刻的寓意——它深化了我们对海德格尔与哲学中怀疑主义的表达方式之间关系的理解。在第三章，我们看到，海德格尔认为期望怀疑主义反证外在世界的存在并一再这样做是哲学的耻辱。因为任何真正的此在的世界性概念都使那个怀疑论者的问题变得不可理解。然而，正如海德格尔对这种处境的系统阐释含蓄承认的那样，这个耻辱显然是一直就有的——反怀疑主义的期待和努力一再地出现，对那个怀疑论者的威胁的真正理解仍有待在哲学中得到真正的承认。而且，海德格尔在前面已经认识到，如果从笛卡尔的角度来理解世界，那么怀疑论者的质疑不仅可以清楚地阐明，而且是不可驳斥的。这样对世界的理解在西方哲学传统中普遍存在，特别是在关于现代性的理论中。对海德格尔来说，怀疑主义既是短暂的也是永久的：怀疑的冲动肯定在自我颠覆（由于它的质疑取消了使它们自己的可理解性得以可能的条件），而且在自我更新（显然，这是人所具有的一种不可根除的可能性，它使那些拥有它的人对他们自己的见解怀有几乎不可动摇的信念)。那么,我们应该如何理解事情的这种矛盾状态呢?

由于采取怀疑的态度就是人的一种具体的可能性,是一种理解和把握人在世界内的生存的方式,从海德格尔在对此在的分析中确立的生存论的角度来看,这种态度必定是可分析的。特别是,这意味着它应当被某种具体的情绪曲折地影响。真实的怀疑论者与认识论教科书中所假定的敌人相反(正如海德格尔所说的,"当人们天真地以为,可以尝试着用形式辩证法攻击怀疑论的时候,或许这样的怀疑论者已经一再地这样做了"[《存在与时间》,第44节,第272页]),她深深地为折磨人的疑问所困扰:实际上,她被畏紧紧地控制着。人们可以说,怀疑主义所表露的恰恰就是畏如何在哲学中把自己公开出来。但是,正如我们已经看到的,海德格尔把畏描述成一种在根本上不断揭示着的生存状态,"是此在展开自己的最普遍、最源始的可能性之一"(《存在与时间》,第39节,第226页)。在畏中,此在把自己作为一个对自身的存在有所疑问的世界中的存在者揭示出来。因此,人们应该想到怀疑论者的畏恰好体现了那种阐明的方式,难道不是这样吗?

在海德格尔看来,当紧紧地被畏控制着的某人说,使她感到畏惧的东西"既不是什么东西也不在什么地方"(《存在与时间》,第40节,231页)。这种说法突出了畏没有具体的对象这个事实——人们面对什么而畏和关于什么而畏在世界内都没有一个具体位置。因此,畏是对世界本身的应答,并揭示着世界本身,这就是说,是对世界的世界性的应答,因此也是对此在自己内在地就是世界性存在者的应答。更加具体地说,它揭示了此在的神秘性,它表明在根源上,此在的在-世界-之中-存在的方式就是在世界中不安分的那种存在方式。怀疑论者的畏在什么意义上被认为证实或加强了这种矛盾的感觉？

"外在世界"的怀疑论者感到在她自己和世界之间出现了一个深渊，感觉到这个深渊的无意义或者无性。她体验到实在在本质上非常空洞，体验到自己在世界中是不安分的。"他人心灵"的怀疑论者感到在她自己和他人之间出现了一个深渊，好像他们的思想和感情正在让人无法理解地撤回到他们的血肉之躯的后面，好像她真正遇到了空洞的身体、运动中的纯粹物质；她体验到自己在世界中是孤独的。在两种怀疑主义的模式中，怀疑主义都发现自己和常识相反，和那种消融在现象和他人的思想中的人的平均化的日常生存似乎理所当然地向我们证实的真理相反。而且，在这种对立中，那个怀疑论者证明了人的生存的基本实在是没有根据的，同时也把它揭示了出来。因为，在海德格尔看来，我们在本质上是世界内的存在者，但是在世界中，我们也总是要超出我们发现自己处身其中的任何具体处境。我们在本质上是共在，但是我们也被个别化了。因此，理智上的怀疑主义（也称为传统哲学中的怀疑主义）通过在它的论证过程中否认我们的世界性和公共性，掩盖了此在存在的真理——正如人们所熟悉的哲学家们通过论证试图推翻那些否定所做的努力一样。但是哲学中的怀疑主义作为理智上的怀疑主义，它不愿意接受消融在世界中这一事实，它在这种不情愿中揭示着那种真理。

此外，那个怀疑论者渴望和实在发生联系的愿望的实现受到阻碍，这驱使她走向表达的模糊性，这种表达上的模糊性把对此在在存在者的存在中把握存在者的能力所依赖的话语的协调性来说至关重要的东西公开出来了。因为，如果这个怀疑论者能够断绝和这些意义的环节的联系（不论多么无意），那么一般人与话语领域的协调性本身必定是偶然的东西；怀疑主义的真相表明，只有此在继续对它们感兴趣或关注它们，只有此在通过掩饰自己对那种兴趣所怀有的最强烈的感情能够影响那种兴趣的消退，这些意义的环节才能存在下去。换句话说，怀疑主义的自我颠覆性表明，人对话语的环节的敏感性并不是此在理所当然地被赋予的东西——好像是决定着它的生存的预先被给予的本质的一部分。相反，它是此在必须在自己的生存中，通过自己的生存为其承担责任（或不能承担）的一份遗产。这种敏感性对此在自己的存在来说是最为根本和紧要的问题。

然而，此在的神秘性的观念还有第三个特征。怀疑论者的畏有助于把这个特征凸显出来。因为海德格尔在前面已经表明世界的世界性（畏本身对其能够做出回应）是一种意义符号系统——一种意义领域。从而，他指出我们生存的意义最终被当作此在存在的一个特征来理解。如果这是实事的话，那么他的分析就削减了这样一种可能性：我们的生活意义又在整体上依赖于一个外在的根源或权威——无论哪种根源被认为是上帝，还是柏拉图的形式等级系列，还是以某种其他的方式铭刻进事物的独立的实在之中去的价值结构。但是我们如何能够把赋予我们的生存以方向和意义的意义结构，当作对我们拥有某种真实的客观权威或是拥有在我们身上的某种真实断言的意义结构呢？他们必须是人类中心主义的构造吗？被设计出来掩盖我们所生活于其中的世界内在的无意义性——它内在地就缺少意义吗？畏把世界揭示为我们最终不能安分地处于其中的领域，这或许是在整体上表达这样一个现实：我们的生活意义缺少任何外在的根据。

我们或许认为此在神秘性的这个特征捕获了众所周知尼采所谓虚无主义问题的存在论根源。这种虚无主义其实就是关注价值和意义的实在和本质的那种哲学怀疑主义的形式。但是，我们将再一次不得不把这样的怀疑主义中的真理和他的理智上的表达形式所包含的错误和扭曲区分开来。因为，正如海德格尔在第43、44节中坚持认为，承认话语和此在的存在之间的内在关系并不必然意味着要把我们的真理和实在概念主观化或相对化，因此，他似乎是全力坚持这样一个断言：对虚无主义问题的任何本真的回应必须找到一种方法，承认生活的意义缺乏任何外在的根基，而没有否认他针对我们的权威断言。在这方面，智慧的开端就在于看到，在相关意义上，整体上就是外在的意义的那种有意义的观念是空洞的。

为什么？因为这样一种绝对外在的意义结构将不得不以完全独立于此在的在-世界-之中存在的存在论结构被构造起来。但是它如何能够提供它的内在环节——他如何能构造世界的世界性，并因此指导和推动此在在世界中的实践活动？在海德格尔看来，这种思想走向了真理的反面，即只有某种在整体上外在的意义结构才能针对此在做出任何权威的断言；相反，唯有能够使针对此在的断言得以可能的意义结构才是此在的世界性存在内在地向其开放，并借助于它才能被阐明的意义结构。换句话说，引起虚无主义的客观性观念并没有把此在的意义领域能够拥有的，但却遗憾地缺少的某种权威具体地刻画出来。但是，如果意蕴结构在这种意义上不能够被理解成是外在的，那么认为我在其中生活且必须生活于其中的意蕴结构是"纯粹内在的"东西也不能是正确的。对其存在就是此在的存在的生物来说，它们就是也能够是所有的意义；他们不是缺陷或局限，相反却是限制和条件——任何其存在是世界的，并且因此是有限的存在者的本质性的决定因素。

因此，虚无主义的真理就是此在的存在在本质上是有限的或有条件的；或者说是这种真理：此在不是没有条件的，不是无限的或如同上帝一样，而且不可被完全还原为它的决定性条件。此在并不拥有一个整体上外在的根基，它在整体上也不自我奠基。因此，在这个方面就如在我们前面具体描述的其他两个方面一样，说此在的世界性是神秘的，就等于说它必须在与无性或否定的关系中，在与所不是的东西的关系中，在与那种不存在的东西，因此是在与无或无性的关系中来理解此在的世界性。这是《存在与时间》第一部分首先指出的一个主题（当然是含糊和不明确的），这个主题在《存在与时间》的第二部分开篇一章中将得到详尽而充分的探讨。在这个过程中，它彻底改变了我们对《存在与时间》第一部分作为一个整体完成的东西的理解。这也必然是我们理解《存在与时间》第二部分（second half）的方法。

在所有这些方法中，那个怀疑论者确实感受到她的生存的实在其实就是在世界-之中-存在，即使她确实没有正确地理解那种实在，或对她强烈感受到的畏的情绪如何可以得到最好的理解没有提出疑问，也是一样。然而，这是本真现象学的任务当中最关键的部分。作为此在从事的一种活动，对存在的现象学研究必定透着某种具体的情绪。而且，如果这个现象学家使自己向怀疑论者的畏开放——如果她不仅让那种畏接受严格的现象学分析，而且允许这种畏在她自己的生存中不可预料的出现告诉她在她的与众不同的实践活动领域中什么是重要的东西，那么她将变得非常敏感，更容易去理解此在存在的最普遍、最原始的生存状态上的展开活动。什么能够更好地帮助她努力以某种尽可能透明的方法把握此在的存在——使探究此在的存在的生存可能性真正成为她自己的生存可能性？

尽管如此，这个现象学家仍以一种质疑的态度对待她的怀疑情绪是关键问题——特别关键的问题是，她确实没有把怀疑主义对自身意义的阐释看作理所当然的事情。例如，她不能接受那个怀疑论者带有过度的畏的情绪的断言：如果不承认世界因此是不可怀疑的，那么就知道世界是不可知的。真正的怀疑论者的现象学相反将努力去把握它自己的情绪从那种情绪的自我隐藏和伪装中可能揭示出来的东西。它必须通过对其自我理解的怀疑从内部克服怀疑主义。简言之，它必须以在-世界-之中-存在的方式来生活。因此，它只有在发现怀疑主义的真相是什么之后，才会发现哲学仍旧必须对其表示感激的怀疑主义是什么。

第五章

世俗化的神学：有死性、罪责和良知

（《存在与时间》，第45—60节）

海德格尔在第一部分的最后引用古老的创造神话是。为了保证让读者在《存在与时间》第二部分开始时就知道，他对此在的基本存在论的结构分析，目的在于把操心概念和时间概念联系起来。海德格尔希望通过方法论上的自我反思过程来构造那种联系，这一点随后将变得很清楚。他宣称迄今他对此在存在的阐释——或更确切地说，作为此在存在的基础的前有和前见——受到双重的限制。首先，通过集中考察此在平均化的日常性，他把此在存在的非本真模式作为关注的焦点，这有损此在本真生存的能力。通过集中考察具体情绪和现身情态的生存论结构，他忽视了被作为一个整体或统一体来理解的此在的生活的一般结构。第二部分对这些疏忽做了弥补，从某种意义上来说，这有助于海德格尔尽其全力去证明时间对此在的存在的重要性。实际上，第二部分关心的主题有三个：本真性、整体性和时间性。这一章继续探讨海德格尔对前两个主题的初步发展；随后的两章考察他对第三个主题的分析。

假定海德格尔的重点在于强调领会的循环性解释结构，那么我们可以把第二部分的任务看作通过充分挖掘在第一部分所做的断言的含义进一步深化我们对它们的理解。和它们的关系相适宜的形象是环绕着一个螺旋的两个循环：每一个循环都使我们回到我们的出发点，但却是在存在论领会的更深层次上回到出发点，而且每一次返回都在更深的层次上打开了一种新的循环的可能性。因此，第一部分从此在是能提问的存在者这样一个临时性的关于此在的概念出发，通过把蕴含在那种概念中的世界性生存论结构的可被阐明的统一体展现出来，它使我们返回到一种从操心的角度被深化了的对此在的领会。这是环绕着那个螺旋的第一个循环。第二部分从此在是操心的存在者这样一个被深化的此在概念出发，把在其中所蕴含的时间性的可被阐明的统一体展现出来，从而揭示出操心结构预先就假定了此在的存在和时间之间具有一种内在的关系。这是第二个循环。海德格尔拒绝接受人的探究活动有一个绝对的起点和终点这种观念，这样一个螺旋的形象也进一步把海德格尔的这种思想吸收了进来。因为，它意味着存在论揭示活动每一次新的循环都以先于它的循环为前提（最终首先跃入循环过程），而且每一次循环所获得的成果将引发另一次循环。

关于《存在与时间》展开过程的这样一个形象不是完全不可接受。但是到《存在与时间》第二部分前两章的结尾处，这种形象并没有很好地把握住《存在与时间》内在结构的复杂性。因为海德格尔研究有死性、罪责和良知的结果并不仅仅深化了我们对《存在与时间》第一部分提出并且在把此在的存在特征刻画为操心的过程中加以总结的断言的理解；而且，通过为重新阐释这些断言提供一种神秘的背景或视野，它们也动摇甚至在某种意义上推翻了这些断言。这一章非常重要的一个任务就是尽力去理解，在《存在与时间》的两个部分间创造出来的那种深刻但也富有创意甚至启示性的紧张状态。

死亡和有死性

（第46—53节）

任何把此在的生存作为一个整体来把握的哲学尝试都面对着这样一个问题：就此在的生存而言，它以此在生存的下一个瞬间为方向，因此是不完整的；但是，一旦它的生存被带向终点，一旦它的生活作为一个整体停止了，从而能够被彻底地考察，那么此在本身就已经不再能够在那里彻底进行那种考察。用更具有生存论色彩的术语来说就是：此在总是已经向可能性筹划自己，并且因此以尚未存在的东西为目标；所以只有在此在不再能够存在的情况下，结构上的不完整性才能被克服。因此，此在把它的生存作为一个整体来把握这种观念在表达上看起来就有矛盾：因为此在成为一个整体就是说此在不再存在，不再能够作为一个整体和自己关联起来。

问题在于死亡。死亡把人的生存带到终点并因此完成了它，但是没有人能够经验她自己的死。正如维特根斯坦所说的，不像垂死，某人的死不是其生活中的一个事件——甚至不是最后的一件事。[1]因此，看起来没有此在能够从整体上把握住它自己的生存。但是这对每一个人尽力去理解自己的生存来说不仅仅是一个障碍，这对海德格尔理解他在《存在与时间》第一部分中已经获得什么，以及他能够用他的现象学方法获得什么来说是一个严峻的挑战。因为，我们记得，在《存在与时间》第一部分中，他最后对操心作为此在存在的特征所做的描述，可以被解读为允许我们从整体上把握此在的存在，并因此为他的生存论分析活动提供了一个稳定的平台，尽管是临时性的。但是操心结构的一个特征是先于自身存在，恰恰是这种阐释——认为此在以尚未存在的东西为目标——在其中隐藏着死亡问题的复杂性，并因此掩盖了这种分析在本质上的不完备性。另外，如果一个人再回想起海德格尔的现象学方法依赖于此在的这种能力，即此在允许现象在此在与它们的相遭遇中如自身所是的样子揭示自身，那么填平那种分析中裂痕的前景一点也不令人鼓舞。但是我们刚刚看到没有此在曾经和它自己的死亡相遭遇；因此，甚至在原则上，如何能有一种真正的对死亡的现象学领会？并且如何能有一种真正完备的对此在的生存论分析？

当然，此在能够把自己和他人的死亡关联起来，无论是垂死还是已经死亡的人。但是这并不意味着我们能够把他人的生活作为一个整体来把握，并因此能够在此在的整体性中对此在的存在获取一种真正的领会。我们能经验到从另一个此在的存在（作为垂死的存在）向它的不再存在的过渡过程；我们把它的尸体不仅仅看作一

---

1 参见路德维希·维特根斯坦《逻辑哲学论》（London: Routledge and Kegan Paul, 1992），第6.4311小节。

具肉体——更进一步说，它是一具生命已经与其分离的肉体；而且，当我们把死人当作已经死亡的人来看待的时候——通过葬礼、纪念仪式和墓穴迷信，我们的生活在他们死后能够含有和他们（作为已死或不再和我们在一起的人）共在的模式。但是这些方面谈的都是这个人的垂死和死亡对我们当中那些仍旧活着的人而言所具有的意义；它们是我们持续生存的模式，而不是他们的。要从整体上把握这个死人的生活，我们必须把握她的垂死和死亡对她而言的存在论意义；她的生活的整体或整体性是有争议的问题。我们能够分享这个人的垂死对他人来说所预示的失去和痛苦，这并没有使我们更切近地理解她所经受的存在的失去，因此也没有使我们更切近地理解对作为一个个体的此在的生存来说获得整体性或达到完备意味着什么。

然而，这条错误的路径带有一种对我们的目的来说非常关键的含义，也就是说，就她的垂死和死亡而言，没有一个人能够代表另一人，而且在任何情况下，我的死亡都是不可剥夺的，一个具体的个体的死亡是不可避免的。但是在我们继续讨论这个问题之前，我们必须对死亡现象及其在此在的生活中的角色获得一种更加彻底的了解——揭示出它的生存论意义。死亡是一个人的生命的结束——但是在什么意义上的"结束"？很可能，此在明显缺乏的整体性在其中得到了实现——但那是什么意义上的整体性？

死亡并不像画框是一幅画的限制，路缘石是一条路的限制那样，是对此在的一种限制。那幅画在画框边缘结束了，但画框没有像死亡毁灭了此在那样毁灭掉那幅画。路缘石是路边缘的标记，从这条路上，人们能够开始步入一个新的环境，然而此在肉体的死亡并不是它生命的另一种模式。这样的一些不可类比之处证明了以现成事物为模型来刻画此在生存的任何特征都是不可行的，以上手事物为模型同样也是不适当的。例如，我或许把一个人的生活看作许多要素（机遇、事件和经验）累积成的一个整体，就如同一笔钱是由组成它的硬币和纸币累积而成一样。死亡看起来似乎是最终的因素，是解决那个七巧板似的难题的最后一步。但是，尽管如此，当死亡来到此在面前时，此在就不再存在；生命绝不是任何即将完成的大厦，死亡能够为其提供压顶石。

作物或水果等植物的生命可以证明是一个更好的类比：正如某种作物或水果的成熟状态完成了它的生命周期一样，死亡将意味着此在的生存自然中止。但是成熟是生长中的作物的完成状态，就如同成熟是未成熟的水果进一步生长的终点一样；然而，死亡却不是此在的完成状态——此在可以并且经常在未完成状态中死去，它的许多与众不同的可能性没有得到展开，它的目的没有实现。对人以外的动物来说，也同样如此：狗和猫活着然后死去，它们经常能够在没有把它们的本性留给它们的许多可能性变成现实的情况下死去。但是海德格尔严格区分了动物的死亡（他称之为它们的"丧生"［perishing］）和人的死亡。他承认就如同任何活着的生物容易遭受死亡的袭击一样，面对死亡，此在也很脆弱；因此它的生物学或有机体意义上的死亡（海德格尔称之为此在的"亡故"［demise］，请参考《存在与时间》，第49节，第291页）对医学研究是开放的。然而，甚至它的亡故也不能完全等同于人以外的动物的丧生，因为此在在生物学或有机体意义上的身份必然受到它的与众不同的生活模式的影响——换句话说，受到这样一个事实的影响：在它的生活中，它能够拥有许多关于它自己的不可避免的死亡的知识，它能够和死亡本身发生关联。狗和猫必定要死，但这个事实仅仅在它们的类-身份的层次上被编码进入它们的生活中。它们通过获取营养和躲避捕食者拼命地逃避死亡，而且，它们通过繁殖来延续它们的物种的生存。但是这些都不是它们作为个体性的生物所做出的决定，相反，这些都是它们的行为模式。它们继承了这些行为模式并照此生活，它们对此几乎没有思考或意识，它们几乎没有个体选择的机会，就像它们对自己的身体形式几乎没有意识一样。

简言之，动物和死亡的关系不同于此在和死亡的关系，就像动物的生存不同于此在的生存一样。此在有一种生活要过，它生存着——哪些生存可能性将被变成现实哪些不会，它必须对此做出决定。因此，作为此在的终结，作为它的完成和整体化，死亡的真正意义取决于此在作为被抛的筹划，作为其存在是操心的存在者的生存的意义。因此，要理解死亡，我们必须努力从生存论的意义上去理解，也就是说，把它作为此在存在的一种可能性来理解。由于没有任何此在能够直接领会自己的死亡，我们必须把我们分析的焦点从被理解为现实性的死亡转向被理解为可能性的死亡；只有这样，我们才能清楚地谈论死亡，把它看作任何生存着的此在能够在任何一种基本的综合性的关系中面对的东西。换句话说，我们必须重新思考我们和我们的死亡之间的关系，不是把它看作我们死亡的时候被实现的东西，而是看作我们在生活中实现（没有实现）的东西。

那么，我们的存在的这种可能性与任何其他的可能性相比（诸如进餐、踢足球或读哲学）有什么与众不同的特征？海德格尔给我们提供了下面极其简洁的概述：

> 死亡是此在绝对的不可能性的可能性，因此死亡把自己作为某人最本己、非关系性的、不可超越的那种可能性揭示出来。就其本质而言，死亡是以与众不同的方式正在悬临的东西。
>
> （《存在与时间》，第50节，第294页）

死亡悬临着，它作为尚未到达的东西矗立在我们面前；但是，与此在存在的任何其他可能性不一样，它仅仅能矗立在我们面前。一场风暴或一个朋友的来访能够悬临；但它们也能变成现实。与此相对，除了一种正在悬临着的可能性，我们不能把我们的死亡当作任何其他东西和我们自己关联起来——因为，当那种可能性变成现实的时候，我必然就不再是此在；死亡使任何此在的生存变成绝对不可能的事情。因此，我们把死亡仅仅作为一种可能性来对待；更进一步说，它作为一种贯穿我们一生的可能性矗立在我们面前。一场风暴或一个朋友的来访并不在我们生存的每一时刻都悬临着；但我们的死亡无时不具有可能性——任何时刻都可以成为我们生存的最后时刻。因此，死亡与此在存在的任何其他可能性不同，它总是一种可能性并且仅仅是一种可能性。面对这种纯粹悬临着的威胁，我们的命运使我们可被阐明的生存的统一体作为被抛的筹划，使我们的存在作为总是已经被让渡给先于我们自己的存在的存在变得更加具体。

由于悬临的东西是此在彻底的非-存在，并且由于此在在生存的每一个时刻都必须接受这种可能性，海德格尔宣称，在与死亡的关系中，此在面对着它最本己的能在——面对着像此在的在－世界－之中－存在一样备受争议的那种可能性。由于此在肯定要在某一时刻死亡，海德格尔进一步说，死亡是一种不可超越的可能性。为了使他的描述更加完整，海德格尔（回忆起他前面的断言：没有人能够从另一个人那里把她的死亡带走）也宣称，在此在对它的死亡的态度中，"它和任何其他此在的所有关系都被中止了"（《存在与时间》，第50节，第294节）。换句话说，死亡是一种非－关系性的可能性。

当然，死亡的非－关系性在我们的生存论可能性当中对此在来说几乎不是独一无二的。如果没有人能代替我死亡，同样真实地是，也没有人能代替我打喷嚏。然而，打喷嚏并不能代表海德格尔所描述的死亡的三个生存论特征中的另外两个特征（当我们感冒的时候，我们的生存作为在－世界－之中－存在是没有争议的问题，而且，至少想象有一个从来没有打过喷嚏的人是讲得通的）。但是，在另一种意义上，海德格尔要强调的恰恰是死亡的非－关系性本质突出了此在对待它的所有生存论可能性的态度。因为，在使此在的先于自己的存在变得更加具体的过程中，没有人能代替我们死亡这个事实，仅仅是让我们想起这样一个事实：我们的生活只有我们能活。

但是，在更细致地对海德格尔所做分析的这种含义做考察之前，了解一下我们迄今仍忽略的在海德格尔对死亡的分析中所遇到的一个重要难题是非常重要的。看起来似乎是，通过从生存论的角度来看待死亡，也就是说，把死亡看作此在必须从自己的生存出发

127

和自己关联起来的它的存在的一种可能性，海德格尔克服了死亡对任何试图把握它的存在的现象学方法的顽固抵制。但是这样一种推论将涉及忽视了被当作生存论可能性来理解的死亡所具有的一个引人注目的特征——它根本上就不是真正的生存论可能性这个事实。因为，任何真正的生存论可能性都可以被拥有这种可能性的此在变成现实：我可以吃我在做的饭，或者玩我正在学习的游戏。但是我们自己的死亡不能在我们的生存中被变成现实；如果我们的死亡变成了现实，那么我们就不再能够经验它。换句话说，死亡不仅仅是我们自己的非-存在的可能性，我们自己绝对的不可能性的可能性；它也是一种不可能的可能性——或更坦率地说，是一种生存论上的不可能性。但是，如果把死亡看作一种生存论的可能性就意味着在表达上陷入了矛盾的话，不管这种可能性多么特殊，看来海德格尔认为他能用现象学方法处理死亡问题，甚至认为他能够用生存论的术语来分析死亡，必定是错的。

正是在这一点上，海德格尔克服死亡对人类理解之抗拒的策略，其真正精妙之处才得以彰显。因为，如果不能前后一致地把死亡看作一种甚至非常特殊的生存论可能性（由于不可能性不属于"可能性"的类，就像不能把无意义作为一种意义一样），那么我们就不能以我们与我们的存在的任何真实的可能性之间的关系为典范来理解我们与我们自己的死亡的关系——好像我们的死亡和我们可以朝向它们筹划自己的任何其他的可能性处在同样的层次上（存在者或生存的层次上）。海德格尔把我们与我们自己的终结的关系称为我们的"向死而在"，他的意图就在于把这种关系作为一种存在论的（生存论的）结构表现出来，而不是作为那种结构使其得以可能的某种生存状态（甚至是一种非常普遍或一般的状态）表现出来。简言之，除非在海德格尔对存在论差异（存在者层次和存在论层次之间的区分）所做的描述的视野下，我们就不能完全把握他对死亡的描述。

那么，究竟为什么把死亡称为一种生存论的可能性？难道这种术语的选择事实上不是在鼓励海德格尔那时必须努力避免的各种形式的误解吗？例如，通过强调和死亡的一种恰当的本真关系并不是要把那种可能性变成现实（比如说，通过自杀），不是在随后的每一个时刻期望它变成现实，也不是用那些术语来研究它，海德格尔试图避免误解。然而在海德格尔看来，存在着一种有补偿作用的根本性的有利因素。因为他的术语突出了他最重要的见解，那就是，尽管我们不能前后一致地把死亡看作一种生存的可能性，除了我们与我们的生存的可能性的关系，我们也不能理解我们与我们自己的终结的关系，从而也不能理解我们与我们的先于自己的存在之间的关系。更具体地说，海德格尔的建议是，我们应当把我们与死亡的关系当作在我们确立和维护（或不能维护）的与我们的存在的每一种真正的可能性关系中显现出来的关系，因此也是在与我们的存在本身的关系中显现出来的关系。

正因为死亡能够被刻画为此在最本己的、非-关系性的和不可超越的可能性，并且因此被当作它的存在的一种无所不在的、不可避免的但却不可实现的可能性，这意味着死亡在此在生存的每一时刻都是不可把握但也不能否认的可能性，所以可以推出此在只有在与它的生存中可以把握的东西——那些一直在建构着它的真实的生存可能性——的关系中，并且通过这种关系才能和死亡发生关联。

因此，死亡仍旧处在任何直接的生存论的（并且因此，现象学的）把握范围之外；但是，作为此在可直接把握的生存的每一个瞬间无所不在的条件，已经表明死亡在本质上可以被间接地把握。死亡不是生存论领域中的一个具体特征，相反，它是由每一个这样的特征平稳地不变地散发出来的一道光亮或一个阴影；它是那些特征构造自身的基础，是此在如其所是地向自己揭示自己的生存能力所依赖的一种自我隐藏的条件。

换句话说，正如海德格尔在前面提醒我们死亡是一种生命现象一样，他现在告诉我们，死亡只有在生命中并通过生命，只有在它威胁要使之变得不可能的生命中并通过这个生命，才能显露出来——作为那个生命可能的不可能性。从现象学的角度来说，生命是死亡的代表，是死亡的代理人。通过这个代理人，死亡对此在的把握的抵制马上就被承认并被克服，或者说得更确切一点，在它被承认的过程中并通过这种承认过程，它的抵制被克服了。在我们的生存论分析中，只有通过根据它所分析的那个生命可能的不可能性彻底描述那种分析，才能让死亡显现出来。或者，换一种方式说：向死而在本质上就是向生而在，就是从最彻底、最源始的意义上把人的生命看作终有一死的生命，从而和自己的生命关联（或没有关联）起来的问题。

这可能意味着什么呢？如果把海德格尔关于死亡所下的著名断言彻底地置换到生命上面，我们就可以说出下面一些内容。对此在来说，把生命当作自己最本己的可能性来面对就是要承认在它生存的每一个瞬间它的存在本身都是有争议的。这揭示出此在的生存对此在至关重要，揭示出对此在来说至关重要的东西不仅仅是构成着此在的许多具体的瞬间，而且是那些瞬间组成的整体——它的作为一个整体的生命。因此，此在开始明白它的生命是它为此要负起责任的东西，生命是它自己要过活的（或要否认的）生命——它的生存告诉它：生命在本质上是非-关系性的不可丢弃给他人的东西。认为人的生命注定要被死亡剥夺，要被死亡抽空或变成空白，就等于承认生命的持续具有纯粹的非-必然性，因此可以说，具有纯粹彻底的偶然性。我们的有死性给我们的最深刻的告诫是它要求我们承认我们的生存完全是多余的。我们的出生不是必然的事情；我们的生命过程能够是另一番样子；它从一个瞬间到另一个瞬间的持续仅仅是一个事实；而且在某个时刻它将走向终结。承认关于我们的生命的这一事实其实就是要承认我们的有限性——我们的生存是有条件或限制的，它既不是自我产生也不是自我奠基、自我充足的，他从头到脚彻底是偶然的。但是这种对我们自己的生命过程的再现是最难以实现和进行的事情；没有任何事情比以这样一种方式生活更加具有挑战性：不把实际上仅仅是可能的东西，或纯粹是现实的东西，或在一定条件下是必然的东西，当作绝对必然的东西来看待，就好像它们真的是具有绝对必然性一样——不把它们看作由不容置疑或改变的命运或天命所决定的东西。因此，本真的向死而在就是要把虚假的必然性剥离出来，就是要变得与人的生存的真实形态真正地相协调。

上面的这种看法就将海德格尔把此在刻画为作为整体向自身显现的计划和他企图把此在本真性的可能性包含在他对人的日常性的一般描述中的想法结合在一起。因为，对终有一死的此在的生存的本真把握将折射出它对它必须以四种相互关联的方式做出的选择（对它的先于自己的存在）的态度。一个有死的存在者是一个其生存是偶然的存在者（它可能根本就没有存在过，而且它现在的生活模式完全是过去的选择造成的结果），是一个其非-存在为一种无所不在的可能性的存在者（因此，它的每一个选择都可能是它最后的选择），是一个过着一种生活的存在者（它个人的选择促进了它们作为其中一部分的那种生活的形成，同时也以那种生活作为自己的背景），是一个其生活要它自己去过的存在者（因此它的选择应当是它自己的选择，而不是可确定或不可确定的他人的那些选择）。简言之，本真地面对死亡揭示了此在以这样的方式和自己的存在相关联：坚持向过一种真正具有个体性同时也真正具有整体性的生活——一种完整的生活，一种本真的生活——的可能性开放自己，并强加给自己过这样一种生活的责任。

但是，海德格尔并不认为此在通常本真地和自己的终结相关联，并且因此和它自己的生活相关联。相反，面对死亡，我们通常选择逃避。我们把死亡看作某种首先发生在别人身上的事情，我们进一步想当然地把他人当作死亡的个案或例子，好像这些个案就是在本质上没有个人色彩的死亡的纯粹标记。我们通过断定死亡绝不会发生来安慰垂危的人，而且在死亡确实发生的那些场合，我们经常把死亡看作一件给社会带来麻烦的事情，或者是一件让丧亲的人悲痛欲绝的事情——对我们镇静地逃避死亡的一个威胁。尽管我们实际上可能从来没有否认它将会发生在我们身上，我们却幸福地盘算着什么方式可能有希望推迟死亡的到来（无论是临时地执行健身计划，还是无限期地使用低温学疗法），而且我们倾向于把它看作一件还遥远的事情，一件将发生但尚未发生的事情，并且因此把它看作一件悬临着的事情，而不是看作我们自己的非－存在的无所不在的悬临着的可能性。我们倾向于把死亡看作不可能但却不可避免的可能性，没有这种可能性，我们的生存将缺乏它所具有的与众不同的有限性的意义。

这种具有镇静作用的疏远带有此在在"常人"中平均的日常生存最具特色的标记，而且它表明最好把在"常人"中的迷失状态理解为在误解有限生命的必然性的意义上陷入了"常人"之中。因为，认为在当前向我们开放的大量生存论可能性以及我们在它们之间所做的具体选择是由比我们更强大或在我们之外的力量完全决定的我们的这种看法，就是此在存在的这种日常模式的一部分。我们做我们做的事情，因为那是人们做的事情，已经做过的事情，"常人"做的事情；我们自愿地生存在"常人"的奴役之中，不仅不愿意改变这个事实，而且不愿意承认这是一个事实（但这充其量是一种现实性，而不是一种必然性），这样一来，我们就把自由放置到了远离自己的地方。事实是，我们自己要为允许自己迷失在周围的环境强加给我们的大量可能性中负责，而且我们自己要能够改变那种状态并为这种改变负责。

这就解释了为什么海德格尔把本真的向死而在描述成一种在畏中决断地做出预期的模式。在本质上，它是预期的，因为死亡（不可能的可能性）只能被预期；在本质上，它是畏的，因为带着对人的有死性的明确意识去生活就是根据向着自己的那种极端的始终如一的威胁做出自己的选择，就是面对自己的生存变成空无的危险（可能的不可能性）去选择，这种威胁在不可预料的情况下自发地从自己的存在中浮现出来。对此在来说，它所遭受到的来自它自己的生存、在－世界－之中－存在本身的压迫，恰恰就是——正如我们前面所看到的那样——使它生活在畏之中的东西。海德格尔把死亡作为一种不可把握的可能性所做的描述，通过突出死亡和畏在本质上的无对象性之间的张力，加强了这一联系。因为不指向任何对象的现身情态能够和一种生存论现象相一致，这种生存论现象完全排斥在此在的世界性生存中发生任何客观的现实化过程；换一种方式来说，领会到我们在世界内的生存状态本质上充满神秘性，是一种不在家（not-at-homeness）的状态，就等于领会到了我们的生存的有死性。

在这里——在这种此在的非－必然性和它的不在家状态的结合中，我们能够看到一个把海德格尔的死亡分析和他的罪责、良知以及时间性分析结合起来的主题在《存在与时间》的第二部分中第一次出现了：此在与空无、无性或否定之间的内在关系。因此，我们要充分地把握这一主题的意义，就必须对《存在与时间》第二部分中余下的内容有一种准确的了解。但是，即使在这个开始的阶段，我们也能看到它指出了在《存在与时间》的第一部分和第二部分间存在着一种相当复杂的关系，要比环绕着一个解释学螺旋的两个连续的循环的形象所能表达的关系复杂得多。因为那种形象倾向于表明第二部分仅仅深化了我们对第一部分中确立的东西的理解——好像第二部分讨论的问题完全把操心结构可被阐明的统一体看作理所当然的东西，从而把精力集中在展开它的时间性含义上面。但是，如果死亡在本质上就是操心结构（以及揭示着这一结构的那种情绪）所固有的特征，如果死亡在本质上就超出了直接的现象学描述所及的范围，那么可以说对死亡进行哲学探讨，就是要质疑我们如何理解操心结构使我们能够临时性把此在作为一个整体来把握，如何理解任何这样的把握至少在原则上是可能的。

更确切些说，就海德格尔而言，只有在勉强承认曾经做法的不可能性的前提下，才能成功地获得一种真正的对死亡的现象学把握。他暗示了，如果没有领会此在的存在和现象学描述所不及的死亡之间的内在关系，就不能领会此在的存在。因此，海德格尔要为他在《存在与时间》的第一部分中所做的全部此在的生存论分析工作构造一个新的视野，或者说更广阔的背景——要把此在存在的每一个要素与那种既不是现象也不是逻格斯（logos）的东西联系起来，与那种本身不能显现出来（从现象学的角度来说）或者说不能成为可能的话语行为的对象的东西联系起来。因为空无不是一个可描述的东西，也不是一个不可描述的东西；因此，它只有作为无法描述的东西，作为超出描述的视野的东西，也即它的自我隐藏和自我瓦解的条件才能被描述出来。

这个视野是"空无"的视野，因此把它作为《存在与时间》第一部分所做分析工作的更广阔背景，在某种意义上，没有给那种分析增加任何东西——因为除了海德格尔在对操心结构的初步描述中摆出来的那些因素，它没有提供任何具体的可供分析的成分，并且因此在《存在与时间》第二部分中也没有任何地方暗示这种描述在本质上是不完整的。然而，从另一种意义上来说，把这种和"空无"的关系作为内在的关系引入此在的存在，意味着引入了这样一种思想：在操心结构的构成环节中每一个因素都和"空无"相关联，并且因此必须根据此在存在的神秘性来重新思考这些因素。在这种意义上，海德格尔通过引入"无化"（nothingness）这个不可主题化的主题，改变了他的生存论分析活动中的某些东西，同时也彻底改变了他的生存论分析活动。

人们可以说：如果"空无"真的是此在和存在之间的理解性和追问性关系的自我隐藏和自我瓦解的条件，那么现象学哲学只有通过允许"空无"首先隐藏自己，接着在那种现象学分析中瓦解掉它的隐蔽物（允许它在那种分析中作为从整体上摧毁那种分析的东西显现出来），才能接受"空无"本身（允许它如其所是地显现出来）。只有用这种方式，对此在的生存论分析才能达到它的条件所允许它的目标所揭示出来的完整性——通过把自己作为本质上不完整也即无法完整的东西，作为只有凭借自身之外的东西，才能作为已被完成和可被完成的东西显现出来。

要是这样的话，那么《存在与时间》第二部分表明了第一部分的分析虽然没有缺少任何东西，但在本质上是不完整的，而且在超越人在本质上有限的领会能力总是能够推进和深化阐释的循环这种观念的意义上，是无法完整的。更确切地说，第二部分指出了在其存在以操心为结构的存在者身上有某种无法描述的东西，因此有某种关于此在的东西超出了第一部分的分析范围，或者说对第一部分所包含的分析没有任何补充或深化作用。实际上，《存在与时间》这本书内在的区分让我们回到了海德格尔在本书开篇的几页所做的一个断言："在对待存在者的任何一种态度中……都先天地存在着一个谜。"（《存在与时间》，第1节，第23页）因此，第二部分的作用就是去破坏第一部分在表面上的完整性，从而让《存在与时间》作为一个整体把此在的存在的自我隐藏、自我瓦解的条件显现出来，并且也把此在与存在本身的关系所要求的自我隐藏、自我瓦解的关系显现出来。因此,《存在与时间》的第二部分没有改变第一部分中的任何东西却彻底改变了第一部分所使用的方法,就是海德格尔确保《存在与时间》成功地把此在在本质上所具有的和"空无"之间的谜一样的关系显现出来的方法。

附录：海德格尔和克尔凯郭尔

海德格尔为了理论的清晰性把他对死亡的讨论作为研究的一部分引入进来。人的死亡似乎为把人的生存的存在论结构作为单一的统一整体来把握，制造了一个无法跨越的障碍。但讨论本身也教导我们，对人的死亡的正确理解也是任何作为个体的人的生命获得生存论上的整体性的前提条件；只有和被理解为一种不可能的可能性的死亡联系起来，我们的生存才能变得真正地同时具有个体性和整体性。换句话说，整体性——实际上被理解为在本质上有限的谜一样的存在者以及它们的活动所具有的统一性和完整性——既有理论上的也有生存论上的意义；成为一个整体不仅仅是一种好的现象学分析的根本标志，而且是一种和死亡的本真关系的试金石，并且因此是一种和生命的本真关系的试金石。

这种对人的生存的完整性或整体性的强调可能看起来并没有什么明确的意图。可以肯定地说，承认人的有死性必定涉及承认死亡是对生存本身的威胁。因此，死亡把生命中有争议的东西——不仅仅是任何一个给定瞬间的内容而且是那种生命的过程——凸显了出来。但是即使在生存选择中，人的生命自身受到了威胁，一个人也必须选择那种能够使他的生命成为一个单一的完整的整体的生存方式吗？在死亡介入之前，尽可能多地从事各种不同的活动，获取各种不同的成就，尝试各种不同的生活方式，过一种富有多样性的生活，难道不会同样地本真吗？必须在我们个体性的生命作为一个部分所属的单一生命的背景中看待我们所做的个体性的生命选择这样一个事实，为什么竟会意味着我们应当致力于赋予那种单一的生命一种叙述的统一性，而不是一种叙述的不一致性呢？

正确地处理这个问题，必须了解海德格尔对良知（随后两节的主题）所做的描述。因此，我将在涉及良知问题的时候，给出海德格尔对这个问题的完整回答。他似乎未经讨论就把本真性、整体性和死亡的概念结合在一起，但是这在一定程度上是由哲学家克尔凯郭尔的工作决定的。关于罪责和良知的这些章节显然是在含蓄地与这位哲学家进行对话。实际上，海德格尔正在为克尔凯郭尔提出的问题准备一个可选择的答案，因此他努力区分出他对本真性的描述与许多从事神学研究的对手所做的工作之间存在的差异。海德格尔使用诸如罪责、良知等伦理－宗教概念的癖好似乎表明他要与这些神学研究者结成同盟。因此，海德格尔与克尔凯郭尔理论的亲缘性要比他在第40节和第45节的脚注中顺意提及的对克尔凯郭尔的批判参考将暗示出来的重要得多。

克尔凯郭尔的哲学笔名"约翰内斯·克里马库斯"（Johannes

Climacus)[1]分享了海德格尔式的观点：人不断地面对着应该如何生活的问题，而且因此人必须在与那个可以做出的有意义的选择的关系中来确立某种标准或价值。而且，就那一标准被用来控制每一个这样的选择因素而言，它赋予了那些因素所组成的整个生命以意义——如果每一个选择都参照同一标准来做出，从那一系列选择中成长起来的生命将必然会显露出一个潜在的统一体。因此，克里马库斯通过把海德格尔所利用的本真性和整体性完美地结合起来，把如何才能过最好的生活的问题变成追问什么东西把意义给予了作为一个整体的生命这样一个问题。海德格尔以克里马库斯提出这个问题的大致形式承袭这个问题的同时，似乎也承袭了克里马库斯为如此表达这个问题所做的辩护。

克里马库斯接下来指出，只有用宗教来回答生活的意义问题，答案才可能有效。假定我们通过追求一个具体的目标或获得一项具体的成就开始给我们的生活赋予意义——追求权力或财富，发展某种才能，情况也是这样。由于这样的目标只有在相关的那个人欲求实现它们的情况下，才会有意义，给她的生活赋予意义的东西，实际上就是她的愿望和性情；克里马库斯把这称为生活的审美形式。但是这样的性情能够改变，这意味着没有任何一种这样的性情能够单独给作为一个整体的我的生活赋予意义：它有可能发生改变或消

---

[1] 参见索伦·克尔凯郭尔《哲学断片最后的非科学附言》(*Concluding Unscientific Postscript to Philosophical Fragments*), Howard V. Hong 和 Edna H. Hong 编译（Princeton, NJ: Princeton University Press, 1992）。克尔凯郭尔使用笔名的意义是个富有争议的问题，具体就这本书来说也是如此。为了安全起见，我将把在这本书中所表达的观点归于它的匿名作者。

失，但只要我活着，问题就仍旧存在着，所以把欲望作为我的生活的赌注很可能就剥夺了它的意义。在这样的情况下，唯一可行的做法就是选择另一种欲望作为我的生活的基础——例如，用追求权力来代替对财富的追求；但是这将表明我生活的真实基础不是任何我碰巧拥有的欲望，而是我在它们之间做出选择的能力。

按照克里马库斯的说法，我们只有通过把我们的生活明确地建立在我们的选择能力的基础上才能避免自我欺骗，因此把我们许多有条件的欲望转变成无条件的价值。例如，我们可以通过选择无条件地忠于婚姻的态度来处理我们的性冲动，我们也可以选择把某种能力看作某种职业的基础。因此，我们选择不允许这些偶然事件中的变化改变我们的生活面貌，不管我们的欲望多么强烈地波动，我们选择维护生活的统一性和完整性，从而由我们为自己创造出一个自我。这是康德式的以意愿为基础的对生活伦理形式的理解的浓缩版。克里马库斯赞成生活的伦理形式的理由必然包含着把本真性和整体性联系起来的第二个理由。如果——正如海德格尔所指出的那样——本真性就等于确立和维护真实的自我，那么个人欲望和性情的变动就不能为它提供一个合适的基础。由此所导致的各种各样的在本质上毫不相关的生存论碎片不能够相互协调地构成一种任何人都能够当作自己的生活来加以接受。

然而，从生活的审美形式到伦理形式的转变或许并没有看起来那么重要。因为，后者把人的意愿、人无条件地坚持一种选择的能力看作生活意义的来源；但是那种能力仍旧是人的生活的一部分，并且因此是那种作为一个整体不得不被赋予意义的生活的一部分。但是没有任何一个部分能够给它所属的整体赋予意义。关于那种选择的能力，就像关于某人特定的欲望和性情中的任何欲望和性情一样，我仍旧能够问：把选择作为生活的基础的能力有什么正当理由？什么给它赋予了意义？

这意味着生存给我们提出的这个问题以那种生活中的任何东西为根据都不可能得到回答；生活不能以自身或自身的某种因素为根据来决定它自己的意义。只有通过把生活和生活之外的东西联系起来，意义才能被给予作为一个整体的某人的生活。因为我的生活只有和它之外的东西相对照，才能被当作一个整体。只有这样一个标准才能为生活的意义问题提供一个真实的无条件的答案。只有通过把我们自己和这样一个绝对的善联系起来，并且因此把有限的（因此也是有条件的）善相对化，我们才能正确地回答生存提出的那个问题。对克里马库斯来说，这样一个绝对的善就是上帝的别名；只有通过把我们的生活作为一个整体和上帝联系起来，我们才能正确看待我们生存中的每一个因素。

在这个背景的映衬下，海德格尔对死亡的阐释变得更有意义。因为，通过接受克尔凯郭尔在本真性和整体性之间所做的结合工作，却又认为通过恰当地联系人的有死性，能够很好地完成这个结合工作。海德格尔实际上是在说，克里马库斯的论证的神学归宿是可以避免的。通过把死亡理解为人的最本己的可能性，并且在所做的每一个生存论选择中都对它有所预期，人们不必把自己的生活和一个超验的神联系起来，就能够过着本真而完整的生活。因为，根据海德格尔对人的有死性的理解，虽然正确把握人的生存的有条件性，确实要求把人的生存和那种在把握范围之外的东西联系起来，但是这种把握并不要求把人的生存和某种本质上无条件的东西或存在者联系起来。相关的视野不是包含着一个超验的神的视野，而是一个包含着无的视野。因此，克尔凯郭尔有理由相信生活的意义问题是人的生活中不可逃避的一部分，而且只有通过承认那种生活的有条件性或者承认那种生活是有限的，才能正确地面对生活的意义问题；但是他认为承认这种有限就必须承认这种有限之外的一个领域或存在者，却是错误的。对"之外"（beyond）进行这样的谈论意味着，与其说人的有条件性是一种限制，是剥夺了我们分享另一种更好生活方式的机会的一系列约束，是决定着任何一种被认可的人的生活形式的一系列条件，不如说是一种缺陷。生存论上的整体性仅仅要求承认人的有死性。另外，只有承认这一事实的那些神学领会形式——把条件理解为限制而不是缺陷——才能与一种对人的生存的真正的存在论领会相符合。[1]

---

[1] 海德格尔认为，克里马库斯对把人的有限性和绝对者关联起来的东西的说明错误地解释了人的有条件性。海德格尔的这一看法是否正确仍是一个尚未解决的问题。关于克里马库斯并没有犯下所指控的罪的论证，请参见我的《信仰和理性》（London: Duckworth, 1994）；关于针对海德格尔的一个克尔凯郭尔式的批判，请参见M. Weston的《克尔凯郭尔和现代大陆哲学》（London: Routledge, 1994）。

罪责和良知

（第54—60节）

海德格尔对死亡的反思迄今已经表明，此在的整体存在（Being-a-whole）在存在论上是可能的，那就是说这种可能性符合此在的存在方式的基础结构。但是，证明此在以视死如归的方式突出自己的个体性在逻辑上是可能的是一回事，表明这种可能性在那种其个体性总是已经迷失在"常人"中的存在者的日常生活中能够得到具体的实现以及如何得到具体的实现，却完全是另一回事。因此，海德格尔接下来试图查明这种存在论上的可能性在存在者层次上有什么根据——找出此在理论上所设定的本真性具有真正的可实现性的生存证据。

在它的平均的日常的非本真状态中，此在不再属于自己。因此，它要获得本真性，就必须找到自己。但是只有他开始看到它有一个要去发现的自我，只有它克服了自己对自己寻回自我的可能性的压制，它才能开始这样做。简言之，它寻回本真个体性的能力，无论如何必须通过突破它平均化的日常的非本真状态才能得到证明。海德格尔宣称，良知的声音就是此在的这种可能性的见证人。

这种生存现象不仅对各种各样的阐释开放，而且已经被给予了各种各样的阐释——宗教的、心理分析的、社会-生物学的阐释等。海德格尔对这些阐释当中的任何阐释既没有表示赞同也没有进行谴责，而是探讨它们阐释的这种现象的存在论生存论基础。他关心的是此在凭借什么东西使它亲历这些阐释中的每一种都要进行阐释的那种经验得以可能。他给出的暗示是，这种经验就是此在最源始的能力在生存状态上的现实化。这种能力能够使此在把迷失中的自己揭示出来，并召唤自己抓住属于自己的能够寻回自我的最本己的可能性。

正如"召唤"这个词所暗示的那样，海德格尔认为良知的声音就是一种话语模式——一种交流信息的形式。这种交流信息的形式试图瓦解此在通常醉心于其中的常人-自我的闲谈，并引发出与这种非本真话语的各种特征正相反的此在身上的某种敏感性（responsiveness）。因此，良知的声音必须设法对付闲言、新奇和模棱两可之物，决不给好奇心提供任何落脚之处。的确，如果良知的声音变成了无休止的自省或者极度痴迷的自恋式独白，那么这种声音就已经被完全丢失了，成为常人-自我压制下的又一个牺牲品。

此在是它的接收者，但是它的传达方式不是由此在在别人眼中的地位、此在可能扮演的公共角色和具有的公共价值决定的，也不是由此在当作正确的生活方式来理解的东西决定的。它向此在传达信息的时候，纯粹把此在当作这样一个存在者：其存在在任何情况下都是我的，也即真正的个体性对其而言是一种可能性。因此，良知声音的召唤没有内容：它没有断定任何事情，没有提供关于世界中的事件的任何信息，也没有为生活设计任何蓝图——它仅仅是把此在召唤到自己面前，紧紧抓住它的生存的每一个方面，它的生活选择的每一个特征，考察它成为自己的能力。良知的声音把此在向它最本己的可能性召唤，而没有贸然断定那些可能性可能是什么或者说应当是什么；因为任何这样的命令只能是进一步压制此在承担起自己的生活的能力。简言之，"良知永远是以保持沉默的方式自言自语"（《存在与时间》，第56节，第318页）。

那么，谁以这种方式向此在传达信息？良知的声音是谁的声音？我们不能把那个召唤者的具体特征准确地描述出来，因为除了召唤者，它没有任何身份。那个召唤者仅仅作为那种把此在唤向自己的东西而存在。但是这个声音是此在听到的声音，它来自此在，通常被理解为此在自身的一个特征；因此，难道我们不能推断出在良知的声音中此在向自己召唤了什么吗？对海德格尔来说，事情要更加复杂。他同意良知的声音不是除召唤所针对的此在之外的某个人的声音，不是来自第三方的声音。但是作为接收者的此在和作为发出者的此在完全不一样。因为被召唤的此在迷失在"常人"中，而那个发出召唤的此在却不是（如果它的沉默的声音被常人－自我的话语中断了，它就不再是召唤的发出者）。毕竟，在海德格尔看来，此在在常人－自我中的迷失状态在一定程度是指此在的存在不再属于任何意义上的自己，无论是作为迷失者的自己还是作为拥有寻求本真的个体性的能力的自己。这符合我们日常对良知的经验，我们把良知经验为一种与我们的期待甚至意愿相悖的声音：它要求的是我们没有计划或欲望去应允的东西。但是，良知的声音既是又不是它对其讲话的那个此在的声音——"召唤来自我而且来自我之外的东西"（《存在与时间》，第57节，第320页）。我们如何理解此在在与这种声音的关系中的被动性？这种声音作为此在的声音如何能够和这样一个事实相符合：在人们的经验中，显然它是面向此在的召唤而不是由此在发出的召唤？

良知的声音的这种被动的特征表明，它与此在的被抛状态是有联系的——良知的声音在某种程度上表达了这样一个事实：此在总是已经被转渡给当前存在着的任务，被放置在某个它过去没有选择去占据的具体处境中，但是它仍旧必须从这种处境出发选择如何继续生活。这是此在最根本的神秘性：这是此在发现自己处于其中的一种状态，这种状态绝对不是此在现在的状态或曾经能够处于其中的状态，因此这种状态绝对不是此在能够完全认同或者它能够被还原成的东西——因此此在从来不能认为自己已经被驯化了，能够完全像在家一样舒适地安于任何生活状态或形式，安于它发现自己生活于其中的世界。此在被抛入生存论的责任之中，这种被抛状态恰恰就是常人-自我要逃离的。但是良知的声音使此在想起了关于自己的这个事实，并且因此把那个人抛入畏之中，从而面对它自己的寻求真正的个体性的可能性。简言之，就此在"发现自己陷在自己的神秘性的深渊之中"（《存在与时间》）而言，良知的声音就是此在的声音。

这就解释了为什么借助于良知的声音发出召唤的那个召唤者除了它的召唤这个事实，没有任何其他更具体的东西能够用来规定它的特征。当此在从它通常消融于其中的世界中被夺回来时，当那个世界作为此在的筹划着的领会活动的舞台突出的时候，作为"不在家的"（not-at-home）、赤裸的此-在（there-Being, Da-sein）的此在，正是这个此在的声音在空无中仍旧回响着。没有什么东西比常人-自我和那种面对着自己的本真生存的可能性的自我更加格格不入了；没有什么东西比这种声音更可能被那种在自身中同时又不在自身中的常人-自我经验到了。由于良知的声音就是作为被抛的筹划的此在的声音，由于它召唤迷失中的此在去面对它自己不可逃避的放弃生存任务的责任，它能被认为是操心的召唤。换句话说，良知的召唤在存在论上是可能的，仅仅是因为此在存在的真正基础是操心。

这就是海德格尔为关于良知的声音在存在者层次上的事实所提供的存在论解释。在存在者层次上，良知的声音经常被当成谴责我们的声音，被当成确认它的接收者为有罪责的声音。从概念上来说，罪责与债务和责任有联系。一个有罪责的人是要为自己强加给别人的某种剥夺或损失负责的人，是要为自己的这种行为赎罪的人，是要为此补偿别人的人。反过来，这也预设了她自己缺少某种东西——她自己一直而且现在在某个方面是有欠缺的，而且她要为那种欠缺负责。简言之，有罪责就是要为某种无性负责，意味着成为某种无性的根据。但是罪责这种存在者层次上的现象反映了作为被抛的筹划的此在的生存所具有的基础存在论结构。

通过生存，此在把由它的处境决定并提供给它的某种生存可能性变成现实；此在在自己和发现自己处身其中的那个世界的具体状态的基础上开展活动。尽管如此，此在从来没有完全控制那种状态以及它强加给此在的限制；奉献于筹划活动的能力必须总是在某种具体的背景或视野当中才能得到充分发挥，因此这种能力绝不能完全决定它的结构：

在作为一个根据的存在中，也就是说，在作为被抛的存在者的生存中，此在一直落在它的可能性后面。它从来没有在它的根据之前生存，但是它却从这个根据出发并作为这个根据生存着。因此，"成为根据"（Being-a-basis）就意味着决不从根本上彻底控制自己最本己的存在。这个"不"属于被抛状态的生存论意义。

（《存在与时间》，第58节，第330页）

然而，无性对此在的筹划能力以及它的被抛状态来说是不可缺少的东西。因为，在向某种具体的可能性进行筹划的过程中，此在因而就否定了所有其他的可能性：任何生存选择的现实化都意味着所有其他的选择都不可能变成现实。"因此，'操心'（此在的存在）意味着作为被抛的筹划变成了作为某个无性的根据的存在（而且这种成为根据的存在本身就是空的）。"（《存在与时间》，第58节，第331页）简言之，所谓人的生存其实就是成为某种无性的根据的空洞的存在，此在本身就是有罪责的。

因此，良知召唤此在回到的所谓本真状态，并不是一种此在一旦选择将不再有罪责的生存模式。进行道歉、采取其他补救行为和改过自新可以把一个具体行为在存在者层次上的罪责彻底根除掉，但是存在论上的罪责，作为人的生存的条件，是原初的不可根除的。更进一步说，本真性就要求一个人朝向成为罪责存在的自己最本己的可能性筹划自己。目标不是克服或超越罪责，因为这样做将等于超出自己的被抛状态；它意味着要为自己被抛入其中的那个具体根据，以及自己在那个根据的基础上所做的具体筹划承担责任，使自己必然有罪责的生存真正成为自己的，而不是成为常人－自我的生存。愿意以这种方式承担责任，愿意承认自己负有债务，就等于愿意响应良知的声音的召唤——愿意根据自己成为罪责存在的最本己、最本真的可能性做出生存论上的决定。简言之，这就等于选择拥有一个良知，它反对压制这个意愿。因此，良知的声音所寻求的回应并不是接受关于道德正误的某种具体的清单，也不是接受关于债务和债权的某种具体的计算法。它寻求的是敏感性（responsiveness），是拥有一个良知的欲望。孕育这样一个欲望就是让自己顺从于自己寻求个体性的能力，它就是去选择自己。

由于愿有良知就等于此在朝向它的成为罪责存在的最本己的可能性筹划自己，我们能够把愿有良知看作一种领会模式。但是，在此在存在的三重操心－结构中，每一种领会模式都拥有一种具体的现身情态和一种具体的话语模式。我们曾经看到此在的神秘性的公开引出了畏；而且正如良知所做的召唤以及它所要求的回应的不可确定性清楚地表明的那样，和这种畏的情绪相应的话语模式就是保持沉默，就是缄默。良知的声音在此在身上所引出的自我揭示的具体形式，因此就是一种缄默的自我筹划，朝向自己最本己的罪责存在筹划自己，并在筹划中让自己始终向畏开放。海德格尔给它贴了标签，称之为"决断状态"（resoluteness）。

作为一种在－世界－之中－存在的模式，决断状态并没有孤立此在或者使它与它的世界完全分离开来。相反，它使此在回到了它在世界中的具体位置，回到了它与存在者的具体操劳关系以及与别人的具体的操持关系中，以便揭示出在那种处境中它的可能性真正是什么，并且以最真实最本己的方式抓住它们。因此，决断状态内在地就是不可确定的：如果构成它的具体的揭示和筹划必须敏感地对它的背景的具体特征做出反应，那么寻求本真性的任何生存蓝图都不能从某种基础存在论中产生出来。事实上，只有通过在揭示中领会一个具体的决断行为，一个具体的背景——常人-自我的模棱两可、好奇心和对新奇之物的追逐迄今已经使它蒸发掉了——才能最终被赋予生存论上的规定。因此，作为本真的生存选择的中心，此在在世界中的位置结构——海德格尔称之为"处境"（situation）——不是决断状态预先设定的东西，而是它引发出来的东西。作出决断涉及不仅要朝向给定范围中的任何一种最本真的自己的生存论上的可能性筹划自己，而且要首先朝向自己的背景把它作为拥有一定量的生存论上的可能性的范围筹划自己。决断状态建构了它自己的活动背景。

《存在与时间》的证明

看起来，海德格尔能够把他的此在分析的各种成分结合成一个系统的整体。被抛的筹划、操心、向死而在和罪责存在等他对人的生存的各种特征的描述，与其说相互冲突，不如说相互协调一致。它们是从分析的不同深度和角度对同样的存在论结构所进行的具有相互补充作用的具体描述。但是具体就《存在与时间》的这一章而言，海德格尔有一个公开出来的目标仍旧没有彻底实现。

因为，他对良知的描述被认为应当为通常陷入非本真状态的存在者仍旧可以达到本真状态提供某种生存证据。当然，在某种意义上，他的描述仅仅提供了这样的证明：如果描述是准确的，那么那一声音就把此在的神秘性的召唤表达了出来，并且因此就在那个为它的本真生存的最本己的可能性而畏的此在的日常生存的非本真状态中留下了一条痕迹。但是，在海德格尔看来，这一声音表达了一种此在由自己并向自己发出的召唤；它是此在被压制但没有被摧毁的寻求真实自我的能力发出的声音。然而，如果那种能力真正被压制住的话，它如何能够发出声音？如果它能，那么它受到的压制必须已经被解除了；但是正是那种解除活动，那种从非本真状态向本真状态的过渡，可能需要援引良知的召唤来解释。

最主要的困难是海德格尔认为此在内在地是分裂的或者说具有两面性。[1] 所有人都能够本真地或非本真地生活：或者他们迷失在常人 - 自我的三心二意中（然而保持着把自己从常人 - 自我中夺回来的能力），或者他们把表达着他们真正的个体性的生存可能性变成现实（然而仍旧易于在沉沦中落入自我的迷失状态）。因此，从非本真生存向本真生存的过渡，涉及这些具有双面特征的存在者在内在结构上的一种转变：寻求真实的个体性的能力必须开始遮蔽迄今一直遮蔽着它的寻求非 - 个体性的能力。但是海德格尔认为这种过渡是由此在自己的力量完成的——"毫无疑问，召唤并不来自和我一起处在世界中的其他人"（《存在与时间》，第57节，第320页），而且，这样一种自我克服、自我强加的黑暗的观点很难做到前后一致。海德格尔断言，这种过渡是由受益于这种能力的自我的力量完成的——凭借它的被遮蔽的寻求本真性的能力："此在寻求自我存在的最本己的可能性作为召唤者发挥作用。"（《存在与时间》，第57节，第320页）但是这等于宣称，在遮蔽中的某种能力能够把自己从遮蔽中带出来。唯一可选择的有效解释是，当前遮蔽

---

[1] 在阐明这个困难，开始理解它的意义并且试图找到一种并不与海德格尔的自我概念格格不入的接纳它的方式的过程中，我使用了斯坦利·卡维尔（Stanley Cavell）在著作中所提出的一系列具体的术语并接受了他关于哲学活动的一般看法：具体请参见他的卡鲁斯讲座（Carus lectures），《漂亮与丑陋的根源》（*Conditions Handsome and Unhandsome*）（芝加哥：芝加哥大学出版社，1990）。在这个过程中，我希望能够使读者相信，他们也能够看到卡维尔宣称在爱默生、梭罗和维特根斯坦的文本中所找到的鲜活的哲学创作的完美典范控制着早期海德格尔对自身的哲学活动的理解。

着自我寻求本真性的能力的那种能力可以把自己放置在遮蔽中——这竟然看起来就前后矛盾。简言之，海德格尔所关心的这种过渡似乎用他自己的语言无法解释清楚。

困难是根本性的，而且我认为，如果没有对海德格尔提供的模型做某种修正，困难就是不可克服的。但是显然存在着一种可以解决这个困难的修正方法，同时保留着海德格尔对良知的理解的基本要点：我们能够放弃良知的召唤并不来自和我们一起处在世界中的其他人这个断言。相反，如果我们宣称良知的召唤事实上是被第三方，是被诊断出我们迷失在常人－自我中的其他某个人表达出来的，而且这个人有兴趣帮助我们克服那种非本真性，并解放我们过一种真实的个体生活的能力的话，情况将会怎么样呢？这样一个人的干预将形成一种外部力量，破坏此在在常人－自我中不受外界影响的自我增强的消散，同时形成一种召唤自我的方式，把自我唤向它自己的可能性，而不必要求一个内在的自我努力的前后矛盾的过程。在某种意义上，她将从我们之外或超越我们的地方发出召唤；但是海德格尔强调，一种被感受到的外在性是良知声音的一个特征。而且，如果这个人的目标是帮助我们恢复我们寻求自我的能力以及我们的自主性的话，那么她就不能前后一致地希望强加给我们一种具体的生活蓝图，或者以任何其他的方式让我们对她自己的顺从代替当前对"常人"的顺从。事实上，她的唯一目标就是让我们想起我们寻求个体性的能力的真相，迫使我们听从它对我们提出的具体要求。在这个过程中，她将成为我们自己这一方的外部代表，她的声音代表着对我们寻求本真性的最本己的可能性的召唤，这一召唤在当前被压制着，但仍然构成着我们最内在的自我；在那种意义上，她的声音将是从我们内部发出来的。

简言之，这个第三方的声音，它的缄默的召唤承认我们刚刚概述的逻辑，将被我们感受到它也恰恰具有海德格尔用来规定良知的声音的那些现象特征："召唤既来自我也来自我之外的地方。"（《存在与时间》，第34节，320页）于是，当海德格尔在他对语言的讨论中简单地提到良知的声音的时候，他谈到"倾听此在随身携带着的那个朋友的声音"（《存在与时间》，第34节，第206页），看起来就非常重要；[1]另外，他应该随便提到"此在……能够成为他人的良知"（《存在与时间》，第60节，第344页），这看起来也非常重要。

然而，如果非本真的此在不能发出良知的召唤，它如何能够听到由另一个人所发出的召唤？如果此在在常人-自我中的迷失状态在一定程度上就是指它由于迷失，由于完全不能控制它当前的状态而失去了对自己的任何理解，那么确认它当前处在非本真状态（并且因此是可改变的）的朋友的召唤如何能够在事实上突破它对任何这样的意识的压制？如果它能的话，那么可以肯定地说，它的接收者必须已经部分地完成了召唤的接收过程应该去解释的那种过渡。显然，如果要让那个朋友的声音被听到，她必须为她自己的可听性创造条件。但如何创造呢？

非本真状态中的自我迷失在常人-自我中。从存在论上来说，

---

[1] 德里达对这一点做了很多发挥，参见他的文章《海德格尔的耳朵——哲学战争学》，选自《阅读海德格尔——纪念文集》（布卢明顿，印地安纳州：印地安纳大学出版社，1994），J. Sallis编。

在"常人"中不存在自我-他人的区分,因此在其同伴中,也没有内在的自我-区分——由于除了当前所是的存在,缺乏任何存在概念,此在就把它的生存论上的可能性和它的生存的现实性融合在一起,并且压制着它的神秘性。然而,当此在和一个本真的朋友相遇时,她的生存模式就把"常人"的没有差异的大众给破坏了;她的自我没有迷失在和他人的盲目认同(或盲目区分)中,因此,她不能通过映射此在确认处在匿名状态中的此在,她阻止此在非本真地和她发生关联。因为,此在能够映射另一个人,认为她的生存是分离的自我决定的,认为她能够把他人作为真正的他人与其发生关联,仅仅是因为此在能够把她当作他人和自己发生关联,能够把和自己的关系看作他人与另一个他人的关系,也就是说能够把她看作一个分离的自我决定的个体。这就等于此在承认了它的生存的向来我属性,并且因此也承认了它的内在的自我区分(它的所是和可能是之间神秘的非--致性)。简言之,和一个真实的他人的相遇通过唤醒此在身上的他者性瓦解了此在的迷失状态。此在和那个他者的关系就是此在可能的自我关系的一个例子(一种把自己看作他人,看作和自己不完全等同的他人的自我关系)。换一种方式说,它导致了一种带有畏的情绪的自我实现,使自己成为一个独立的对自己必须过的生活负责任的存在者,并且因此也导致了它的生存在畏中变成现实,成为它自己的非-关系性的不可逾越的现实。这就等于在畏中承认了它的有死性,承认了海德格尔前面规定为从自我消散到自我持立(self-constancy)的生存支点的预期状态。这就是朋友的生存的纯粹事实如何在与她发生关联的那些人身上为她对个体性的召唤的可听性创造出条件。

这留下了一个具有决定性的问题：如果此在向本真状态的转变预先假定了有一个本真的朋友，那么这个朋友如何获得本真性？难道我们对此在的自力更生问题的"解决办法"就是把问题推给第三方，我们因此就不必再做任何进一步的努力吗？这个重要的问题只有使用第七章考察的材料才能解答，因此我们必须等到那个时候给出关于它的结论。然而，在这里，我能够指出的是这种海德格尔的良知模型的修正版具有自反的可能性——作为一个模型，它可用来理解提出这一模型的文本的角色。

当然，海德格尔的此在概念也被计划用在他的读者身上。由于此在寻求本真性的能力遮蔽着它寻求非本真性的能力或被其遮蔽，海德格尔的此在概念是分裂的。作为学习哲学的学生，他们将沉浸在哲学的流行模式中；并且由于哲学活动就是此在存在的一种方式，日常的哲学活动也将和人的任何其他那些活动一样充满了非本真性。简言之，海德格尔认为《存在与时间》的读者是非本真的，尽管他们能够具有本真性。然而，对此在进行的深刻的基础存在论概述必然就是本真的哲学活动所取得的一项成就，并且这正是《存在与时间》宣称要去完成的任务，所以，海德格尔必定认为《存在与时间》的作者（他自己）已经获得了一种人的生存的本真模式（尽管并不是不易受到非本真性的引诱）。考虑到这一点，海德格尔为他的读者提供了这样一种基础存在论的事实，就等于说他在努力使他们从非本真的哲学活动向本真的哲学活动的过渡变得更加容易。另外，我们对海德格尔和他的读者的关系有了清楚的了解，并形成了一幅画面。这幅画面和我刚刚提到的良知的修正模型正相匹配。

海德格尔在哲学中就以良知的声音的形象出现。他把自己看作在他的每一个读者心目中存在的，具备从事本真的思想活动能力的，一个没有个人色彩的代表。他给他的读者提供的不是生活的蓝图，而是他们陷入非本真状态的画面，以便让他们想起他们自己就具有本真的思想，从而鼓励他们克服他们对那种能力的压制，并且为他们自己着想。简言之，海德格尔的话把自身当作它们的读者进行自我转变的枢纽，同时也把自身当作一面镜子和一种媒介，使它们的读者从这面镜子中看到自己当前的非本真状态，并使其有可能通过这种媒介达到本真状态。

那么，海德格尔为什么可以通过宣称良知的声音绝不是一个事实上的他人的声音，不是一个第三方的声音，来着重排除我们修正良知声音的模型的可能性？一个可能的答案是，他在努力地维护从本真状态向非本真状态的转变能够通过相关个体自己的力量来完成这个观念——此在能够创造它自己的再生这个观念。尽管如此，在宣称具有描述此在的基础存在论（这种对良知的分析就形成了其中的一个部分）的能力的过程中，《存在与时间》的作者仍坚持认为自己作为一个哲学家能够达到本真状态，并且因此含蓄地认为自己已经完成了从一种非本真的生存向一种本真的生存模式的过渡。他的没有经过修正的良知模型允许他完全不靠他自己的力量来做这些事，允许他单枪匹马地创造他的基础存在论，并解构他继承的哲学传统。他的成绩看起来完全是他自己的，好像是完全从他的额头上冒出来的东西。尤其是，他潜意识地为他的另一个令人困惑的决定提供合理性的辩护。他决定压制他的老师胡塞尔在他构造自己的思想和研究的过程中所扮演的角色——压制胡塞尔成为他的良知的声音的代表。

当然，这样一种自我表现的模式，使海德格尔很难承认他的良知模型也能够用来解释他与他的读者的关系，使他很难承认他的文本的声音就是良知的声音，就是操心的召唤——使他很难明确地宣称，虽然别人需要借助他的声音来激起他们寻求本真性的可能性，但是唯独他自己没有这种需要，使他很难明确地回答，就像他的读者将受益于他一样，为什么他没有受益于任何人？我认为，这指出了一个可怖的深渊，这个深渊就是海德格尔需要把自己看作以自己为根源的自己。这并不是一个持续不变的需要，或者至少可以说，这不是一个一直控制着他的需要。的确，正如本书的第七章将认为的那样，他的文本的其他部分潜在地否定了他的思想是完全自我创造的。但是，在这一点上，很难避免这样一个结果：海德格尔没有否认自己对别人的依赖，已经导致他的文本的整体性和完整性彻底支离破碎——他的文本的形式和内容之间的一致性被扭曲，这等于导致他的文本的本真性也被扭曲。

但是，我想通过强调这样一点来结束这冗长而又复杂的一章：这个文本的形式和内容确实获得了一种真正的本真的一致性。要明白这一点，我们首先需要想起海德格尔对良知和罪责的分析在一定程度上证实了他对死亡分析的意义——也就是说，此在在它的存在中内在地就与无、无性、否定相关联，说此在是罪责存在恰恰就等于说它是作为无性的根据的空无的存在，并且因此就等于说关于我们筹划的基础的某种东西将总是超出我们可把握的理解范围；良知的声音是此在以保持沉默的方式向自己发出的声音——也就是说，它把话语的存在作为范式在述说无的过程中显现出来，更确切一点说是在超越一种言语行为的具体内容的意义上显现出来。这种沉默的声音并不要求世界中有任何具体的事情发生，因此，没有任何具体的东西能满足它的要求。确切地说，与我们认为它提出的任何生存要求不同，良知的声音总是提出一个更高的要求，以至我们认为通过满足那些具体的要求无法改变我们已成为要求本身的奴隶的地位。

因此，良知的声音所抵制的是我们那种根深蒂固的倾向，我们总是倾向于把我们生存论上的可能性和生存上的现实性混淆在一起。因此良知的声音在沉默中所打开的东西是此在内在的他者性，是它与作为他人的自己的关系，是与作为不是自我等同而是自我转变或自我超越的自己的关系。另外，这意味着非本真性就是指此在在理解自己的过程中认为自己在本质上具有自我等同的能力，能够和自己完全保持一致并实现自己的本性。但是，如果海德格尔认为他的文本对他的读者来说就是良知的声音的话，那么，他的文本无论如何必须避免和自身保持一致。如果我们把《存在与时间》第一部分表面上的完整性和自我充足阐释为文本对在具体工作环境中的非本真沉醉状态（自我毫无挂虑地生活在自己的世界中）和这个文本把平均的日常操劳和操持当作其标志的常人-自我的无差别状态（自我毫无挂虑地和他人保持一致并且因此和自己保持一致）的准确描述，那么他的文本能被这样理解吗？根据这种阐释，正是《存在与时间》第一部分与第二部分之间的内在差异为它自己所宣布的整个计划奠定了基础：对此在进行一种本真的生存论分析，并在此基础上为它的作为哲学家和作为个体读者从非本真状态向本真状态的转变提供一条途径。正是第二部分拒绝和第一部分保持一致——

认为第一部分对操心结构的描述仅仅是偶然地和被分析的存在者的存在相一致，所以拒绝承认第一部分对操心结构进行了完整的自我充足的描述——赋予《存在与时间》以本真的统一性：《存在与时间》内在的自我超越或自我否定是其形成一个相互交织的整体的途径。因为第二部分的突然出现——从第一部分所分析的某些具体方面（涉及畏和先于自己的存在）展开分析，同时对第一部分的每一个方面重新确定分析的方向——提供了一个从对自己的非本真把握中夺回本真的自我理解的方法。这本书告诉我们，我们无论作为哲学家还是此在，我们将总是已经开始对自己具有某种非本真的把握。因此，能否对海德格尔的生存论分析具有本真的把握取决于是否具有这种看法：它审慎地不可避免地从内部瓦解自己（通过努力描述此在与不可描述的东西的内在关系），并且因此致力于获得作为畏着的预期的决断状态的标志的非－自我－一致性。

第六章

海德格尔的修正：时间作为人的视野

(《存在与时间》，第61—71节)

我们对作为良知之声的朋友的简洁讨论，暗示着在此在愿意倾听那种声音和它对死亡的预期之间存在着一种联系。在接下来要考察的部分，海德格尔认为此在的本真性的这两种因素仅仅是同一种生存模式的两个不同方面。这为概括作为操心的此在的存在在存在论上的前提铺平了道路，从而在此在的存在和时间之间明确地确立了一种内在的关联。在这个过程中，海德格尔明确地讨论了在前一章末尾已经强调过的其他两个主题：第一，理解此在的存在就是理解它和虚无的内在关系的另一面；第二，在他的文本中所确立的结论支配着文本的写作和阅读方式，因此，本真的哲学著作的内容和形式实际上必定是相互关联的。

有死性和无性：人的有限性的形式

（第61—62节）

海德格尔把此在存在的特征描述成向死而在和罪责存在（无性的根据存在）。预期和决断之间的联系就依赖于这两个特征之间的内在关系。因为这两个特征从不同的角度反映了同一个否定概念在人的生存的核心所具有的意义。它们一起表明了，人们要想正确地理解他们的生存选择的意义，就必须让他们知道每一个这样的决定时刻可能就是他们最后的机会，而且每一个这样的时刻都形成了一个他们被抛入其中并且从中筹划自己的处境。

这就是人的生存的有条件性或有限性的两个相互关联的标志——有限性作为有死性和有限性作为无性：它们使人的生存的每一时刻都蒙上了它自己的不可能的可能性所投下的阴影，另外，缺乏对它自己的经历的整体控制，以及否定有价值但不可实现的可能性，也给人的生存的每一时刻蒙上了阴影。因此，人们不能本真地面对他们的生存论选择的具体时刻，除非他们能够完全把握他们的有限性的复杂性或深度。如果没有承认他们的彻底无化（nullification）的可能性，也就是说，如果没有对死亡的预期，那么他们在决断中就不可能把自己当作无性无化的根据来面对自己。而且，他们也不能正确地预期他们自己的有死性，如果他们没有把他们的选择处境当作被他们自己用死亡打上了双重印记的处境来面对的话——前一个时刻的死亡（不再能够改变但永远具有决定性的作用）和他们的其他不可实现的可能性的死亡（不再能够变成现实但永远是曾经可能的东西）。简言之，决断的唯一本真模式是预期的决断；预期的唯一本真模式是决断的预期。

良知的声音对专心倾听的此在所可能造成的影响证实了，预期是决断的本真生存变式。良知的声音把此在从"常人"的迷失状态中拽回来并使它重新面对它的最本己的寻求自我的可能性。良知的声音使此在个别化，迫使此在面对它的潜在的非-关系性；而且它让此在想起自己的生存在本质上不可避免地是罪责存在。良知的声音所唤起的决断状态包含着真正地确立和维持此在的处境的稳定性，但是避免把某种预先设计好的具体蓝图强加给生活。然而最适合回答这些具体要求的生存的具体模式——最适合回应良知的声音的是筹划的模式——将是此在最本己的、非-关系性的、不可逾越的、确定但尚不明确的可能性；这其实就是对向死而在进行的一种描述。换句话说，"决断只有作为预期的决断，才能本真地从整体上是它所能是的决断"（《存在与时间》，第62节，第365页）。

可以推出，预期的决断将给予任何能够获得它的此在一种唯一的统一性或整体性，一个在生存论上具有与众不同的存在方式的存在者可能实现这种统一性或整体性。在这里，海德格尔的分析显然触及并且补充了克尔凯郭尔把本真性和整体性联系起来的理由。人们在决断中对自己的选择处境的把握意味着要在意识到自己的有死性的背景下朝向一种给定的可能性筹划自己。因为任何一个这样的人都将把相关的时刻不仅仅看作好像她的最后一个时刻,而且看作她的更大的生活背景中一个具体的不可重复的时刻。从她自己的可能的不可能性来看,人的生存中的任何一个给定的时刻都不仅仅作为纯粹偶然的东西,而且作为一种纯粹偶然的生活的一部分在自身中揭示出自身——都是一个拥有具体的来源和历史的时刻,都是一个将在一个具体的时间以具体的方式结束的时刻,都是一个可能有完全不同的样子的序列,但这个具体的序列现在就是她能够在其中获得或没有获得自己真正的个体性的视野。但是个体性并不仅仅是不断地做出决定,还是让每一个决定都真正地表达自己而不是"常人";个体性意味着过一种真正属于自己的生活。

因此,把任何一个做出决定的时刻放置在某个唯一的生活背景中,必定是任何真正的决断行为的目标。决断地把握住自己在生存论上的责任意味着把自己做出决定的背景的真实特征揭示出来,意味着把这一时刻当作生存选择的处境来规定;而且这是在把这个时刻背景化,在把这个时刻作为从前一个时刻的限制和自由中浮现出来,并为朝向下一个时刻的可选择的可能性筹划自己提供一个基础的时刻来加以把握。但是完全在理解中把握住这一时刻的具体特征将涉及要把它放在一个比直接的过去和将来更宽广的背景中。这将意味着把它看作人的生活所造就的关键时刻,人的余生将由此获得一个具体的方向。

当然,这样一种背景化必须承认人的生活不能在任何绝对或无条件的意义上作为一个整体被把握。因为人的生活必须由拥有这种生活的那个存在者来把握,并且因此是从这种生活内部的而不是外部的一个幻想的点出发来把握这种生活的。这意味着此在在理解中对自己的把握将必然遇到结构上的局限，反映出它的存在是无性无化的根据这个事实。这样的背景化并不要求人的生活作为整体应当有一个单一的前后一贯的主要情节——生活中的一切都要服从于一个单一的目标；人们也不必偏执地追求叙述上的统一性。但是决断的预期将需要避免在克尔凯郭尔对审美生活的描述中可能发生的彻底的碎裂；它将要求不断地努力把生活的变化无常理解成一个单一的故事中的片段。因此，以这种方式，把自己和所有的决定时刻联系起来，将意味着把每一个时刻都看作一个生活作为整体其意义发生了危机的时刻。这简直就是对海德格尔的生活概念的重新表述，海德格尔认为人在生活中应该充分地意识到自己的有死性。所以，此在通过把它的寻求整体存在的可能性变成现实，就将展现出向死而在的本真模式。

哲学的完整性和本真性

（第62—64节）

然而，在这一点上，海德格尔承认他的研究焦点发生了重要转变：

> 寻求整体存在的可能性问题是一个实际的生存问题。这个问题要由处于决断中的此在来回答。此在寻求整体存在的可能性问题现在完全脱掉了在开始对此在进行分析时所指出来的方法论特征。当我们把这个问题当作好像仅仅是此在分析的理论或方法论问题来处理的时候，这种方法论特征就在要彻底给出整体此在的努力中形成了。起初我们仅仅从存在论方法的角度讨论的此在的整体性问题，之所以具有自己的合理性，仅仅是因为那种合理性的根据可以回溯到此在在存在者层次上具有的某种可能性上面。
>
> （《存在与时间》，第62节，第357页）

获得一个能够从整体上把握此在的视角，最初是被当作一项方法论上的任务提出来的：海德格尔公开宣称他所关心的事情是，证明在他对在-世界-之中-存在的分析中表面上迥然不同的各种成分实际上形成了一个连贯的整体，证明他的存在论分析对人的存在方式进行了综合的完整的和经得起检验的描述。现在，我们得知这种做法背后的动机就存在于它与此在在存在者层次上的某种可能性之间的关系中：海德格尔所假定的没有个人色彩的对整体性的方法论兴趣，实际上就是个人对具体的生存可能性的兴趣——达到预期的决断。

因此，他承认他的研究工作具有一般意义上的反思性含义。当然，因为海德格尔就是一个正在对人的存在方式的基础结构进行分析说明的人。因此，那一分析的各种要素必须都是用于他自己，尤其是适用于他从事哲学分析和写作哲学论文的方式。但是那一分析最重要的一个洞见就是人的存在方式奠基在操心之中，而且操心结构具有一个非常具体的特征：

> 因为此在在最源始的意义上是由操心组建的，所以任何此在都已经先于自身。作为存在，此在已经向着它的生存明确具有的可能性筹划自己；而且在这样的生存筹划中，他也以前存在论的方式筹划了像生存和存在这样的东西。像所有研究一样，想提出属于生存的存在方式并把它加以概念化的研究本身，就是揭示着的此在拥有的一种存在方式；难道这样的研究能够被此在本质上就具有的这种筹划能力否定吗？
>
> (《存在与时间》，第63节，第363页)

157　　《存在与时间》是一份存在论研究的纪录。这种存在论研究本身就是此在存在的一种模式，是一个具有个体性的人实现某种生存可能性的活动。因此，这种研究必须受到那种存在的前概念的引导；作为在某个给定的人的作用下由某种可能性变成的现实，这种研究必定涉及朝向具体的生存选择的个体的筹划活动。海德格尔坦白了，他把预期的决断和整体存在的可能性等同于他打算将其变成现实的具体的生存选择。换句话说，他正在朝向本真的在-世界-之中-存在在存在者层次上的具体可能性筹划自己，而且他的作品就是那一筹划的重要组成部分。《存在与时间》系统地记录了看起来没有个人色彩的哲学活动。实际上，这种哲学活动就是海德格尔为把他自己的生活变成一个完整单一的整体——一种具有本真个体性的生活——所做的努力的一部分。而且，正如我们已经看到的那样，一个哲学家除了把她的活动奠基在某种本真的生存可能性上面，另外唯一的选择就是把她的活动奠基在某种非本真的生存可能性上面。简言之，哲学家也是人，她的生活必然要以在筹划中对操心的领会为结构，所以，她的实践和她得出的结论不能够超越或避免个人的本真性问题。

　　关于作为专业的哲学的公正性就谈到这里。对海德格尔来说，这种观念是一个幻想，它扎根在此在对寻求本真性的能力的平均的日常的压制中，而且扎根在哲学对它的研究者也被研究——就人的存在论研究而言——这一观念的平均的日常的压制中。在这方面，康德是典型的代表。他对人的自我性的理解显然避免了人的非本真的自我理解的模式。他反对笛卡尔把人看作一个现成的思想主体。针对笛卡尔关于人的这种观念，他说"我思"表达的是一种纯粹的形式统一性，是统觉的超验统一性（所有主观的再现在某种意识中并与这种意识相关联）。但是他把那些再现看作当"我"不断地呈现给它们时不断地呈现给"我"的经验现象，并因此把它们的相互关联性当作有代表性的关系。然而，所用的术语却完全不适用于具有此在式存在的存在者。在模糊地感受到人的知觉具有内在的直接性的同时——他们必然感受到某种东西存在，必然对一个客观的世界具有一些主观的认识——他没有仔细探究这种对此在内在的世界性生存的模糊认识，因为他关于那种直接性的模型是从对象存在的某种具体模式中派生出来的。非本真此在最明显的特征恰恰就是用那些术语来阐释自己。对于一个由于沉醉于对象之中并且随后被吸引而沉沦于自己的世界之中的生物来说，它们是用起来最方便的术语。即使像康德那样伟大的哲学家，也不能避免要与这样的错误观念作斗争。因此，平均的日常的哲学活动的非本真性必定像在人的任何其他活动中一样在哲学活动中非常普遍和根深蒂固。

但是海德格尔对哲学家们所做的一般性诊断，由于彻底否定了他们自己的人性的事实和本质，并不纯粹是对他自己克服这种职业畸形的努力所做的公开展示。《存在与时间》中所描述的此在的本真存在论没有纯粹为了证实他自己的本真性（尽管它不可避免要证明那一点）而被呈现给他同时代的哲学家。它是被设计出来瓦解非本真的自我理解以及它的读者的生存模式的，提醒它的读者他们也能够本真地生活，从而作为一个可能使他们自己的生活发生转变的支点而发挥作用，使他们从迷失状态转向重新确定生活的方向，从忠实于"常人"的非‐自我到忠实于自己，到忠实于真正属于自己的生活。

作为读者，如果我们没有承认海德格尔对他和我们之间的关系的理解，那么在实际上，我们只是在继续逃避良知的声音和它对决断的吁请。因为本真的决断必须把握生活的每一个时刻的真实特征，把它理解为一个生存选择的处境；而且，坐下来花几个小时读《存在与时间》本身就是这样一个选择——是一种展现自己的生存的具体方式，一种把自己放置在某个我们能够本真地或非本真地与其关联起来的生存可能性的特定领域中的方式。研究哲学并不是生存的替代方式，而就是一种生存方式；而且，当以研究一个哲学文本的形式来进行哲学研究的时候，本真地进行这种研究就必定涉及要承认我们正在读的文字是由另一个人选择和写出来的这个事实，而且要承认我们阅读那些文字不是一件偶然或必然的事情，而是我们做出的一个具体选择。忽略即使哲学书也是被人写出来的也将被人阅读这个事实，就等于压制这种知识：研究这个哲学文本是一种生存方式，是一种和一个具体的他人以一种具体的方式消磨时间的选择；因此这就等于否定自己作为人的本性——否定即使哲学书的读者和作者也是人这个事实。

操心的时间性:被抛的筹划

(第65—68节)

海德格尔对整体存在(Being-a-whole)的分析在生存和存在论方面所具有的意义要充分地展现出来,依赖于把这一分析再深入一步——把此在的存在作为操心所具有的潜在的存在论意义揭示出来。

海德格尔认为这一步就是清楚地阐明此在的存在作为操心所具有的意义,在这里,"意义"所指的就是"一个原初的筹划按照某种东西在其可能性中被理解的样子向自身筹划"(《存在与时间》,第65节,第371页)。海德格尔正在探究那个可被阐明的结构整体得以可能的条件,实际上,这个条件就是操心。作为人的一种生存模式,预期的决断必定是操心结构的一种反映方式;因此,任何和本真的决断有关的基础存在论前提必定也对操心结构具有根本的意义。实际上,它们将为达到海德格尔最初的目标提供一条间接的路线。

很快就变得显而易见,本真的决断以此在对时间的开放性为前提。它把此在寻求本真性的可能性转变成了现实性——一种不可避免地以未来为方向的转变，朝向此在将转变到（并愿意转变到）的一种未来的自我状态。这样的本真筹划要求把此在作为筹划的根据加以把握，这意味着把此在作为无——作为在本质上所是的罪责存在加以把握。但是这意味着此在要承认自己是已经过去的此在，要承认自己的过去是自己当前的生存的不可消除的一部分。而且，由于决断把此在生存的当前时刻作为一种选择和行动的处境揭示出来，决断也以此在对当前的开放性为前提——以此在让自己被在自己的生存论背景（它的"此"）中向自己显现的东西遭遇的能力为前提。因此，决断暗含着一种三重的但却内在地相互关联的面向未来、过去和当前的开放性。没有任何一种单一的开放性能够在没有其他两种开放性的情况下存在。但是，就决断是预期的而言，此在对未来的开放性具有某种优先性是被暗示出来的。由过去和当前所赋予的局限、决定因素和机会被把握住了，以至此在可以朝向它最本己的生存可能性筹划自己，可以向从未来走来的最真实的自己开放自己：

> 由未来回到自身，决断就通过当前化的过程把自己带到处境中。"曾在"的性质是从未来产生出来的，而且以这样一种方式，"曾在"的未来（或更确切地说，曾在着的未来）从自身释放出当前。这种现象具有在曾在着的过程中当前化的未来的统一性：我们称之为时间性。
>
> （《存在与时间》，第65节，第374页）

换句话说，时间性是操心的意义——操心结构最源始的统一性的基础。在前面，那种整体作为在……之间的存在（在世界中被遭遇的存在者）被规定为先于自身已经在……（世界）之中的存在；这反映了此在的生存就是被抛的筹划，它生存的当下这一时刻以先前的时刻为基础，并反过来为未来的时刻奠定了基础，并且因此就含蓄地预先假定了对时间的开放性。"先于自身"预先假定了此在对未来的开放性；"已经在……之中存在"表明了此在对过去的开放性；而且"在……之间存在"指的是当前化的过程。这再一次表明了时间的开放性的三个方面是内在地相互关联的，但海德格尔对它们的先后秩序的规定却意味着未来具有相对的优先性。这反映了生存就是通过当前的行为在筹划中把自己抛向未来这样一个基础存在论的事实。正像决断在预期中找到了自己本真的实现方式一样，生存论特征最原初的意义也是未来。

因此，海德格尔得出结论说，此在存在的意义或潜在的含义就是时间性。正是时间性使操心的三重结构所涉及的生存的统一性、事实性和沉沦得以可能。我们最终涉及了在他的书的标题中表达出来的那个主题。如果此在把自己和存在（自己的以及任何其他存在者的存在）关联起来的能力是此在在本质上具有的能力的话，并且如果这种本质奠基在此在与时间的关系中，那么对存在意义问题的任何正确回答都将不可避免地把存在和时间关联起来。但是，那种关系意指什么取决于海德格尔用"时间"所指的东西；而且他对时间的暂时性理解远离了正统的解释。

首先，由于时间性是此在存在的意义，它不能是仅仅外在地或偶然地和此在关联起来的一种中介或框架，不能是在本质上完全独立于此在的东西。海德格尔的看法不是人必须生活在时间之中，而是人必须作为时间性而生存，人的生存在最根本的意义上是时间性。其次，由于操心结构是一个可阐明的统一体，那种使之得以可能的东西必然也同样是一个可阐明的统一体：换句话说，时间性并不是由三种在逻辑或形而上学的意义明显不同的维度或要素组成的，而是在本质上就是一个完整的现象。再次，从谈论"时间"到谈论"时间性"，从听起来像某种东西的标签的东西到暗示着一种条件或活动的术语，这种术语上的转变具有非常重要的意义。对海德格尔来说，时间性不是一个存在者，不是一系列从未来向当前再向过去不断流逝的自我充实的时刻，也不是某种东西的属性或特征，相反却类似于一种自我产生、自我超越的过程。另外，由于这一过程加固了此在存在的基础，它必定也是此在的绽出性质得以可能的条件——人具有同时先于自己、后于自己和伴随自己在自己之外站立和生存的与众不同的能力（在把握其他在场的存在者的存在中——它的内在的世界性——并且在它的自我筹划的被抛状态中）。换句话说，如果作为一种生存着的存在者，此在的统一性真正是一种"绽出的"统一性（此在在自身之外的存在，因此和自己所不是的东西内在地关联起来，成为非-自我-等同的东西），那么必须从类似的绽出的角度来思考时间性。在这样一种模型的基础上，过去、现在和未来并不是指同样重要的东西或维度，而是指绽出的模式——时间性的自我构成自我超越的模式："时间性的本质是在绽出的统一性当中发生的一个时间化过程。"（《存在与时间》，第65节，第377页）

  这些断言对把握将在随后的章节中出现的海德格尔的时间性观念的完整意义来说，仅仅是一些临时性的暗示，但它们却清楚地表明了这种观念和常识或正统哲学的时间概念几乎没有什么关系。即使我们认真地对待这种时间观念，承认它将严重撕裂我们的日常理解。但是这样的破坏几乎一点也不让人惊奇。毕竟，我们的日常经验和哲学传统提供给我们的对时间的现成的注解或阐释，很可能是非本真性的产物——更进一步说，是此在逃离对自己的本性的理解，而不对其进行深刻探究的征兆。要把对时间的本真理解以及这种理解对人的生活的意义彻底揭示出来，就需要打破这样的平均的日常阐释。

然而，任何本真的理解都不能完全割断和相应的非本真的理解的关系。由于它们都被包含在人的思想和生活方式的漫长历史中，它们在此在存在的存在论现实中不可能完全毫无根基。而且，只要此在还是此在，它就不能完全和自己的存在的意义失去联系，所以，甚至此在对许多现象的非本真理解也不可能是完全错误的。因此，一种对时间进行的真正的存在论研究必须表明，这样的非本真的理解，以及按照这种理解所过的生活，如何能够从一个对自己的本性的理解必然属于其存在的存在者身上浮现出来。它必须表明时间性如何能够非本真地同时也能够本真地把自己时间化。《存在与时间》的最后三章处理的就是这个任务。

然而，首先，海德格尔必须表明，他对操心和时间性的内在关系的新的理解和包含在他先前对构成操心结构的各种要素的分析中的见解相一致，并且能够深化这些见解。事实上，他必须证明那些要素要正确地得到理解，除非它们被看作奠基在时间绽出的三重统一性中——即使那种统一性所具有的独特的绽出的自我否定的模式也将对任何过于简单地勉强把此在的操心结构看作自我同一的结构的理解提出质疑。与此同时，无论此在的生存采取本真的形式还是采取非本真的形式，他都要努力表明两者都奠基在时间性之中——的确，生存的本真模式在最根本的意义上和非本真的模式按照它们所表现出来的确切的时间化的方式被区分开来了。因此，他仔细考察了在《存在与时间》第一部分后半部分内容中他曾经非常仔细地掩藏起来的基础，以便获得一种更加基本的理解——这种理解没有改变任何具体的要素，但同时却从根本上重新给予那种先前的分析的整体一个背景。

在领会这些修正的过程中，我们因此必须牢记他的两个目标具有不同的本质。因为，尽管两者都是存在论层次上的目标（第一个目标处理的是领会和现身情态这样的在-世界-之中-存在的构成要素的生存论基础，第二个目标处理的是此在把自己的存在当作一个问题的能力的生存论基础），但是后者对与非本真的生存模式相对的本真的生存模式所具有的与众不同的时间标志的关注，必然要求处理两种生存模式的具体例子，并且因此涉及存在者层次上的分析或生存分析。我们必须小心不要把这种分析的维度混淆在一起：我们一定不要把存在者层次上的和存在论上的，以及生存阐释和生存论洞见混淆起来。

海德格尔自己所关心的操心结构的要素是：领会、现身情态、沉沦和话语。每一个要素都得到了独立的分析，但是由于它们组成了一个可阐明的整体，它们的内在关系被突出地强调了出来，而且这些关系从整体上引导着讨论的方向：

> 每一个领会都有自己的情绪。每一种现身情态都是人们

在其中对自己有所领会的现身情态。在这样一种现身情态中人们所具有的领会具有沉沦的特征。在沉沦中调节着自己的情绪的领会就自己的可理解性而言在话语中把自己阐释出来。

（《存在与时间》，第68节，第385页）

在最明确的意义上，看到人的存在方式的这些相互关联的方面以时间性的具体特征作为自己得以可能的条件并不困难。领会的筹划本性——此在把它的生存可能性变成现实的能力——只有对朝向未来开放的存在者来说才是可能的。这与操心的先于自身的存在特征相一致。此在发现自己总是已经被抛入情绪之中表明，它当前的生存是如何为它先前曾是的东西所决定并作为这种东西被决定。这与操心的已经成为曾在的特征相一致。而且，被看作此在与周围的存在者的关系的具体模式的闲言、好奇和两可，作为此在的沉沦状态，只能被认为是对当前的环境，并且因此对当前本身开放的存在者所具有的生存方式。这与操心的在……之间存在的特征相一致。作为可理解性的结构的环节，话语完成了这幅画面。这种被抛的、沉沦的、不断筹划的存在者的世界被话语揭示出来。因此，话语和某种具体的时间绽出过程没有任何联系。但是，如果使用语言的存在者的存在没有扎根在时间绽出过程的开放性之中，那么这些语言的时态特征以及它们表达关于世界的真实断言的能力都将是根本不可能的。在语言的时态特征中，话语具有自己的世界性的生存方式（而且语言的时态特征形成了语法结构的基本成分）。

然而，即使操心结构的大部分要素和某种具体的绽出过程具有原初的关联，要真正地把那一绽出过程的作用阐释清楚也将不可避免地引出其他两个绽出过程，因此就引出了任何一个给定的绽出过程和它所不是的那些绽出过程之间的内在关系。例如，此在朝向一种具体的生存可能性筹划自己的能力要求它利用它当前的周围环境提供给它的资源来进行这种筹划。此在适应这种环境提供给它的机会和局限的能力本身就是它发现自己被抛入其中的情绪的一种产物。情绪和沉沦的阐释将采取完全相对应的形式；因此，海德格尔一直在强调他的时间性概念的统一性，并且因此也一直在强调他的被抛概念、筹划的在–世界–之中–存在的概念的统一性：

> 时间化并不意味着绽出过程都以"前后相继的序列"的形式出现。未来并不晚于曾是，曾是不早于当前。时间性作为在成为曾是的过程中不断当前化的未来不断地把自己时间化。
>
> （《存在与时间》，第68节，第401页）

类似地，"预先的假定"和"前提条件"这样的词语并不意味着时间性为此在继续自己的生存提供了某种框架或中介物。例如，海德格尔并不认为此在对自己的筹划必须是朝向我们称之为"未来"的某种区域或领域的筹划。相反，正如此在的生存是筹划中的生存一样（与其说筹划是它做的事情不如说就是它所是的东西），它的生存也是朝向未来的生存（对未来的开放性并不是此在的一个属性，开放性就是此在所是的东西）。我们不是在列举一个现成的存在者的本质特征，而是在描述那种生活着的生物的特征，在描述其本质是生存的存在者的特征。

这些看法为海德格尔的第二个任务打下了基础——根据各自的时间化的模式把本真性和非本真性区分开来。就操心结构的每一个要素，他再一次提出了他的看法，并且因此集中在区分操心结构的每一个要素都原初地与之相关联的时间绽出过程的本真模式和非本真模式上面。但是，由于这三种绽出过程是内在相关的，海德格尔对操心结构的每一个要素的评价不可避免地包含着在一般意义上（在它们的三重统一性中）把时间性的本真模式和非本真模式区分开来的影子。

因此，在对领会的考察中，海德格尔把未来的本真的时间化过程规定为"预期"，把相应的非本真的时间化过程规定为"等待"。前者类似于海德格尔在前面对预期的决断所做的分析，它的意思是说此在让自己从作为自己最本己的能在的未来走向自己——朝向那种能够最大限度地释放出它的寻求真正的个体性的能力的可能性筹划自己。与之相对照，等待着未来的那个人仅仅是在朝向那种"放弃或否定（她）关注的对象"的可能性筹划自己。（《存在与时间》，第68节，第386页）未来作为一个视域被揭示出来，从这个视域中浮现出来的可能性首先作为促进或者阻碍人们以"常人"所规定的本质上没有个人的色彩的方式，继续从事当前工作的能力的可能性被把握。

然而，预期和等待都预先假定了当前和过去这两种时间化的模式。为了预期未来，此在必须把自己从当前所关注的对象当中拽回来（尤其是，要使自己远离根据这样的存在者的存在来领会自己的存在的方式），并且果断地把当前的时刻看作决定某个具体的生存选择的核心要素。海德格尔把这种现象称为经历了一个"瞬间"。在其中，构成当前处境的各种要素把它们各自的现实性以及与此在的可能的个体性的关系都展现在此在面前。但是如果和此在的被抛性没有一种本真的关系——没有认识到当前处境的一个不可消除的成分就是此在的当前状态，特别是此在当前对那种处境的适应状态，任何这样的瞬间的时刻都不可能存在。如果不能把过去作为当前的决定因素以及以具体的方式决定着当前的东西本真地把握住，那么也就不可能本真地把握住未来。此在必须承认过去不是在它的控制之下的东西，而是仍然构成着它的东西，并且因此它必须承认过去也是它将成为的东西，如果它想成为它所是的东西的话——如果想作为所是的东西真正地生存的话。海德格尔把这种现象称为"重复"，并且因此把本真的时间化看作紧紧地把握住某个瞬间的预期的重复。

与之相对，等待未来的非本真的模式预先假定一种当前化的模式，在这种当前化的模式中，此在被它周围的环境吸引并涣散在其中，而且此在以"常人"所规定的方式把自己的世界揭示出来。因此，"常人"支配着一种非本真的筹划模式。在这个过程中，此在忘掉了自己的过去——不是在此在对发生在自己身上的事情缺少意识或忽视了它们的意义上，而是在此在逃避对发生在自己身上的事情是自己的一部分这一点的任何意识的意义上。此在掩盖了这样一个实事：它的生活的生存论轨迹在很大程度上是由把它抛入它能够适应的具体世界之中的那种动力决定的。此在也掩盖了关于这种掩盖的实事——它当下在"常人"中的涣散是由它自己不愿承认它获得个体性的可能性的真正基础而导致的。这样，非本真的时间化作为遗忘了过去并不断当前化的等待显现出来。

海德格尔对操心结构其他要素的讨论试图使这些一般性的描述变得更加翔实生动。例如，就现身情态来说，他通过恐惧和畏的对比，用具体的例子分别说明了时间化的非本真和本真模式。看起来，恐惧在本质上是朝向未来的，因此它是一个反例，反驳了情绪主要预设对过去的开放性的说法；毕竟，对一只狂犬的恐惧肯定是对这只狂犬将感染我们这种具有威胁性的可能性的恐惧。然而，任何一种绽出过程和其他两种绽出过程的关联性，为承认情绪必定包含有一种和未来的具体关系这一点预留了充足的空间。但是，情绪包含有一种适应状态——一种此在向它的世界开放的模式，所以在更加根本的意义上，情绪也涉及一种和过去的关系。例如，恐惧暗含着人处在某种遗忘状态。当某人在恐惧中把自己与未来联系起来的时候，她所恐惧的东西当然就是她自己。当她允许这样的恐惧支配她的时候，自我保存的欲望就支配了她的生活。她从一种可能的行为过程突然换到另一种行为过程，而她和它们当中的任何一种行为过程都没有具体的联系，她对自己当前的环境的把握消失了（充其量可以说，为了躲避威胁，那种把握变成了一种干瘪的理解，仅仅把存在者当作上手的或不上手的存在者来看待），而且她不在意她的过去是什么样。她有一个过去，她现在是谁，这种观念是由她过去是谁和她过去发现自己所处的世界决定的。的确，这种观念在与她当前的目标的关系中作为完全多余的东西逐渐消失了。这就等于要使一切东西都服从于继续生存的任务，并且因此彻底放弃对如何继续那种生存做出决定的任务。因此，她就掩盖了她被让渡给对她自己而言是个问题的自己的存在这一事实——或者更确切地说，她把她的被抛性的那一特征还原到了最接近动物的形式。实际上，她允许威胁她的生命的可能性彻底消除这一恐惧。对海德格尔来说，这是非本真状态的一个缩影，是与在对自己的死亡的预期中生活所要求的东西正相对立的东西，是遗忘了过去并不断当前化的等待的一种极端形式。

相反，畏使本真地把握自己的作为在-世界-之中-存在的生存得以可能。正是在畏这种情绪中，此在在世界中面对自己的世界性的生存才对自己的生存感到焦虑。但此在所面对的不是一个对它的健康的具体威胁，确切地说，而是无；这种无对象性使世界的"无性"，使世界和此在在本质上所具有的那种神秘性给人一种冷酷无情的感觉。当此在发现自己处于其中的那个世界中的存在者现在已经失去了和自己的任何联系或者对自己而言的所有意义的时候，有两种东西就被揭示出来了。首先，就一种给定的生活方式而言，无论假定在其中有多少存在者和状况都不可能穷尽此在生存的可能意义。其次，此在仍然总是已经在某个世界中，并且因此被迫从这个世界所提供的大量生存可能性中选择一种生存可能性。于是，某种情绪再一次阐明了此在的生存在本质上具有一种谜一样的此性（thereness），阐明了它的生存是被抛的生存，并且因此它的生存对过去开放。但是，在揭示出任何一个给定的世界在实际上都毫无意义，并且因此揭示出此在一再地依附于它的世界的当前状况来完成自己的不可能性的过程中，畏把世界本身作为一个可能的意义领域照亮了，并且因此使人看到了此在朝向一种本真生存的模式筹划自己的可能性。换句话说，畏使此在把自己被抛的可能性当作能够被重复的东西来和自己照面；而且，任何这样的重复都是本真的时间化的标志。

在这里，重新提起先前在生存阐释和它们所揭示出来的生存论洞见之间所作的区分非常重要。这种对情绪的分析并不要求恐惧总是非本真的，畏总是本真的。尽管海德格尔在某个地方确实说过，"决断中的人没有恐惧"（《存在与时间》，第68节，第395页），但宣称本真的人绝不会遇到在其中恐惧将是唯一可理解的反应的处境，也将是极端荒谬之言（而且与他前面把情绪看作在非常重要的意义上真正揭示着世界的东西所做的分析的整体意图相对立）。例如，面对一只狂犬，没有采取躲避的措施并不会意味着有所决断，而是失去理智的一种标志。更确切地说，关键的一点是对真正威胁着自己的处境所做出的恐惧反应将让自己彻底被那种恐惧控制——就像一只惊慌失措的小鸡一样。让自己听从于自己的具有威胁性的世界的控制，将彻底使自己失去把握这个世界在当前明显具有的特征的能力，并且彻底失去在可供利用的选择的基础上采取必要措施的能力。就恐惧导致了这样的自我压制或自我遗忘而言，它是非本真的。但是并不是所有的恐惧状态都与这种描述相符合。同样，海德格尔也从来没有宣称过处在畏的状态是本真生活的一个标准。相反，海德格尔强调，在畏中对世界在本质上的无性的把握，在根本上并不是一个瞬间。"畏仅仅是把人带入一种可能的决断的情绪中。畏的当前化做好了把那个瞬间作为它所是的并且只有它才可能是的瞬间加以把握的准备。"（《存在与时间》，第68节，第394页）一个人只有通过真正地让自己向某个瞬间开放来向畏做出回应，并且因此通过从过去重复自己来预期未来，才能达到本真状态。

同样的区分是否能够适用于操心结构的第三个重要成分——

沉沦，仍是一个没有定论的问题。海德格尔集中考察了引起好奇的时间化的模式，在前面他把这种时间化的模式看作沉沦的特征。这被证明是当前的一种非本真的时间化模式。被好奇驱赶就意味着在各种现象当中不断地跳来跳去，刚刚接触到某种东西，就把它作为过时的东西武断地交给过去，使其湮没，并用当前吸引着自己的眼球的其他东西来代替它，仅仅因为当前吸引自己的东西是新的，而不是因为它真正具有的某个特征。这是遗忘过去并不断当前化的等待的典型案例，因此也是非本真生存的一个典型模式。然而，如果如此规定的沉沦和领会、现身情态在同等层次上是操心结构的一个基本要素的话，那么这看起来将等于宣称此在内在地就是非本真的——它的任何生存模式都不可能真正地逃脱迷失在"常人"中的命运。因此，当我们考察海德格尔最初对沉沦所做的分析的时候，我们必须想到前面所做的阐释。人的生存作为在世界中的被抛的筹划，特别是人通过占有不是由个人规定的角色而被原初地安置在世界中这个事实，意味着在"常人"中的迷失状态是此在不可避免地要占据的一个空位（default position）。此在通过以展现出自己的个体性的方式和自己的角色联系起来，能够从自己的迷失状态中浮现出来。但是，为了做这些事情，此在必须果断地把自己从好奇的驱使下拽回来。海德格尔把沉沦作为操心结构的一个要素进行了详尽的描述，其重点在于强调对在此在的日常生活中流行的闲言、好奇和两可而言没有什么纯粹偶然或意外的事情；并没有打算指出沉浸在这些生存现象中在某种程度上来说是必然的或者是不可摆脱的。然而，没有一个人曾经发现自己总是已经处在本真状态。本真状态是一项成就：

此在在被抛状态中被拖着向前走；也就是说，作为已经被抛入世界中的东西，此在由于在实际上依赖于自己所操劳的事情，把自己迷失在"世界"中。那种构成了"被拖状态"（getting taken along）的生存论意义的当前，决不会主动地达到其他任何一种绽出的视野，除非此在通过决断把自己从迷失状态中召回来。

（《存在与时间》，第68节，第400页；着重号由本书作者添加）

操心的时间性: 在世界-之中-存在

（第69—70节）

通过这种对沉沦的时间基础的描述，海德格尔在某种意义上就完成了由双重目的所驱动的对操心结构各种成分的分析。但是每一种成分仅仅在相对的意义上是自主的，所以海德格尔通过强调操心结构可阐明的统一性的优先性结束了这种分析。这使我们回到一种甚至更早的海德格尔对人的存在方式的分析的路线上。因为《存在与时间》的第一部分已经表明了操心结构奠定了作为在-世界-之中-存在的此在生存的基础——奠定了它的总是已经在世界中存在的基础，在世界中，此在能够把存在者作为如其所是的存在者来遭遇。因此，如果作为一个整体，操心结构的基础是时间性，那么此在对世界中的存在者的开放性——此在超越自己达到它所不是的存在者的能力——本身必定在本质上具有一种时间基础。简言之，作为绽出的在-世界-之中-存在，此在的生存必定建立在时间性的三重绽出过程的基础上。

海德格尔早先对此在的日常性的分析集中在此在与在它的实际活动中上手或不上手的对象的关系上面。他的分析也强调，把任何对象作为一件工具来遭遇都预先假定了存在着一个工具整体，也就是说，没有任何一件工具能够单独被遭遇，除非有大量的其他工具作为背景——一支钢笔只有在和墨水、纸张、书桌等东西的关系中才能作为一支钢笔存在着。这样大量的对象本身就奠基在一系列指引关系中：一件工具的用途就预先假定了它可以用来做什么事情（它的"何所用"），它是由什么制作成的，它可以用来制作什么（那个用它制作的东西）以及它的最终产品的接受者。这种由社会构造起来的指引网络——"世界"，奠定了一个对象的上手性的基础。但是这个网络本身却奠基在自身和此在生存的具体筹划所具有的关系当中——例如，一把锤子的上手性最终可以和为此在建立庇护之所发生联系。简言之，世界的存在论基础（它的世界性）就存在于此在存在的具体可能性之中。但是此在与具体的生存可能性的关系预先假定了它的生存是被抛的筹划——拥有某种领会，被情绪控制；而且预先假定了操心结构的这些成分把时间性作为它们的可能性的条件。可以推出，此在对存在者开放的基础就是它对过去、现在和未来的开放性：对此在来说，把存在者揭示出来就是在当前表现出对它们的关注，这种关注着眼于此在已经开始的某项筹划，并被引向此在在未来的实际状况。因此，此在的世界性奠基在时间性的时间化之上。

当然，海德格尔先前的描述集中在此在把对象作为上手的对象来遭遇的平均的日常模式上面，并且因此也集中在此在生存的某种非本真模式上面——在这种模式中，此在屈服于自己本质上就有的容易迷失的倾向，容易沉醉在所操劳的对象中并忽略自己与对象的本质差异的倾向。因此，在平均的日常性中所预先假定的时间化的具体模式在根本上就是非本真的。平均化的日常的此在通过忘掉自己，完全把自己的个体性置于无个人色彩的工作要求之下，使自己和自己的工作关联起来。因此，它就掩盖了自己的过去，而没有使自己的过去重新出现或者重新占有自己的过去；它对周围对象的关注以犹豫不定的方式把这些对象带上前来，而没有致力于在瞬间中把握这些对象，而且它的工作目标是由公共的工作世界的匿名的期待所决定，而不是由它的成为一个真正的个体的责任所决定。简言之，平均化的日常的在-世界-之中-存在是一种在等待和遗忘的当前化；但是并不是所有的在-世界-之中-存在——尤其是，并不是每一次和上手的对象的交往——都是如此被奠基的。

当此在克制着自己不与存在者发生实际的交往并且不把它们当作现成的对象来遭遇的时候，此在在-世界-之中-存在的时间基础同样显而易见——例如，在科学研究的背景中。因为，有关的对象并没有在世界及其存在论结构之外或者独立于它们而被遭遇。的确，在此在与对象的关系发生这样一种转变的过程中，为此在对它们的操劳活动提供最初背景的具体的工作世界和具体的生存筹划消失不见了；最初作为一件建造房子的工具被遭遇的一把锤子变成了一个拥有一定的基本和附属性质的物质对象来照面。但是这并不是剥离掉这个对象的背景，而是重新给它提供一个背景。那个科学家把它嵌入一个完全不同的指引关系的网络中，但是它毕竟仍旧处在某个世界之中。就如我们在第一章所指出的，以及海德格尔现在所强调的那样：

> 就像实践具备其特有的视域（"理论"）一样，理论研究

也并非没有它自己的实践。收取试验所产生的数据往往需要错综复杂的"技术性"工作来建立实验程序。显微镜观察依赖于"被检验标本"的制作。……就连研究问题、确立已获得的东西这一类"最抽象的"工作,也要使用书写用具之类进行操作。对科学研究来说,这些组成部分尽可以是"无趣的"和"不言而喻的",但它们在存在论上却绝非无关紧要。

(《存在与时间》,第69节,第409页)

换句话说,科学研究并不是一种纯粹的理智活动:它并不要求完全中止实践活动。相反,它用一种实践活动的模式——一种关注对象的模式,一种让它们卷入此在的筹划中的模式——代替另一种。把对象作为现成的对象来遭遇是一种具体的在-世界-之中-存在的模式。把存在者作为物理对象揭示出来的过程中,并没有(通过揭示出此在生存在其中的世界的本质特征)把那种使此在在世界中的生存得以可能的东西揭示出来。但是之所以能够把存在者作为物理对象揭示出来,仅仅是因为此在的生存是世界性的(因此能够揭示出存在者)。科学也涉及用具体的方式(把对象作为现成的对象加以主题化)在人的具体活动领域的背景中(在把握关于被理解为物理对象的存在者的真理的背景中),并且因此在与此在存在的某种具体的可能性的关系中(在与它的在-[科学]真理-之中-存在的关系中)使对象当前化。因此,科学预先假定了揭示活动的"作为"(seeing-as)结构。这种结构自身就奠基在时间化的这种或那种模式之中。"像一般的领会和解释一样,'作为'奠基在时间性的绽出的-视域的同一性之中。"(《存在与时间》,第69节,

第411页）

因此，在与某些具体的存在者发生的任何具体遭遇中或者在把这些具体的存在者变为主题的过程中所显现出来的东西，不仅仅是人的存在方式——它是在-世界-之中-存在。在这一章，海德格尔最后一个问题是：什么东西必定使这种关于此在的存在论真理得以可能？如果此在的存在内在地就是世界性的存在，那么世界必须具有什么样的生存或存在？此在和世界之间的联系的真正本质是什么？简单概括他的答案就是这样：此在作为在-世界-之中-存在生存着，因为此在的存在是超越，所以世界的存在也是超越，而且在这两种情况下，超越的基础都是时间性。更详细的回答如下面所述。

作为被抛的、沉沦的筹划，此在在总是要超出或不同于自己的实际状况和生活形式的意义上来说是超越的：它把自己和可能性而不是现实性联系起来——一旦此在把过去作为它现在所是的东西的决定因素据为己有，它当前的状态就成为朝向某种生存可能性筹划的基础。世界是超越的，是在这种意义上来说的：它超出或不同于在其中的任何实际的存在者的存在。世界不是一个存在者，而是一个指引关系的网络，在其中，任何具体的对象都能够作为上手的或现成的对象被遭遇，而且如果不参照这个网络，无论是上手状态还是现成状态都不能被理解。此在的超越的基础是时间性：被抛的筹划是一个向过去、现在和未来开放的存在的生存模式。世界的超越的基础也是时间性：由于世界为在具体的实践活动模式中揭示对象建造一个舞台，世界必定能够容纳任何实践在本质上所具有的时间性关联——在世界中，对象当下就在一个已经开始的工作的进程中，被以由它的被筹划的结局所决定的方式处理。换句话说，世界作为超越存在者的世界存在着，就如同作为此在作为一个自我超越的可能性的实现者在其中实现自己的领域或视域一样存在着。保证此在以视域为前提的超越和世界提供视域的超越之间能够相辅相成的东西就是时间性的绽出的（视域的）三重统一性。

因此，时间的绽出过程在海德格尔的分析中所扮演的角色就类似于康德在他的《纯粹理性批判》[1]先验演绎部分引入的图式论所扮演的角色。在根据逻辑原则来规定范畴（知性的纯概念），并且提出除非直观的多样性被这些范畴综合，否则任何对对象的经验都不可能的时候，康德需要表明这样的纯概念在想象中如何可以和看起来与它们完全不同的各种东西相称，也就是说如何可以应用于感觉所提供的杂乱的东西。通过设定一系列图式的存在，康德操纵了这种从纯范畴到实用范畴（categories-in-use）的转变。每一个图式都是他所谓"纯粹的先验想象力的代号"——一种根据时间序列（按照康德的说法，感性直观的最一般的形式）表达出来的纯粹的综合规则。每一个这样的图式，就它是一条规则而言，被认为和某种纯粹的逻辑关系非常相似。而且，就它是时间序列的一条规则而言，它也适用于感性。因此，图式在本质上具有两面性——同时具有先验的纯粹性和直观的物质性：作为概念和直观的纽带，它们借助于把心灵和物质、主体和世界联系起来的康德的体系，形成了一个连接概念和直观的接线箱。

---

[1] 康德，《纯粹理性批判》，N. 肯普·史密斯（N. Kemp Smith）译（伦敦：麦克米兰，1929）。

175 　　海德格尔在这些问题上与康德产生了共鸣。他宣称他的三种时间绽出过程每一种都拥有一个"视域图式"——一个此在被带到或拖往的"目的地"(whither)。就未来而言，它就是"出于自己的缘故"；就过去而言，它就是"曾是的东西"；就当前而言，它就是"何所用"。这些解释使人想起了建构着世界的世界性的意蕴结构的要素，此在朝向这些要素不断地筹划自己。同时，这些解释因此也证实了海德格尔的图式对康德所面对的困难——证明人类主体和客观世界具有本质性的互补关系——来说正好是一个回应。在这种程度上，海德格尔承认康德在他之前就已经提出一个重要的存在论难题，而且至少指出了解决这个难题所需要的重要概念。但是海德格尔并没有让自己完全按照康德的方式来处理这个问题。

　　首先，就康德的解释依赖于他对时间作为感性直观的形式所做的分析而言，他的解释利用了他的更具一般性的假定：经验的形式和内容不同。经验的内容要用现成的描述来阐释清楚，而它的形式却是先验主体的综合活动强加的东西。海德格尔明确反对这种解释的说法：

> 决定着世界结构的意蕴联系并不是一个由种种形式组成的网络，一个被某个无世界的主体罩上了某种材料的网络。相反，实际的此在通过以绽出的方式在"此"的统一性中领会自己和世界，从这些视域回到在其中所遭遇的存在者面前。
> (《存在与时间》，第69节，第417页)

在海德格尔看来，康德对经验的解释完全没有区分存在者和它们在其中被遭遇的世界，并且因此失去了任何把此在理解为在－世界－之中－存在的机会。海德格尔的时间图式不是在此在的其他独立要素和世界之间起协调作用的存在者或结构。对海德格尔来说，人和世界最初就是不可分的统一体，而且他把时间性描述成这种统一性的基础，是要努力找到在－世界－之中－存在的双重结构（twofold articulation）的独一无二的根基，如果连字符真正表达的是在一个基本的统一体之中发生的分化，而不是表示一个连接词的话。

而且，必须从绽出的角度而不是从静态的角度来理解那个基本的统一体的根基（并且因此来理解它的本质）。在康德把图式比作代号的地方，海德格尔把此在总是已经被带入或拖往的"目的地"当作视域来谈论，因为此不可能以其他的方式回到那些必然在那些视域中出现的存在者面前。因此，每一个视域性的图式都从一个侧面指明了此在的在世界中的存在是处于自己之外的存在，指明了此在独特的自我认同的模式（以及对它的世界的认同模式）是一种非－自我－一致性的模式。所以，人们必须把康德所关心的人（Dasein）与世界的基本统一性——它们内在的相互适应性——看作它们各自独立的非－自我－认同性所造成的结果；此在和世界之间的内在关系是由此在以及它的世界的内在的自我区分造成的。人们可以说：此在不能够和自己保持一致，以及它对它所不是的东西的开放性最终都指明了同一种现象——它的时间性。

与康德的研究所进行的这些联系和对比，对海德格尔通过进一步提出一个类比——涉及此在的空间性的类比——来完成他对日常性和时间性的分析来说至关重要。时间在海德格尔对在－世界－

之中－存在的分析中所具有的根本作用表明，海德格尔忽视了或者说没有充分地领略到空间观念对我们的世界概念而言所具有的深层意义。但是海德格尔的看法是，尽管此在的空间性的确具有极端的重要性，但是它仍然从属于此在的时间性。

在这里，众所周知，康德的回音是相对于空间他给予时间以优先性。康德把它们规定为感性直观的形式——不是多样性中的要素，而是两种经验的模式，通过它们，这些要素总是必然地被我们经验为相互关联的要素。但是，尽管我们对外部世界的经验是由空间和时间共同决定的，我们对内在世界的经验，对我们的思想、情感和欲望的消长和起伏的经验却仅仅是由时间决定的。由于我们对外部世界的表象本身必然是我们的内在世界的一部分（我们的存在受感觉影响的缘故），时间作为内感觉的形式（并且因此作为外感觉的形式）胜过了仅仅是外感觉的形式的空间。

海德格尔再一次对康德的工作细节进行了尖锐的批评，同时含蓄地承认在康德的分析中也有一些真理的颗粒：

> 如果此在的空间性为时间性所"包含"……那么这一联系……也不同于康德意义上的时间优先于空间。我们对"空间中"的现成事物的经验表象作为心理事件"在时间中"流逝，因此"物理的"东西间接地"在时间中"发生，这种说法并不是要给作为直观形式的空间提供一种生存论-存在论解释，而是要在存在者层次上确立心理上的现成的东西是"在

时间中"流逝的。

(《存在与时间》，第70节，第419页）

康德的分析没有达到真正的存在论的层次，因为他假定了我们对对象的经验是由关于它们的现成表象组成的。与康德不同，海德格尔看到了，此在的空间性在生存论的意义上奠基在它的时间性之上。尽管在世界中的实际活动预先假定了空间性为前提，但是由此所揭示出来的空间性的模式却只有参照世界的世界性所具有的时间基础才能被明确地阐释出来：

> 每当人们发现用具，使用它，移动它的位置或把它移开的时候，某种场所就已经被揭示出来了。操劳着的在-世界-之中-存在是有方向的——自我定向的。……（但是）只有在被揭示出来的世界的视域中，因缘联系才是可理解的。而且，它们的视域特征首先使场所性的属于某处的"目的地"所特有的视域得以可能……上手的东西和现成的东西的带上前来（去-远）奠基在方向性在其中也得以可能的那种时间性的统一性的当前化中。

(《存在与时间》，第70节，第420页）

此在生存的空间性，首先意味着此在要根据实际活动的要求在靠近或远离对象的关系中给自己定位；因此，此在预先就假定了一个工作世界并且因此假定了这个世界本身已经展开了。这种展开状态奠基在时间性视域的绽出过程中。

重复和筹划

（第71节）

　　海德格尔在结束《存在与时间》中这一章的内容时，宣布他还没有完全洞悉此在日常生活状态的生存论-时间结构。对任何一个这样的读者来说，这都是一个让人丧气的宣言：他们不接受那种表面上对《存在与时间》第一部分所表达的关于日常性的临时洞见所进行的彻底（并且能够做到彻底的）修正。但是"日常性"这个术语还有未被挖掘出来的时间含义，这是不可否认的。它从各个方面表明了这样一个观念：人是按照天的序列，按照每天的或以天为单位的时间进程的序列来生存的，而且在构成人类历史诸多阶段的更长的时间跨度中，维护和改变着自己的习惯性的或不断重复的经验、态度和实践也给人的生存打上了烙印。换句话说，此在和时间性的关系必然使日常性包含在每天的日常生活和时间的流逝中，更宽泛地讲，包含在历史中；这些是海德格尔在最后两章讨论的话题。

　　因此，我们当前讨论的这一章就要求有一种与众不同的形式。当我们从这一章的具体细节中退出来并把它作为一个整体来看时，那种形式就浮现出来了。这一章的出发点是我们对此在存在的一般研究已经达到了一个关键点——已经洞察到了操心结构的时间基础,并且因此看到了自身以时间性为前提条件的人的有条件性或有限性的各种要素。它把那种洞见看作要求重新回到《存在与时间》在前面概述的那些材料中,而且这种返回是这一章内容本身要实现的一项任务,以便表明这一洞见在深化、统一我们对此在是在-世界-之中-存在这个断言的理解的同时,也从根本上给我们的理解提供了一种新的背景。另外,这一章在结束时扼要地指出了这种对过去的断言的重复为进一步的研究孕育一个富有成效的方向的种种途径。

这一章在结构上所表现出来的对返回的强调,恰恰就是人们理应从一个对理解和解释在本质上具有的循环特征进行了诸多论述的哲学家身上看到的东西。因为,如果人的所有综合性理解活动总是已经处在一个解释学的循环当中,并且由前有、前见和前概念构成的某种具体结构所推动,那么人们只有通过在循环中进行的返回才能深化自己的哲学理解。但是第二次循环(在时间意义上与第一次循环不同)实际上就是一个螺旋运动的第二个圆圈,因此不能被看作一次简单的返回。毕竟,所有的返回总是其存在是罪责存在的行为,并且因此是无性的空无的根据的存在者的行为,所以,任何此在从来都不可能把它以前的过去的东西全部带入它自己当前的理解中。正是在过去和当前之间缺乏绝对的一致性,为把握到新的意义的可能性敞开了一扇窗户;完全准确地重述过去的理解将使人的理解的进步变得不可想象。

因此,海德格尔对他在前面临时得出的结论所做的重新表述绝不可能和它们保持完全一致。即使在更深的层次上，他也决不可能轻易地、不折不扣地成功说出他曾经说过的东西，但是他将会用另外的方式成功地把它们再说出来，把它们置于新的思考背景中——为了真正把握此在的存在，首要的是把它们置于由非－自我－－致性这种现象的一般意义的现实化（以及由此在与无的内在关系的现实化）所提供的背景中。所以，海德格尔对他前面对人的存在方式的看法的修正在非常神秘的意义上既证实了那种看法同时也颠覆了它。因为，他的修正向我们表明了海德格尔在前面的看法具体来说并没有什么过失，然而当在它与无的谜一样的内在关系中来把握它时，最初的看法中的各种东西看起来就完全不同了。

然而，这一章的结构要比解释学的循环性或螺旋运动所要求的结构更加独特。或者，至少可以说，它的结构是由多种因素决定的。因为，如果人们不得不用单独一句话来概述那一结构，通过它，海德格尔对时间性的奠基作用的深刻洞察使他前面的发现得到了改写，从而达到进一步推动他的计划的目的。那么人们可以说，这是一种紧紧地把握住瞬间的预期的重复。换句话说，阅读这一章的经验具有一种潜在的绽出性时间结构，这完全符合海德格尔对本真时间性的规定。这一章的行文布局就展现了它所讨论的话题的结构：海德格尔的行文就宣布了它自己作为一部作品所具有的本真性，并且试图从它召唤的那些读者身上诱导出本真的阅读行为。再一次，我们可以说，《存在与时间》的形式和内容是相互照应的：它的具体命题自称所达到的对人的生存的理解决定着如何正确地理解在它的形式中所反映和展现出来的作者和读者之间的关系。

第七章

命运和天命：人的诞生和时间简史

（《存在与时间》，第72—82节）

历史和历史性

（第72—75节）

海德格尔宣称，人的日常生存是以天为单位的——天天生活，从这一天到那一天，每一天都在生活；此在是随着它生活的天数的序列展开自己的。被展开的此在的观念包含在奠定其基础的操心结构和时间性结构之中。由于此在作为被抛的和筹划着的存在者而生存（不是作为随后被展开的具有原初的自我同一性的东西，而是作为一个总是已经先于自己并且总是已经拥有自己的存在而生存），海德格尔在前面提出的断言，此在作为"之间的存在"而生存，必定具有时间性含义。人对世界的开放性取决于人对时间的开放性——取决于人作为时间性而生存，人的存在方式是绽出的时间化这个事实。然而，现在海德格尔重新表述了这个断言：

> 此在在其中被展开和展开自己的那种具体运动，我们称之为此在的"历史化"。……揭示出历史化的结构和它的可能性的生存论-时间性条件，就意味着已经获得一种对历史性的

本真领会。

(《存在与时间》，第72节，第427页)

为什么从谈论时间化和时间性转向谈论历史化和历史性？到目前为止，海德格尔对此在的时间性的描述已经给予了它的未来的生存，也即"先于自身的存在"以某种优先性。在概述预期的决断状态的结构，并且因此在概述人的本真生存的结构的过程中，海德格尔把人的筹划能力、使自己和自己的终结关联起来的能力放置在中心地位。如果日常性是生与死之间的伸展，那么对死亡的强调就遮蔽了生的重要性。但是，如果此在真的是这个"之间"的存在，那么它作为出生以来就生活着的存在者和作为生来就总已经在死着的存在者，对它的存在来说具有同等重要的意义。如果任何时间的绽出过程都不能从其他两个要素中被分离出来，那么此在的过去必定映射着它与当前和未来的关系，并且因此更一般地映射着它的时间化过程。但是，对此在来说，作为一个历史的存在者而生存意味着什么，说此在有一个过去或者说它能够和过去发生关联可以意味着什么，或者说就此在生存着而言，它在历史化这可以意味着什么，这些问题必须根据我们前面对时间性的分析被清楚地阐明。因为，一种生物，只有它的存在方式在本质上是时间性的，它才能够在这几个方面过一种本质性的历史生活。

具体的历史发现将不会有助于阐明此在的历史性问题——因为历史研究的任何成果刚好都将预先把我们在这里讨论的问题，也即人探索过去的能力假定为前提。而且，在海德格尔看来，从前作为一门科学或学科（没有历史学）的任何历史研究，都没有正确地对待历史研究的主题，因为没有任何历史研究以充分的生存论存在论视角来看待此在的这种活动，没有任何历史研究追问历史得以可能的条件。而且没有任何历史研究把历史这门学科理解为其存在方式内在地是世界性的存在者的一种活动。因此，它打算通过探索作为历史的生存的此在的生存意义来阐明作为被抛的筹划的此在的生存意义。

这意味着打破对此在的历史性，更一般地说，对历史性的平均的日常理解。当人们从非本真的角度把他们自己的历史性问题，看作解释他们自己通过时间把自己连接起来的可能性——看作表明一个单一的持续的自我如何能通过一系列时间的序列毫发无损地持续存在，这个时间序列从未来出现变成当前消失在过去。这肯定是现代哲学传统从休谟到帕菲特以来提出这个问题的形式。[1]对海德格尔来说，这样的阐释假定了时间是自我充实的单位的集合，这个集合由尚未现成存在的东西开始，变成当下现成的东西，接着变得不再现成存在；人被看作分散在它们之中的东西，被播撒在过去、现在和未来的那些现在的点的序列之中，并寻求这个序列的统一性。当讨论事件或对象的历史性的时候，类似的原子主义的假定就开始起作用。一个过去的事件是已经发生，现在不可挽回的已经过去的事件；一个历史对象是曾经在我们手边但现在不再在我们手边的东西。即使一个给定的事件对我们现在的生活仍然具有意义，它也被理解为对现在有影响的过去的一个片段（就像过去完成的工作能够对当前有所影响）——正如博物馆里一件历史上的艺术品被认

---

1 请参照帕菲特《理性与人》(*Reasons and Persons*, Oxford: Clarendon Press, 1984)。

为是仍旧存在着的过去的一个片段。

海德格尔击中了历史性图式的要害——宣称一个对象的历史性（例如博物馆里的一件家具用品）就是指它的某种属于过去但现在仍然存在的状态。因为如果一个对象的历史性就是指它归属于过去，如果过去被理解为那些对我们来说不再存在的时间瞬间，一个对我们来说仍旧存在着的对象如何能够仍旧是历史的对象？这样的一些古董必定在某种程度上包含着过去，必定被过去的时代打上了烙印并显现着它。但是这种过去的标志是什么呢？一只古代的罐子或碟子很可能随着时间发生了变化——被损坏了或者变得容易破碎；但是这样的磨损并不能使它变成历史的东西，因为现在的对象也经受着同样的命运，正因如此，过去留下来的未被损坏的对象也不能成为现在的东西。它们是过去的东西并不在于它们不再被按照最初的用途来使用这样一个事实；一代一代流传下来的一只餐碟变成传家宝竟然仅仅因为它仍旧可以在某些特殊的场合用来盛放食物。而且，以这样的方式被使用的这样一只碟子在某种程度上已经发生变化，不再是它过去所是的东西；关于它的某种东西属于过去——但是是什么呢？

> 只能是那个世界，在其中，它们作为用具拥有某种背景，作为上手的东西被遭遇，被曾经在世界之中的那个操劳着的此在使用。这个世界不再存在，但就这个世界而言曾经在其中存在的东西现在仍旧现成存在着。
>
> （《存在与时间》，第73节，第432页）

这只餐碟属于过去，因为它属于一个过去的世界。它形成了某种具体的概念和文化结构的痕迹，在这个结构中，它作为某个适用于人的某种活动的用具整体中的一个元素嵌入这个整体之中——这只盘子不仅关系到饮食习惯，而且关系到待客风格，家庭生活的维持，以及某种复杂的文化实践的保存，等等。它不仅作为我们的世界中的一个对象，而且——无论是被用来盛放食物还是被陈列在橱窗里——作为那个世界中的一个上手的对象（作为一件家用的陶器或一件古董对我们来说是上手的东西）仍旧向我们显现出来。但是，它仍旧是一件传家宝，仍旧是一个历史的对象，因为它被最初创造和使用它的那个世界打上了烙印。甚至对那个把它当作传家宝的家庭来说，它现在也没有被当作餐碟用来盛放食物——这个传家宝具有特殊的用途。

如果历史对象的世界性就是构成它们的过去性的东西，那么这种过去性在双重意义上是派生的：它得以可能的条件是某个世界在过去的存在，这样一个世界得以可能的条件是此在（其存在在本质上是世界性的存在者）在过去的存在。换句话说，对象和事件的历史性是此在的历史性的派生物。此在在原初的意义上就是历史的。但是此在的过去性并不能从现成性或上手性的角度来理解。"过去的"此在不是一个曾经存在但现在不再存在的存在者，无论是现成的还是上手的存在者。它是一个曾经生存着但不再如此生存的存在者，一个一直存在着的存在者——一个其存在就是生存的存在者。因此，人仅仅就他们不再生存而言，并没有变成历史的；历史性不是只有在他们死的时候才能获得的一种身份。相反，一个作为在-世界-之中-存在生存着的存在者，其生存过程必定是一个绽出的时间化过程,一个在绽出过程的三重统一性中超越自我的过程,并且因此是一个朝向过去开放的过程。一个世界性存在者把一直就有的某种未来的东西不断地带到当前。简言之,对此在来说,生存在根本上就意味着成为有历史的存在者。

海德格尔对这个问题的探索受到此在的本真性问题的支配。由于此在的存在对它自己是个问题,它的生存模式或者是非本真的或者是本真的。如果它的生存内在地就是历史的,那么它的历史化必定也有非本真的和本真的模式。历史化的本真模式必定包含着预期的决断状态——一种缄默的易于畏的筹划。但是任何筹划都预先假定了有大量可供筹划的生存可能性存在,这提出了此在从哪里引出了这些可能性的问题。此在的死亡,此在的向-终结-存在不能提供这些可能性。朝向死亡这种可能性的筹划仅仅保证了它的决断状态的整体性和本真性。相反,我们必须看到此在的展开的另一极或维度——看到它的出生而不是死亡,或者更确切一些说,看到它的被抛性。

作为被抛的存在者,此在在它的发展的某个具体阶段被转渡给某个具体的社会和文化,在这个社会和文化中,某些生存可能性对此在开放,某些其他的可能性没有向它开放:成为一个武士,一个巫师或一个斯多葛学派的禁欲者,对21世纪初期的西方人来说,不是一个可能的选择,然而成为一个警官,一个社会工作者或一个牧师却是可能的。此在在其发展的具体阶段也被抛入自己的生活中,这进一步限制着它可能的选择范围。一个人具体的成长环境、先前的选择以及当前的状况有可能使他不可能成为一个社会工作者,或者有可能使他成为一个牧师变成几乎不可避免的事情。换句话说，如果一个人打算面向未来筹划自己的生活，那么形成她的当前处境的社会、文化和个人背景等方面的事实性因素，就构成了她必须把握的一份遗产；而且，这份遗产在一定程度上就是她的可能的生活方式的发源地，是她必须从中做出选择的生存可能性的菜单。她能够非本真地做出选择——这样来理解自己："根据在当今'平均的'公共的阐释此在的方式中流传着的那些生存的可能性来理解自己，这些可能性由于看起来模棱两可，很大程度上还没有被认识清楚，（尽管）它们对我们来说是众所周知的可能性。"（《存在与时间》，第74节，第435页）她也能够本真地做出选择——在这种情况下，她决断地"把当前流行的种种实际的本真生存的可能性揭示出来，并且根据那种生存作为被抛的生存承袭下来的遗产来把本真生存的这些可能性揭示出来"（《存在与时间》，第74节，第435页）。

把本真地接受自己的被抛性看作承袭一份遗产，这种看法携带着一个由相互关联的含义构成的意义领域。首先，每个人总是由之开始的平均的日常性本身就是人的遗产的一部分：此在总是被转渡到在"常人"中的迷失状态，并因此总是被引诱用平均的公共的方式来阐释它的社会的和个人的文化留给它的可能实现的生存选择。两可性和好奇的种种流行模式使这些选择显得非常陌生——掩盖了它们的真实特征，或者通过使它们成为被肤浅的好奇心引发的某种无休止的争论的焦点，或者由于想当然地相信了某种对它们的肤浅阐释。因此，真正地继承它们意味着要以揭示出遗产的真实特征的方式来抓住那份遗产。这意味着面对自己的遗产要反其道而行，以便把它的真面目揭示出来，也意味着要重新占有这份遗产。

但是此在也必须把这些选择与它自己的个人状况和生活联系起来；它必须把自己作为自己的遗产重新收回来。在"常人"中的迷失状态意味着自己消散在两可性和好奇的种种流行模式中。因此，决断地承袭自己的遗产就意味着拒绝那些看起来离自己最近的可能性（在这里，那种亲近性反映了它们对其他的可能性的接受度或容忍度），并把握住那些和自己最本己的可能性最接近的可能性——决断状态揭示出这些可能性并不是偶然地和那个对死亡有所预期的自己最接近。

因此，自己的文化遗产和自己的遗产以相互激活的方式融合在一起。在把某些生活形式变成现实的过程中，一个个体的自我稳定性（self-constancy）同时使那些形式的生活焕然一新，并且因此更新了它们所形成的文化生活，揭示了它们能够真正地规定本真的个体的生活，揭示了它们就是许多个体命中注定的可能性，就是许多个体能够把其作为自己和他人的命运与之联系起来的可能性：

> 一旦人们把握住了自己生存的有限性，这种有限性就把人们从贪图享乐、满不在乎、逃避责任等自行提供出来的最切近的可能性所具有的无数多样性中拽回来，并且把此在直接带到了它的命运面前。这就是我们指明发生在本真的决断状态中的此在源始的历史化的方式。在这种源始的历史化中，此在凭借已经继承下来并且被选定的某种可能性，自由地面对死亡，把自己作为遗产交给自己。

（《存在与时间》，第74节，第435页）

这是一个有条件或有限的存在者可以享有的自由——一种被看作在本质上有限的或有条件的终有一死的自由（海德格尔将称之为罪责-存在的一个特征）。此在选择如何生活和成为谁的能力是真实的和独特的。但是它不能选择不拥有这种能力；它必须在它没有自由选择的境况中使用这种能力，必须在它没有亲自确认的大量可能性上面运用这种能力，必须在对它自己所选择的处境有所理解的基础上运用这种能力（因此，内在地就受制于一些缺陷）。因此，这是一种扎根在无能为力之中的能力——一种奠基在放弃之中的自由。因此，要充分地发挥这种能力的作用，不是努力去消除或超越那些限制，而是要果断地按照它们如实的样子接受它们——要把自己的处境中的必然因素和偶然因素作为自己的命运明确地接受下来。

此外，由于作为在-世界-之中-存在，拥有某种命运的此在也是和他人在一起分享的共在，它的本真的历史化也是海德格尔所说的"共-历史化"。它继承下来的世界是一个公共的和共有的世界；这个世界所提供的生存可能性主要通过社会结构和实践遗留给许多个体，一般来说，这些个体只有在和别人保持一致的基础上才能拥有这些可能性。但是，出于同样的原因，那些结构只有在许多个体继续追求拥有它们所包含的这些可能性的前提下，才能存留下来。而且，只有许多个体本真地把握了这些可能性，它们所形成的文化才能以充满活力和本真的方式存留下来。换句话说，此在的历史化既是个体的也是公共的事情。与被偶然的事情和周围的境况驱迫的个体相应，有一种公共性作为同质化的"常人"的累积存留下来；与一个个体的命运相应，一个民族也有天命：

我们在同一世界中并且在对某些确定的可能性的决断中相互共在。在这种相互共在中，我们的命运已经首先得到引导。只有在交流和斗争中，天命的力量才能解放出来。此在的具有命运性质的天命在它的同代人中并借助于它们构成了此在完整的本真的历史化。

(《存在与时间》，第74页，第436页)

这种强调此在的出生而不是死亡的命运的风险在于这种做法看起来在本质上是属于向后看的做法，因此也是保守的做法——好像承袭自己的遗产就是机械地重复在相关社会存在的过去的生活形式和文化结构，因此就把许多个体和他们的文化看作一种活着的死亡。这似乎没有为改变、更新或敏锐地回应已经被改变的周围环境留下多少空间。但是这种阐释忘记了解释学的理解采取的是一种螺旋的形式，因此环绕着这个螺旋的任何新的循环都不和前一个循环完全一致；而且这种阐释假定了历史化是时间化的替代物和代名词，而不是那一过程的一个特征。就其本身而言，它和其他两个时间绽出过程不可分离地联系在一起，并且因此形成了一个可阐明的统一体的一部分，这个统一体也包含着在决断中对当前处境的把握和在预期中对未来的筹划。所以，海德格尔所谓"为忠实地跟随能被重复的东西的脚步而斗争"并不意味着把当前的东西和已经过时的东西捆绑在一起。任何收回自己的遗产的要求都必定是从立足于当前看法的对未来的决断性筹划中产生出来的。因此，更适当的看法把它当作一种对过去的生存可能性的对等应答——一种过去和当前之间的对话，一种对那种可能性的创造性再理解，这种再理解从根本上采取一种批判的态度拒绝那些在平均的日常生活中被认为是对过去的理解的非常肤浅和模棱两可的东西。

然而，历史化和筹划之间的相互牵连并不意味着这是一个单纯的进步过程；本真的此在对乡愁就像对新奇之物一样没有什么兴趣。对未来的本真筹划以承袭自己的遗产为前提，因此在根本上它受到那种遗产的限制和引导。但是重新拥有过去的最终目的是把它筹划到未来之中；这涉及一种既承认当前的必然性也承认未来的真实可能性的重复模式。这样的重复是预期的决断状态的一个本质性成分，是人的时间化的本真模式。因此，用海德格尔的说法，我们能够说，"本真的向死而在，也就是，实践性的有限性，是此在（本真的）历史性的隐蔽的基础"（《存在与时间》，第74节，第438页）。或者，更具体一点说，仅仅是在某种意义上表明了《存在与时间》第二部分中海德格尔的时间性分析的整体所具有的潜在统一性：

> 只有这样一种存在者，就其存在来说，它本质上是将来的存在者，因此它自由地面对自己的死亡，并且以把自己撞碎在死亡上面的方式，能够让自己被抛到自己的实际的"此"上面，也就是说，只有这样一种存在者，作为将来的存在者，在同等源始的意义上，它也处在成为过去的存在者的过程中，才能够在把自己所继承的可能性承传给自己的同时，接受自己的被抛状态并在瞬间融入"自己的时代"。只有同时是有限的本真的时间性，才能够使像命运这样的东西，也就是说，

本真的历史性得以可能。

(《存在与时间》,第74节,第437页)

关于本真的历史化就谈到这里。然而,此在日常生存的典型模式是非本真的,它在"常人"中的迷失状态竟然也是历史的。当人们迷失在"常人"中时,他们的历史性以及他们的世界的历史性不是被完全破坏了,而是遭到了压制。这种压制有两个阶段。首先,此在根据它所投入的世界的历史性,来理解自身的历史性,也就是说,此在从世界历史的角度来理解自己,而不是把世界的历史性看作自身的历史性所具有的一项功能;其次,它以现成存在的观点,来解释世界的历史性。非本真的此在把对象的历史性理解为现成在手状态的存在者的出现和消失,从而也按照那种模式来解释自己的生存——就像一系列瞬间一样,刚刚成为现实,接着就消失在过去之中。

因此,当在哲学中提出此在的历史性问题的时候,这个问题就被看作关于什么决定着一系列经验原子在时间中的相继性问题。这个问题对此在来说是不合适的,因为作为一个存在者,它在时间中的统一性是在生与死之间真正得到展开并被延展的。但对一个迷失在"常人"状态中的此在的生存处境来说,这个问题倒是一个适当的回应。因为,这样的迷失状态在某种意义上,就是在两可、好奇和闲谈的变动不居的形势中发生的自我动摇、自我湮没或被湮没的现象。在这种意义上,如果要从非本真的生存状态转化到本真的个体性的状态,就需要恢复统一性,重新振作起来。但是任何这样的转化都以对操心结构可清晰阐释的(articulated)统一性的理解为基础。这种统一性必须从内在地绽出的时间化的角度才能得到把握。因此，当对相继性问题提出要求的时候，在非本真的自我概念中存在着更多的真理颗粒：因为，无论一个个体是接受她以及她的人民的命运，还是相反地遗忘她的传统以及她的传统所开放的可能性，实际上，这都是她是否将获得自我稳定性的问题。但是自我稳定性不是自我认同。更具体地说，不是自我渴望或努力保持和自己的过去的一致性，而是它要在和自己的过去的差异中发现面向本真的未来的开放性：

> 作为常人-自我，此在不能够稳定地把它的"今天"当前化。此在在期待着最新的东西的时候就已经遗忘了旧的东西。常人逃避选择。由于对种种可能性视而不见，常人不能够重复曾在的东西，而是仅仅保持和接受曾在的世界-历史事物遗留下来的"现实的东西"、残余以及关于这些东西的现成信息。由于在使今天当前化的活动中迷失了自己，常人从"当前"出发来理解"过去"。……当……人的生存在非本真的意义上变成历史的生存的时候，它负载着已经变得不可认识的"过去"的遗产，去寻求摩登的东西。但是当历史性成为本真的历史性的时候，它就把历史理解成可能之物的"再现"，并且知道，只有在生存在决断的重复中的决定命运的瞬间向可能性开放的情况下，这种可能性才会再现。
>
> （《存在与时间》，第75节，第443页）

历史的教训

（第76—77节）

接下来，海德格尔把研究的重心从历史性转向了历史学（historiology），关于历史的科学。他的直接目的就是表明，仅仅是因为此在的生存是历史的，它才能从事历史研究。当然，在某种意义上，这个结论可以直接得出：如果此在的生存是历史的，那么它所做的任何事情都奠基在它的历史化之中，因此，木匠和音乐家的活动就和历史学家的活动一样也奠基在历史化之中。但是，在海德格尔看来，与这种活动相比，历史学与历史性有更加紧密和独特的联系。

如果现象的流逝是它们的世界的流逝的派生物，那么只有能够把世界和现象领会为过去之物的存在者，才能够对过去有所领会。这只有对那些它们的存在是世界性的并朝着过去开放的存在者才是可能的，也就是说，只有对人来说才是可能的：

> 我们向"过去"回溯并不首先从搜集、整理和保护（世界历史的）材料开始。这些活动预先就把朝向曾在此的此在

的历史存在假定为前提，也就是说，它们预先就把历史学家生存的历史性假定为前提。

（《存在与时间》，第76节，第446页）

换句话说，此在和过去打交道的能力依赖于它的历史性；历史学的这种可能性依赖于人的存在方式的历史性（以及时间性）。

但海德格尔所绘的图画要比这复杂得多。因为各种对象、事件和制度的历史性本身就是此在的历史性的派生物。它们的过去依赖于一个过去的此在的世界，反过来，这个世界依赖于此在曾在特定的时间以特定的方式生活在过去。因此，历史研究的真正最重要的对象就是此在本身——作为过去的此在：借助于现存的此在的活动，各种历史遗迹和记录实际上都可能成为揭示曾在此生活的此在的具体材料。揭示过去就是揭示过去的一个世界，因此也是对那个世界的过去的揭示的重新揭示。投身于历史中就是在-世界-之中-存在恢复或重新创造一种在-世界-之中-存在的过去的模式。从事那种历史工作恰恰意味着捕获在-世界-之中-存在的真正所是的过去的模式——意味着从曾经流行的人的生活形式所真正具有的潜在可能性和局限性的角度来领会过去。

相应地，历史研究的真正对象不是过去时代的诸多事实，而是一种可能的生存模式：真正的历史关心的不是现实性而是可能性。但是对曾在此存在的东西的真正揭示，对过去的生存可能性的真正潜能的恢复，正是海德格尔把其作为本真的人的历史化的核心而不断加以（补充）描述的东西。理解曾在此的处在其本真可能性中的此在，恰恰就是重演它的世界性的生存模式——使其作为某种东西能够流传给当前处境中的此在。

这意味着，本真的人的生存预设了本真的历史学的存在。因为，如果此在只有借助于重演继承下来的某种生存可能性，才能作为本真的历史化而生存，那么，无论它选择（践行）哪种生存方式，它必定能够从它过去的文化中发现其本真的特征。无论此在是作为一个历史学家、一个木匠，还是作为一个音乐家本真地生存，它只有借助于拥有或利用真正的历史学家的技能，才能这么做。由于本真的时间化要把它从常人沉沦的匿名状态中拉扯出来，由于它以真正命定的未来的名义对可选择的各种生活方式的肤浅阐释，它对当前的批判必定为对真正的生存可能性的（遗产）传统的揭示所引导。一个个体和一个社团都能在这个传统中筹划那个未来。但是这样的揭示正是一种得到恰当指导的历史研究独自就能够提供的东西。

然而，如果本真的历史化预设了本真的历史学的存在，那么本真的历史学也预设了本真的历史化的存在。为了实现历史研究的真正的潜能，历史学家必须借助于重复来揭示处于其本质的可能性中的曾在此的此在。但是任何这样的重复必须得到朝向过去和未来的相应的开放性的本真模式的引导：去揭示它真正所是的那种过去的可能性也就是把它作为某种东西展露出来，而不是把过去象征性地带到当前。除非根据作为个体的某人的命运及其所属的共同体的天命来把握未来，否则任何这样的想把握过去和当前的真实特征的果断的要求都得不到兑现。因此，如果一项历史研究就是去揭示当前的真正的传统，从事这项研究的那些人必定体现了一种本真的人的历史化的模式。

海德格尔认为，真实的历史允许过去、现在和未来相互回应相互阐明，因此，真实的历史同时既是对预期的决断的公开，也是为预期的决断所作的准备。通过本真地从事她的工作，这个历史学家就揭示了过去，这个过去包含着她现在的真正具有的潜在可能性，因此这个过去为她和她的共同体准备了与她们的命运作斗争的方式。但是，由于她自身是一个历史化的（时间化的）存在者，她对历史研究对象的选择将为她对当前和未来的关切所决定。因此，她的把握和揭示某种过去可能性的能力——这种可能性体现着她的共同体的最好命运——就预设了她对自己的现在已经有果断的把握，对自己的未来已经有了预期的把握。

只有实际而本真的历史性作为具有决断特征的命运，才能够以这样一种方式把曾在此的东西的历史揭示出来：可能之事的"力量"在重复中得到领会并强行进入人的实际生存之中，也就是说，它在它的未来状态中走近那种生存。

（《存在与时间》，第76节，第447页）

如果历史化和历史学在互为前提的循环中是相互关联的，那么这种循环或者是恶性的，或者是良性的，二者必居其一。或者本真的历史化的缺席阻断了本真的历史学的可能性，由此更进一步恶化；或者本真的历史化的在场导致本真的历史学的产生，由此更进一步加强了它自身的现实性，扩大了它的活动范围。但是这种循环暗示着一个矛盾：本真的历史化以本真的历史学为前提，但是只有本真的历史化的此在能够从事本真的历史学研究，那么本真的历史学究竟如何能够开始？直接的答案是：那个历史学家放弃把死亡作为自己最本己的可能性，从而她就被引向了她怀着预期的决断奉其一生要从事的工作。那么，她将领会到她接受个体命运的能力和接纳自身天命的她的共同体是不能分离的。而且，她还将领会到，只有她和她的同胞拥有的那些技能得到成功运用，它们的运用所取得的成果得到广泛传播，这种共同的接受才得以可能。换句话说，允许此在窜入本真的历史学和本真的历史化之间的循环的东西正是让任何一个人的生活具有本真性的东西：良知的声音的穿透力，当此在面对它自身的有限性的真实深度时所引起的缄默的焦虑。

但是，这使我们回到了我们考察海德格尔对良知的分析时所诊断出的那个矛盾。如果非本真的此在压制了自身朝向本真性的能力，它如何能发出或听到它的良知的召唤？这种召唤是那种受压制的能力发出的声音。我的建议是修正海德格尔的分析，从而允许良知的声音从外在的根源中发出来，从他人那里发出来，这个人对她的对话者克服她的非本真性，并把她过一种真正的个体生活的能力解放出来感兴趣。这个人准备为她提供一个具体的例子，让她知道这样的一种本真生活的模式可以是什么样子。在那个早期阶段，我不得不承认海德格尔似乎明确地抵制这种修正。但是这种修正却和他关于良知的声音事实上所说的东西吻合得天衣无缝。

现在，我认为我们能说，海德格尔对历史性和历史学的讨论是有意地让他自己真正投入寻求解决这个矛盾的活动之中。因为他突然通过援引其他思想家的许多重要思想结束了讨论（在《存在与时间》当中，这是独一无二的）。尼采作为那个人登上了舞台。尼采对"历史学对生活的利弊"的分析潜在地包含着海德格尔分析的核心思想。更重要的是，这一章在结尾处用了六页的篇幅来讨论狄尔泰和瓦堡的约克伯爵关于一般的人文科学以及具体的历史科学的看法并给予了高度推崇。

深入地考察一下这个最后出现的讨论，它在书中的位置以及它的结构和内容让人颇难理解。首先，假定海德格尔在讨论中正确地再现了狄尔泰和约克的思想，没有在这一章前面确立的结论上面增加新的东西，那么这至多仅仅表明这两个人的作品已经以隐晦而间接的方式指出了这些结论。其次，海德格尔阐释约克，是为了理解狄尔泰著作的深层含义，尽管这是一个事实，但是海德格尔从约克给狄尔泰的信中拣出许多片段作为引文，这些引文都带有批判的色彩。再次，讨论关注的是一些非常不重要的文本：不是去考察狄尔泰的更加著名的著作。海德格尔把注意力放在了约克身上，而且是放在了约克的信上面。最后，海德格尔的声音在结尾处的这几页中事实上却消失不见了，它所自称的对狄尔泰和约克思想的讨论实际上仅仅来自约克的一系列引文。

然而，如果我们把这个讨论置于关于良知的声音的上下文中，这些困难就消失了。海德格尔正在提供的是一个良知的声音如何能中断历史性的例子。援引约克给狄尔泰的信代表着海德格尔为了他的朋友的利益所做的努力。海德格尔努力指出它通过详尽阐述他那些最接近被约克视为这些事实的真理的观点，如何可以脱离对历史学和历史性公然的非本真理解。因此，海德格尔的批评不是强加的、不着边际的外在批判（这将导致他不能维护他的朋友的自主性），而是使自身适合狄尔泰自己的世界观的那些方面所设定的标准。狄尔泰的世界观的这些方面最具有进行积极的内在发展的潜在可能性。通过表明自己揭示出了那些已经蕴涵在狄尔泰自己作品中的思想,实际上,作为他的朋友的最好阐释者,约克表明了他自己的立场并不是依赖于很高的专业技能作为基础。相反,他指出如果不站在他朋友的肩上,他就不能从他对朋友的批判中确立自己的立场。在这种意义上,约克努力让狄尔泰接近的立场正是狄尔泰自己最好的可能性——他的没有达到的,但可达到的自我。[1]

从更一般的情况来说,这意味着,在人的生存的各个领域,包括历史学,对本真性的追求本质上都是历史的。约克对关于历史科学和人的生存的生存论真理的进一步追求,本身就是批判地(接纳)占有由过去所揭示的可能性的结果。约克的立场是在当下瞬间中重复过去的结果,作为历史学家,当下朝向他的最好命运,朝向他作为成员的这个学科的最好命运,朝向这个学科作为其重要组成部分的这种文化的最好命运。

把这些看法放在一起,约克的例子最终所表达的意义是,对一个历史学家来说,成为本真的就是依照良知的声音的指示对待历史学及其文化的过去(因此也同样地对待现在)。作为一个历史学家,怀着预期的决断工作,就是从自己最好的可能性角度批判过去,为了从其命定的未来的角度,把当下激励起来。因此,约克的例子证实了对过去的真正重复不仅仅是对过去的重述。这正是因为这个历史学家的处境不同于那些生活在他设法去理解的过去世界中

---

[1] 这标志着另一点,在那里,我坚定地信赖卡维尔(Cavell)所提出的完美典范,这种信赖使我发现他自己的术语对我的目的来说非常上手。参照卡维尔的卡鲁斯讲座(Carus lectures),《漂亮与丑陋的根源》(*Conditions Handsome and Unhandsome*)(芝加哥:芝加哥大学出版社,1990)。

的历史学家的处境。他对过去的把握绝不会和他们的完全一致。但是仍然存在着一种对他们所理解的东西的理解（由于它揭示了内在于它之中的可能性）。

但是，在历史学中良知的声音以及一个历史学家本真地实现他的历史性的例子，毫无疑问，就是海德格尔提供给他的读者的例子。海德格尔这么做，是通过把约克的立场阐释为一种未被澄清的预兆，它预示了海德格尔自己的洞见。换句话说，通过把他对狄尔泰和约克的讨论放在他对历史学和历史性的研究的末尾，他就把约克正好放在了约克自己把狄尔泰所置于的那个立场上。海德格尔潜在地批判了约克，但是这种批判把自身看作内在的批判，致力于表达出约克自己最好的可能性，以至如果没有约克自己的工作和例子，海德格尔自己将不能进行这样一种批判。因此海德格尔就把自己看作良知的声音提供给了约克，而且把自己的做法当作本真历史学的一个例子（有人通过恢复／揭示过去的丰富的可能性），甚至从私人通信这样没有什么利用价值的边缘性文献中寻求这种可能性，来使历史这门学科的面貌焕然一新，从而在此基础上筹划这门学科的未来），从而也把自己看作一个努力亲近并丰富他的文化的一个例子。海德格尔努力把历史学从他当前对自己的过去的遗忘状态拉扯出来，把它唤醒，让它面对自己的命运。但是，在这么做的过程中，海德格尔含蓄地承认他自己关于历史学和历史性的最好洞见并不完全来自他自己的努力。他把狄尔泰和约克看作良知的声音，把他从非本真状态唤醒。因此，他通过含蓄地否认自己在个人优越性或专业知识方面占有更高的位置，既让他含蓄的断言在读者面前更加明确地成为本真的良知之声，也避免了指出他的读者在某种意义上，相对于他处在一个劣势的位置上。其实，这个说明似乎是为了适合他前面对良知声音的讨论，这样一个说明也意味着，对于那些他召唤来并声称当作朋友对待的读者的自主性，他并没有给予足够的尊重。因此，我们可以推断说，关于良知声音的例子，我们前面所提供的修正，仅仅是对海德格尔自我批评的一种期望。甚至，即使是作为《存在与时间》的作者，他也不能够完全凭借自己的努力逃脱非本真状态。

然而，当我们引入朋友的思想来解决非本真的此在进入本真状态的问题时，我注意到此在显然把他试图努力解决这个问题的任务转移到了朋友身上。因为，如果非本真的此在向本真状态的转化以一个朋友为前提，那么那个朋友如何获得本真性？海德格尔对狄尔泰和约克的讨论暗示了下面的回答：借助于另一个朋友的干预——约克能把海德格尔看作朋友，因为他被狄尔泰当作了朋友。但是这样一条友谊链，肯定必须有一个开端，有一个最初的联系。最初的那个朋友将必然是一个没有扮演朋友角色的朋友，是一个设法进入本真状态却没有得到帮助的那个人。但是，正是如此自我克服自愿承受的迷失状态的不可能性，首先引出了我们的问题。

这个担心是不合适的。只有在一个人们普遍并绝对地生活在非本真状态的世界里，才将需要一个最初的朋友或一个以自己为朋友的朋友。海德格尔关于人的生存的概念既不包含也不允许这样一个可能性。海德格尔确实宣称在常人－自我中的迷失状态是此在最典型的状态，甚至此在内在地就倾向于处于沉沦状态之中，因为它的社会角色在本质上是没有个人色彩的。但这使达到本真状态变成了一项珍贵而易失的成就，而并不是一项不可实现的成就。存在者对自己存在的理解必然地归属于自己的共同体，任何这样的共同体都不可能完全失去能够达到本真状态的自我感觉。无论是在被忽视的文本中，在毫无生气的机构中，还是在被边缘化的个体身上（像狄尔泰和约克），只要人们去做，那种自我阐释的某些遗迹就将生存下去，从而使友谊的链条自身得以维护和发展。因而，良知的友谊模型并不要求一个以自我为朋友的朋友发出那种自我挫败的祈求。人的世界绝不可能完全没有摧毁非本真状态所施加的压制的能力。

论时间之中的存在

（第78—82节）

在最后一章，海德格尔通过把他对时间的生存论的领会与那种不仅仅在此在的日常生活中，而且在许多致力于把那种生活的基本结构理论化的学科中盛行的时间观念联系起来，结束了他的分析。例如，在日常生活中，我们把存在者看作在时间中遭遇的东西，我们描述我们自己活动的方式就意味着时间是我们能拥有和失去的东西。这些观念都暗示着时间是客观的东西，或者是事物融于其中的某种媒介，或者是我们能把握、占有或失去的某种物质或属性。这与关于时间性的生存论概念相冲突。这种时间性的生存论概念是作为操心的此在存在的存在论基础。此外，哲学中流行的时间概念（在海德格尔看来，其根据仍在亚里士多德的工作中）把时间刻画为前后相继的自我充实的单位，一系列"现在"的时刻点。这些作为时刻点的"现在"来自未来，向个体展示自己，消逝在过去之中。这显然和被理解为分环勾连的（articulated）绽出统一体的时间性生存论概念相矛盾。然而，如果人的所有生存模式都奠基在时间性中，那么那些接受平均化的日常时间观念的人的生活以及被时间理论的专题化和发展设为前提的阐释结构，必定是时间化的模式——无论多么非本真。但是对那些和时间的关系正是海德格尔一直所宣称的那种关系的存在者来说，如何可能恰恰在这些方面误解他们自己生存的本性？这样的误解如何可能得到发展？他们的生存论的现实化如何能从时间性的角度得到理解？

我们对时间的日常理解以我们用时间性的术语定义事件和其他现象的方式显现出来。我们说事情现在发生了，我们说某事尚未发生但将要发生，我们说事情以前或在先前的某个时候发生过。很清楚，这三种指示时间的典型模式形成了一种单一的相互关联的框架——海德格尔称之为"可定期性"（datability）：被等待或期待发生的事情（在某一时刻）的确发生了，随后，这件事情作为在那个先前的场合发生的某事被提及。但是，时间的可定期性至少潜在地是以当前的时刻"现在"为基础的："以后"被理解为"现在尚未"，"在先前的那个场合"意味着"现在不再"，这是因为，在日常生活中，此在特别关心环绕在他周围的那些存在者，它关心对它的工作而言那些存在者作为用具是否上手。因此，此在非常自然地首先被引向了它当下所关心的事情。未来和过去之事首先被看作将是或曾是现在关注的现象。

然而，可定期性并不直接意味着把时间仅仅理解为包含着一个前后相继的时刻或瞬间的序列。因为各项工作所占用的时间段（period）就等于它们所占用的时刻。当我们说没有时间做某事，或者说在做某事时记不清时间，我们就清楚地表达了一种对时间的感觉，时间是某种包含着许多时刻、能持续的东西。而且"现在"所意味的东西将随着我们当前所从事的事情经常发生改变——"现在"

可以指火柴划燃的瞬间，也可以指在餐馆吃晚饭的那几个小时。时间的可定期性和延展是公共的。当我们说某事现在正发生时，我们所指出的时间别人同样也可以指出：第二次世界大战的开始时间，晚餐会上甜点的时间，某人修理她房顶的时间——这些事件不是私人的或内在地就是主观的事情，而是公开的争辩与协调的产物。正是这一点为我们日常的时间感觉牢固地奠定了基础，我们日常把时间看作某种客观或自主的东西——一种我们调整自己去适应而不是强加在我们的经验之上的相互指引的框架。

因此，日常时间的这三种关键因素是紧紧地纠缠在一起的。至少前两个因素可以被阐释为植根在时间性之中。可定期性的这三个纬度内在地相互关联，正是这一事实反映了时间的三种绽出方式是相互分环勾连、相互阐明的。同时时间是可定期的或可被度量的这个观念表明这样一个事实：此在的生存就是在过日子中延展和被延展。然而，指出这两种观念间在结构上的相似不等于在后者的基础上提出了前者的一种派生物——并不等于提供了一个证明，只有把时间理解为时间性这样一种对时间的生存论领会，才能够揭示日常的时间观念。那么，时间内在的公共本性是什么呢？我们借助于时间的可度量性为自己定位的可能性，我们在和世界打交道的过程中遭遇时间的那种表面上的能力，如何与此在存在的时间化的根基发生联系？海德格尔的回答利用人的生存内在地具有的世界性，就此在关于时间的看法，提出了一种高度思辨而颇具说服力的发展简史——可以称之为一种有自我设定标准的年代学的神话。

根据这个神话，此在对时间的最原始的看法是天文学的。这是因为它的存在就是操心。人总是已经被抛入世界中，并且迷失在对它在那里所遭遇的存在者的沉醉中。人们根据自己的工作或计划和那些存在者之间所具有的可能的或实际的因缘,和存在者联系起来。但是,如果他们对自己的工作世界没有了解,他们就很难从事实践活动。因此,他们必须考虑黑暗与光明的周期,等待着黑夜的离去、黎明的降临。这意味着黎明和傍晚被当作开始工作和休息的时间:

> 此在给它必须占有的时间定期,并且根据它在世界中所遭遇的东西来给时间定期……这种定期活动认为时间和此在的具有寻视特征的能在-世界-之中-存在具有某种独特的因缘关系。操劳活动利用了发送着光和热的太阳的上手存在。太阳给在操劳活动中被解释的时间定期。在这种定期活动中,就产生了最"自然的"的时间尺度——天。
>
> (《存在与时间》,第80节,第465页)

因此,日常生活中所考虑的时间周期本质上是以天为计算单位的——天的循环、月的循环以及一天当中的区分都是根据太阳在天空中的运行规律来度量的。因此,日常此在以天为单位度量时间循环的特征就体现了一种明确的周期性。由于这种时间度量方法的基础是天文学的,它内在地就是公共的:太阳的升起、运行和下落并不只针对任何具体的个体或工具世界。实际上,太阳是此在最原始的时钟。但是这种把时间看作公共的、可度量的思考时间的模式和此在的筹划有明显的关联。人们重视太阳的位置,是因为太阳发出的不同程度的光和热分别适合从事不同的工作。夏季的清晨最适合收割，但一个冬季的傍晚最适宜牧牛。因此，对太阳的思考就以"何所为"和"为何之故"的关系组成的关系网为前提，这张关系网构成了人与人之间的意义结构，奠定了此在所有实践活动的基础——世界的世界性。换句话说，此在所思考的时间内在地就是世界性的——它是世界时间。

因此，第一时钟变得可以理解，仅仅因为人的生存内在地就是世界性的，就是和存在者相遭遇（encountering）的问题。太阳是一个时钟，这个时钟作为大自然和共同的社会环境的上手存在的一部分，总是已经向存在显示出来了。人的世界性以操心结构为基础，操心结构本身以时间化的时间性为基础。简言之，一支时钟的可理解性不是时间的前提条件，而人的时间性是任何一种时钟-时间的前提条件。

在海德格尔的神话中，时钟-时间的所有未来的发展形式——太阳影子的使用、日晷、时钟和袖珍表、数码和原子钟——都建立在由太阳首先作为时钟所确立的可定期性、时段性（spannedness）和公共性的基础之上。甚至测量时间的方法，即使没有明确地参考太阳的运行，也必然利用了有关自然世界发展过程的知识。自然世界首先是由这一自然时钟照亮的，并与这一自然时钟同时显现出来。从而，日常时间内在的公共本性进一步得到加强。但这不是通过把时钟-时间和它的世界性分离，而是依赖那种联系实现的。对电脉冲或原子核的衰变的计算必然依赖于人对其世界的揭示。因此，所测量的时间相应地也必然是世界时间。这样的计算模式预设了时间的内在世界性为其前提，从而它们也预设了作为在-世界-之中-存在的人的生存在本质上所具有的时间基础为其前提。

这意味着日常的时间观念（无论其所涉计时方式在技术上如何先进）与设为前提的生命的理论化和形式都是此在三重绽出的时间性的具体形式的再现。但是，如果操心结构的每一种模式或者是本真的或者是非本真的，那么每一种模式时间化的方式必然相同。按照海德格尔的说法，这种相同的时间化的方式是一种深度的非本真的状态——反映了此在在"常人"中的迷失状态。相关的可定期性的模式具有持续和公共的性质。但是它的公共性被看作某种完全对象化的东西——在世界中遇到的东西，人必须和其照面的东西，这种东西和他们自己的生存论基础没有任何关系。相似地，它的可持续的存在首先是在和完成一项任务所需要的时间段的关系中被理解，而不是被理解为某种在根本上和此在在过日子中被延展的生存息息相关的东西。因此，时间的周期性就和此在设法确立和维持自我稳定性的根本问题分离开来了。平整或压制作为实践性的时间的真正意义的各种方式都是日常时间的可定期性的基本形式的派生物——它赋予"现在"以优先性。

像我们前面说到的那样，"然后"和"在先前的场合"都是从现在的角度得到理解的——前者被看作"现在尚未"，后者被看作"现在不再"。这等于强调当前的时间绽出过程，并且强调以使某物当前化的方式实现这一过程。在当前化中，某物连同对过去的遗忘和未来的期待一同显现出来。迷恋于这种可定期性模式的人们完全沉浸在他们当前所关心的对象中，因此当他们完全从对当前所关心的事情是否有用这一点出发来理解和把握事物时，那些当前不再存在的东西就被弃置不顾了（由于对当前所关心的事情没有用处）。因此，未来的意义以及过去还有无意义，就单单由他们当前所关心的事情决定了：过去瞬间被抛弃，未来越来越急迫地（但越来越毫无迟疑）迎合当前的需要。结果是自我的个性有效地消融在当前所迷恋的工作公开提出的强制性要求中：

> 非本真生存的无决断状态是以没有等待但有所遗忘的当前化的方式使自己得以时间化的。无决断的人根据他在这样一种当前化的方式中所遭遇的那些以各种各样的方式涌上前来的最切近的事情和事故来理解自己。他在繁忙中把自己迷失在所操劳的对象中，从而也把自己的时间迷失在其中。
>
> （《存在与时间》，第79节，第463页）

在这里缺少的是，在瞬间中并且作为瞬间和当前发生关联的可能性，缺少的是对作为生存选择的背景，以及作为过去重复的舞台的自身资源的把握。这种极具穿透力的对过去的重复，可以把真正但却隐藏着的未来可能性解放出来。接受这种时间化模式的人，受先行决断支配的人，就不再把时间性平整为时间，从而把自己从"常人"的迷失状态中拉扯出来，通过拥有处境所要求的时间，并一直拥有它，就重新确立起自我的稳定性。但是沉浸在日常时间观念当中，并以这种观念来生活的人，就完全封闭了自己理解时间及其与时间的关系的任何可能性。按照日常时间的可定期性、时段性和公共性来生活就是一种时间化模式，这种模式压制人理解自身的可能性。

相应地，当对时间的理解作为专题研究的任务出现，并在哲学这样的学科中来进行这种研究的时候，甚至连日常时间的基本结构也被忽视了。因为任何想成为研究时间的哲学家的人，都自然地从她最熟悉的思考时间的那种模式中（从她寻视操劳着的钟表的使用中），也即从对钟表使用的关心中抽象出自己关于这个话题的观念。由于这些钟表都典型地与自然和太阳无关，我们能够获知时间的最重要的东西似乎是我们把一个运动着的指针所处的位置当前化。这个指针沿着一系列有秩序的位置在一个刻度上运动。但是，当一个人根据这样一个指针来报告时间的时候，他就以这样的方式来处理一系列前后相继的"现在"：他将说，"现在在这儿，在这儿"，等等。因为这时把时间看作"自我充实的现成存在的现在"的连续流的时间观念就出现了。在公共的工作世界中，这种观念没有成为我们非专题化的思考时间的一部分。但是，当我们把时间本身专题化的时候，在公共的工作世界中，在使时间计算的方式更加上手方面所取得的进展（钟表的发展），使这种观念几乎不可避免。当我们这么做的时候，不仅奠基在时间化之中的钟表时间的观念，而且公共的分时段的可定期的时间观念也受到压制。因为时间的可定期性预设了它的三种维度的相互关联以及它们的结构的因缘联系为前提（"那时"既意味着"现在尚未"，也意味着"我努力的那个时候"）。但是没有任何原子化的瞬间的序列能够展示这样的相互关联状态和意蕴。

因此，在哲学传统中，甚至一种对日常时间的准确理解，更不用说一种对作为时间性的生存论时间观念的恰当理解，都被遮蔽了。海德格尔把亚里士多德和黑格尔对时间及人与时间的关系的分析提出来，作为这种压制的典范。这标志着此在更加普遍地具有曲解自己存在的倾向。这一倾向派生于作为操心的此在存在的本性。因为此在倾向于用和它最熟悉的东西相适合的语言，来阐释它需专题研究的事情，也就是说从上手状态和现成在手状态的角度着手进行阐释。就像存在者的上手状态被平均化的日常此在从现成在手状态的角度错误地阐释一样，时间的命运也是如此：

> 因此"诸现在点"也以某种方式一道现成存在：也就是说，存在者被遭遇，而且"现在点"也被遭遇。尽管没有明确地说"诸现在点"也像许多物一样现成存在，但是在存在论的意义上仍旧可以在现成性观念的视野中"看到"它们。
>
> (《存在与时间》，第81节，第475页)

关于这种理解时间的方式，当然，只有两种方式可以理解它的存在论地位。或者就像物质对象一样，是客观的，或者就像心理体验一样，是主观的。在世界中，现成存在，或者在自我中现成存在。然而，对海德格尔来说，时间既是客观的也是主观的，但根本不是哲学家们想象时间的方式。在时间内在地是世界性的意义上，它是客观的。世界时间比我们在世界中可以碰到的任何东西更加客观。因为世界时间是在世界中和存在者相遭遇的可能性的绽出视野上的条件。在它的世界性的存在论根基在人的存在方式之中的意义上，时间是主观的。时间比个体心理生活中的任何事情更加主观，因为时间是其存在是操心的任何存在者生存的可能性的条件。

鉴于此，非常清楚的是此在和它所遭遇的存在者处在时间之中（由于存在者们在他们的来来往往中是可定期的，此在在时间中

延展自身）；同样清楚的是它们也不处在时间之中（由于存在者的　206
可定期性在存在论意义上是从此在存在的时间性中派生出来的，此
在存在的时间性意味着此在就是时间或作为时间而生存，而不是生
存在时间之中）。换句话说，只有把时间的生存论基础解释为时间
性，才能避免陷入恶性的具体化和抽象的主观意义的两难境地，从
而把握世界时间的潜在结构。只有把人的存在方式解释为时间性，
才能说明在哪种意义上人及其所遭遇的存在者处在时间之中或不处
在时间之中。

第八章

第二部分的结束：哲学的结局
——《存在与时间》的视野

(《存在与时间》，第83节)

人的存在与一般的存在问题

海德格尔把时间性作为人的存在方式的基础揭示了出来。通过绝对清楚地表明这种揭示既是一种终结也是一种开端，海德格尔结束了他对人的存在方式的现象学研究。这种揭示是一种终结，因为它为海德格尔一直讨论的人的生存的本性提供了最基本的理解。在五百多页细致的讨论中，他认为此在在本质上是世界性的，这种世界性奠基在三重的操心结构之上，这种操心结构本身又奠基在时间性的三重绽出的时间化之上。但是这种对此在的有条件性或有限性的分析绝不是在自身当中的一种终结。相反，通过这种分析，海德格尔提出了更广泛更基本的一般意义上的存在意义问题。《存在与时间》以重新提出这个问题的方式结束。

海德格尔把对人的生存论分析看作详细讨论一般的存在意义问题的一种方式。对此做法，海德格尔提供了三个理由。人在他们的存在中和其他存在者相遭遇，命中注定要把自己的存在作为一个问题来面对，因此，他们在所做的各种事情中就和存在有双重的关联。由于对存在意义的任何研究本身都是人的生存的可能模式，对它的局限和潜能的恰当理解要求对人的生存本身有一种先行的

（prior）把握。像海德格尔所称的，此在在存在者-存在论层次上的这种优先性意味着对人的生存的研究不仅仅是提出一般的存在意义问题的方便出发点，而且是不可缺少的。

然而，出于同样的理由，甚至对此在的存在意义问题的暂时回答本身也不等同于对一般的存在意义问题的回答。这两个问题是内在相关的，但不完全等同。后者要求对它所是的潜在的差异性统一体做出说明，这种说明通过任一存在者在其存在中的展现而展现出来，而不仅仅局限于其存在是此在的存在者。尽管如此，由于人能在其存在中把握任一存在者，对这种能力的存在论基础的领会至少可以让我们能以更加丰富的方式提出存在的意义问题。在这种意义上，对此在的存在论分析把我们放在了回答海德格尔最初所关心的那个问题的道路上。当然，有成效地提出这个问题所要求的关键术语是时间，或者具体地说，是时间性。

像"存在"这样的东西是在存在领会中被揭示出来的，这种存在领会作为领会属于生存着的此在。存在尽管不是从概念的意义上被揭示出来，但它是以一种先行的方式被揭示出来的。这种先行的揭示使此在能够作为生存着的在-世界-之中-存在来对待在世界中所遭遇的存在者以及像它本身这样生存着的存在者。这种具有揭示作用的存在领会对此在来说究竟是如何可能的？回溯到对存在有所领会的此在的源始的存在建构能够回答这个问题吗？此在的整体性的生存论-存在论建构奠基在时间性之中。因此，绽出的时间性的某种源始的时间化方式必定使一般存在的绽出的筹划得以可能。如何解释时间性的这种时间化方式？有一条从源始时间通向存在意义的路径吗？时间自身把自己作为存在的视野显示出来了吗？

(《存在与时间》，第83节，第488页)

当被作为专题加以研究的时候，此在对存在的领会，对其世界的开放，被表明依赖于操心结构。反过来，操心结构又奠基在绽出的时间性中。世界的视域结构（存在作为这种或那种存在者的存在在其中展现自身的不可穷尽的自我遮蔽着的澄明之境）奠基在时间性的视域结构中（在那三种相互关联的时间模式中，此在不断地出离自身）。时间性是在其存在中把握存在者的可能性的基本条件。海德格尔在这里不是把存在和时间相等同。他的书表明时间性是此在在存在者的存在中领会存在者的基础。在其存在中对存在者的领会不同于对存在的领会，更进一步，对存在的领会也不同于存在本身。然而，存在与时间也不能完全区分开，因为存在观念和存在者身上展现的对存在的领会的观念是内在相关的。除非作为这种或那种存在者的存在，否则存在本身绝不会被遭遇。就任何试图回答存在意义问题的努力都将是具体某个人的行为而言，它必须阐明对存在意义的理解。因此，海德格尔通过以他对此在的生存论分析所建议的形式，也即通过追问时间是否作为存在视域展现自身结束了他的书。

这样一部复杂、紧凑而难懂的著作却以提出他开头已经提出的那个问题作为结尾，而没有展示回答这个问题的任何努力。对它的读者们来说，发现这一点似乎是一个非常没有意义的结论。但是，作为一个整体，在重提这个问题的道路上这本书提供了大量关于人的存在模式的信息。其中的某些信息已经表明《存在与时间》必将以这种方式结尾。首先，作者和读者一直在通力合作，一起从事存在论的探究，发展出一种具体的存在阐释，存在在此在中并通过此在展示自身。根据这种阐释，一般而言，阐释活动都在解释学的圆圈或螺旋中运动。但是这意味着，不仅解释学工作的开始没有一个无须解释的出发点，而且解释学工作也没有一个确定的终结。在阐释之中的任何文本、行为和时间都是由对象和活动组成的复杂网络中的一部分。反过来，这个网络又建立在不可还原成一系列有限元素或规则的意蕴结构的基础上。因此，在阐释活动中，每前进一步，必然就打开了需要做进一步探索的新意义领域。在这种意义上，阐释本质上是视域性的。因此，在原则上，不能够获得一个绝对的完成。的确，如果阐释不可能有绝对的终结，那么一个文本以提出更深入的问题作为结束，这个事实并不表明这个文本在根本上是不完整的。因为，如果不存在不再进一步提出问题的结论，那么，一个阐释性文本最终提出一个问题，并不能表明它没有达到一个结论，或者没有给出一个非常恰当的结尾。因此，对海德格尔来说，如果不是通过提出他对此在存在的阐释所打开的新的意义领域，而是以其他的方式结束他的著作，那将导致他的文本的形式和其内容相矛盾，从而形式要对内容提出抗议。

然而，即使我们接受这一点，我们或许认为，从他的文本的结尾处可以看到的探索新领域的任务就是海德格尔最初的任务。因此，我们或许很想找出海德格尔以同样的方式（学者们的论断，没有曲解）所写的其他文本。像我在导论中提到的那样，可以有根据地断定1920年以后的许多文本,为海德格尔在对他的计划的公开描述中所提到的,但在《存在与时间》中没有出现的四个部分提供了基本的元素,但是同一时期也存在一些文本——(最明显的或许是他在弗莱堡大学的就职论文,标题为"什么是形而上学?")——明确讨论并仔细地研究了它们之间的某种联系。我们一直认为这种联系潜藏在《存在与时间》之中并深刻地决定着《存在与时间》的进展。因为,如果此在是存在对其是个问题的存在,如果在此在的存在和无性(nullity)之间、在否定和虚无之间有一种神秘的关联,那么在此在和"无"(the nothing)之间必定有一种密切的亲缘关系。

然而,正像我们在第五章中清楚地看到的那样,海德格尔对存在和虚无之间内在关系的认识,也使他认识到这种关系把对此在的存在进行现象学分析的可能性置于疑问之中。因为虚无既不是一种现象也不是逻各斯——既不是一个按其所是可以向我们显现的存在者,也不是可能的话语行为的对象。在《存在与时间》中,海德格尔对这个问题的回应是努力把虚无描述成现象学描述所不能及的东西——此在通过理解和质疑在存在者的存在中把握存在者的可能性的不可描述的条件。海德格尔把第二部分的描述指向第一部分之外的地方,目的在于达到这个目标:它既没有认同被第一部分忽略的此在存在的某些具体特征,也没有以更加具有存在论特色的强有力的方式重述第一部分关于此在存在的结论。相反,第二部分一再地让我们面对在第一部分中对每一个因素的分析所具有的不可描述的视野。在这方面,第二部分没有简单地阐明那种解释学的洞见。关于此在的存在,不管我们说了多少,总有更多的东西可以说。相反，它展现了这种思想：关于此在的存在内在地就是神秘的——必然有某种东西超越了那种存在者本身的把握，因此必然超越了任何对其存在的生存论分析的把握。

就海德格尔而言，人们可以说，任何一种对此在存在的恰当描述都必定意味着要不断或彻底承认这种描述所必然具有的缺陷。因此，在第二部分中他大胆地自我颠覆性地谈论不可能的可能性，谈论不可偿还的债务和沉默的声音，谈论没有反复的重复。因此，他强调此在的自我超越性，强调它的非自我认同性，强调它没有和自身保持一致的能力，强调它本质上的绽出的统一性。但是，此在存在的这种内在地充满神秘的意义将使这种想法不再孤立：更进一步进入由第一部分开始的理解的循环或许让我们更深刻地把握那种存在。相反，它将指出，我们有必要去确定现象学分析所揭示的神秘之物是真正神秘的，并且不仅仅标示出了现象学描述的局限性。那将意味着，要对处在此在支配之下的描述手段进行更加明确的反思——或许通过更仔细地考察语言的本性，或许通过考察人的各种各样的语言学的和非语言学的交流模式，或许通过塑造哲学话语的各种各样的替代模式。塑造哲学话语的替代模式是为了发现当现象学努力去探索（现象学所称的东西）此在的存在以及存在本身的时候，是否每一个此在都命中注定了要以现象学的方式颠覆自身。那些熟悉海德格尔所谓"转向"之后的作品的人或许认为这些可能性之中的每一种可能性在那么多文本中都变成了现实。

从《存在与时间》开放式的结尾中可以得出一个更深刻的寓意。要欣赏这个结尾，我们必须回忆起海德格尔对什么可以构成人的本性的讨论，我们必须把那些讨论的结果应用到当前正在阅读哲学的我们身上。我们回想起用来形成我们正在阅读的这个文本的那些话语自称就是对哲学良知之声的表达。因此，我们可以这样来理解它的作者：他并没有提出一个他想在其他的某时某地以其他的语言给出答案的问题，他提出的是他期望我们去回答的问题。毕竟，提出了一个非常典型的问题，因为提问者希望听者提供答案。这绝不是说所有的疑问都是出于修辞的需要，或者仅仅为了提问者可以提供答案才被提出来。就像海德格尔把自己在哲学中的角色看成良知的声音一样，他最重要的责任就是恢复他的读者的自主性，努力使他们脱离对传统及其同时代人的（deliverances）绝对依赖。如海德格尔仅仅用他的依赖代替他们先前对别人的依赖，那么他将几乎不能负起那种责任。换句话说，他以一个问题来结束《存在与时间》的理由当中，重要的部分很可能是这样就对他的读者提出了指责，对他未来的跟随者提出了警告：不要依赖他提出所有他们在哲学研究活动中所寻求的答案——而没有意识到对别人的这样一种依赖是一个思想家对自己的责任的放弃，是对他们一直所要求具有的自主性的拒绝。简言之，海德格尔最后提出问题的措辞指出了一条由他出发继续前行的道路。但是，它们构成了一个问题，这个事实表明这是一条我们应该为自己铺就的道路。在这种意义上，《存在与时间》的结尾证明真正的思想道路是一条每个读者必须自己踏上去的道路。

书中所引用的海德格尔的著作

Being and Time, trans. J. Macquarrie and E. Robinson (Oxford: Basil Blackwell, 1962) .

The Basic Problems of Phenomenology, trans. A. Hofstadter (Bloomington, Ind.: Indiana University Press, 1982) .

Kant and the Problem of Metaphysics, trans. R. Taft (Bloomington, Ind.: Indiana University Press, 1990) .

《存在与时间》的评论著作（和其他关于海德格尔的文本）

Dreyfus, H., *Being-in-the-World* (Cambridge, Mass.: MIT Press, 1991) .

Philipse, H., *Heidegger's Philosophy of Being* (Princeton, N. J.: Princeton University Press, 1998) .

Poggeler, O., *Martin Heidegger's Path of Thinking*, trans. D. Magurshak and S. Barber (Atlantic Highlands, N. J.: Humanities Press International, 1987) .

Polt, R., *Heidegger: An Introduction* (London: UCL Press, 1999) .

Richardson, J., *Existential Epistemology* (Oxford: Clarendon Press, 1986) .

Steiner, G., *Heidegger* (London: Fontana, 1978; revised edition, 1994) .

关于海德格尔的论文集

Dreyfus, H. and Hall, H. (eds), *Heidegger: A Critical Reader* (Oxford: Blackwell, 1992) .

——, and Wrathall, M. (eds), *The Blackwell Companion to Heidegger* (Oxford: Blackwell, 2005) .

Guignon, C., *The Cambridge Companion to Heidegger* (Cambridge: Cambridge University

Press, 1993).

Sallis, J., *Reading Heidegger: Commemorations* (Bloomington, Ind.: Indiana University Press, 1993).

书中所引用的其他著作

Cavell, S., *Conditions Handsome and Unhandsome* (Chicago, Ill: Chicago University Press, 1990).

Golding, W., *The Spire* (London: Faber and Faber, 1964).

Honderich, T. (ed.), *Morality and Objectivity: Essays in Honour of J. L. Mackie* (London: Routledge, 1985).

Kant, I., *Critique of Pure Reason*, trans. N. Kemp Smith (London: Macmillan, 1929).

Kierkegaard, S., *Concluding Unscientific Postscript*, trans. H. V. and E. H. Hong (Princeton, N. J.: Princeton University Press, 1992).

Mulhall, S., *Faith and reason* (London: Duckworth, 1994).

Parfit, D., *Reasons and Persons* (Oxford: Clarendon Press, 1984).

Ryle, G., *The Concept of Mind* (London: Hutchinson, 1949).

Strawson, P. F., *Individuals* (London: Routledge and Kegan Paul, 1959).

Taylor, C., *Philosophical Papers Vols I and II* (Cambridge: Cambridge University Press, 1985).

——, *Sources of the Self* (Cambridge: Cambridge University Press, 1989).

Weston, M., *Kierkegaard and modern Continental Philosophy* (London: Routledge, 1994).

Wittgenstein, L., *Tractatus Logico-Philosophicus*, trans. C. K. Ogden (London: Routledge and Kegan Paul, 1922).

——, *Philosophical Investigations*, trans. G. E. M. Anscombe (Oxford: Basil Blackwell, 1953).

索引

（词条中页码为原文页码，即本书边码）

aesthetic sphere 审美阶段 135-6, 155

agency 中介 39-41

aletheia 去蔽 101

ambiguity 107-8

animals 动物 15-16, 124-5, 164, 186

anticipation 预期 142-3, 153-4, 160, 165-6, 180, 193

anxiety 畏 110-12, 115, 131, 169

Arendt, H. 汉娜·阿伦特 viii

argument from analogy 类比论证 62-3

Aristotle 亚里士多德 9-10, 27, 28, 205

Articulation 环节 92-4, 99-102

assertion 命题 90-2, 99-101

assignment-relations 指引关联 49-52, 53, 55, 85

attunement 协调、适应 32, 116

Austin, J. L. 奥斯汀 61

authenticity 本真性 32-3, 37-9, 69-73, 104, 109-10, 130-1, 138-42, 143-50, 157, 165-70, 185-6, 194-8, 212-13

awaiting 等待 165-6

Being 存在 1-12, 26-30, 97-8, 207-13

Being-in-whole 整体存在 122, 134-8, 154-5

Being-guilty 罪责存在 140-3, 179

Being-in 在之中 41-2, 73-5

Being-in-the-world 在-世界-之中-存在 35-88, 102-3, 117-18, 170-8

Being-outside-oneself 在-自身-之外-存在 75, 161, 173-5

Being-possible 能在 83, 108, 126–7, 192
Being-there 在－此 14, 40, 75, 94
Being-towards-death 向死而在 125–9, 153–5
Being-with 共在 64–74, 123, 187
Berkeley, G. 贝克莱 5, 39

care 操心 112–14, 132, 140, 142, 156,159–78
categories 范畴 37, 47
Cavell, S. 斯坦利·卡维尔 151 (fn), 206 (fn)
circumspection 寻视 49, 85
clearing 澄明 74, 209
clock-time 时钟－时间 202–6
co-historizing 共历史化 187–8
conceptual framework 概念框架 93, 100–2
concern 操劳 65–6, 112
conditionedness 有条件性 60–1, 69, 75, 83,89, 113, 118, 129, 137
conscience 良知 138–41, 143–50, 194–8, 212–13
conspicousness 触目 49
context 背景 153–5
correspondence model of truth 真理的符合模型 100–4
culture 文化 50–1, 79–80
curiosity 好奇 107, 164, 186

Dasein 此在 12–18, 27, 31–3, 36–9,40–1, 62–8, 98–104, 108–9,138–43, 183–5, 207–13
datability 可定期性 199–200, 204
death 死亡 122–34, 137–8, 153–5, 167
deconstruction 摧毁 viii, 22, 27
decontextualisation 去背景化 53–5, 110, 172–3
deficient modes 残缺样式 44, 65
demise 亡故 124
Derrida, J. 雅克·德里达 viii, 22, 151 (fn)

Descartes, R. 笛卡尔 5, 6-7, 21, 27, 28, 36, 39, 52-3, 62-3, 86, 95-6, 157
destiny 天命 188, 193
Dilthey, W. 狄尔泰 195-7
disclosedness 展开状态 53, 74, 76-8, 94, 103, 122-3, 128, 157, 192-3
discourse 话语 24, 92-4, 116, 138
diurnality 以天为单位的周期性 181, 201
Dreyfus H. 德赖福斯 xiii, 56
dwelling 逗留 41

ecstasis/ecstases 绽出 161, 165, 174-6
Emerson R. W. 爱默生 151 (fn)
equipment 用具 47-8, 56-7
equipmental totality 47-52
essentia 本质的 7
ethical sphere 伦理阶段 136
everyday, the/everydayness 日常, 日常性 18-19, 70, 106, 178, 195-200; average everydayness 平均的日常性 19, 38, 66-9, 106-9, 113, 171-2, 186
existentia 生存论的 7
existential quantification 存在量词 10-11
existential structure 生存论结构 16, 38
existentiale/existentialia 生存论环节 37, 38, 70-4, 94
existentialism 存在主义 viii
existentiell possibilities 生存可能性 16, 33, 82, 111, 125-8
external world 外在世界 94-5

fallenness 沉沦状态 106-10, 164, 169-70
fate 命运 112, 188, 194
fear 恐惧 76-9, 111, 167, 168-9
finitude 有限性 118, 129, 136-7, 153-5, 186, 189
for-the-sake-of-which 为何之故 51-2, 56, 201
fore-conception 前概念 85-6, 90, 179

fore-having 前有 85-6, 90
fore-sight 前见 85-6, 90
fore-structure 前结构 87-8
founded modes 被奠基的模式 96
freedom 自由 134, 187
Frege, G. 弗雷格 10
friend, the 朋友 145-50, 194-8
fundamental ontology 基础存在论 14, 18, 26, 208-13

Gadamer, H. -G. 伽达默尔 viii
God 上帝 40
Golding, W. 戈尔丁 1-2
grammar 语法 93
Greece 希腊 2, 21, 24
guilt 罪责 141-3

Hegel, G. W. F. 黑格尔 31, 205
heritage 遗产 186-7
hermeneutic circle 解释学循环 31, 86-8, 121, 132-3, 179, 188, 210
hermeneutics 解释学 viii, 179-80, 210-11
historicality 历史性 183-91
historiology 历史学 87-8, 191-4, 195-6
historizing 历史化 182-97
history 历史 20-2, 182-5, 191-4
horizontal schema 视域图式 174-7, 209-10
Hume, D. 休谟 5, 39, 45, 183
Husserl, E. 胡塞尔 vii, 22-3, 148

idle talk 闲谈 107, 164
in-order-to 何所为 49, 51-2, 56, 85, 201
inauthenticity 非本真性 32-3, 37-9, 68-70, 82, 104, 109-10, 130-1, 138, 165-70, 185-6,

189–90, 202–3
individuality 个体性 66–9, 111, 142, 144
inhabitation 居住 40–1
integrity 整体 134–6
internal relations 内在关系 40
interpretation 解释 84–8
intersubjectivity 主体间性 65–7, 72–4

Kant, I. 康德 5, 10, 22, 25–6, 27, 28, 39, 157–8, 174–6
Kierkegaard S. 克尔凯郭尔 34, 134–7, 154–5
knowing 认知 44–6, 96–7
knowing how vs. knowing that 知道如何和知道那 56–7, 81

language 语言 90–4, 100–4, 164, 212
logical notation 逻辑符号系统 10–12
"logos" 逻各斯 24

McDowell, J. 麦克道尔 77–9
Materiality 物质性 58–9
Mathematics 数学 88
meaning 意义 85, 91–3, 101, 116–17, 159
mineness 向来我属性 36–8, 66
moment of vision 瞬间 166, 180, 196, 203
moods 情绪 75–80, 115, 164, 167
mortality 有死性 122–34, 136–8, 155

natality 诞生 188
Nature 自然 54
Nazism 纳粹主义 vii–viii
negation *see* nullity 否定，参见无性
Nietzsche 尼采 117, 195

nihilism 虚无主义 115-19

non-self-identity 非－自我－认同 122-34, 138-50, 161, 176, 179, 190, 211-12

nothingness *see* nullity 无化，参见无性

"now", the 现在 199-200

nullity 无性 68, 115, 118, 131-4, 137, 140, 141-3, 149-50, 153-5, 168, 179, 211

obstinacy 顽固 49

obtrusiveness 侵入 49

ontic 存在者层次上的 4, 32, 46, 51, 58-9, 97,108-9, 163

ontological 存在论层次上的 4, 46, 51, 58-9, 97,108-9, 163

ontological difference 存在论差异 97-8, 127

other minds 他人的心灵 61-4

Others 他人 62-3, 64-73, 129

Parfit, D. 帕菲特 183

passions 激情 76-7

perfectionism 完美主义 145-50, 193-8

perishing 丧生 124

phenomena vs. noumena 现象和物自体 25

phenomenology 现象学 23-6, 120-1,132-3, 143-50, 155-9, 211

phenomenon 现象 24-6

philosophy 哲学 3-6, 29-34, 38-9, 69-70, 86-8, 108-9, 114, 118-19, 147-50, 155-9, 190, 194-9, 204-5, 211-13

practical activity 实际活动 52, 57, 85-6, 161-3

preconceptions 成见 13, 18, 30-1, 36-8

predication 谓项 10, 90-1

prejudice 偏见 87-8

presence-at-hand 现成的 41-6, 53-9, 91, 123-4, 172-3, 175, 185, 190, 203

presentness 当前 186-9; making-present 当前化 191, 203

projection 筹划 81-4, 141-3, 157, 164, 178-80

projectivism 投射主义 41-2, 77-9, 85

303

publicness 公共性 79, 199–201

questioning 追问 12–14, 119, 136, 192–3, 209–10

readiness-to-hand 上手状态 41–6, 47–50, 52–9, 65, 124, 185
reading 阅读 27–30, 33, 147, 156–8, 209–11
reality 实在 94–104
reference-relations 指引关系 49–52, 85
regions 地带 53, 177
relativism 相对主义 94–105
religious sphere 宗教阶段 136–7
repetition 重复 166, 168, 178–80, 196, 203
res cogitans 思想物 6–7
res estensa 广延物 6–7
resoluteness 决断状态 142–3, 150, 153–5, 159–60, 193, 204
reticence 缄默 142
roles 角色 72–3
Romanticism 浪漫主义 3
Ryle, G. 赖尔 57

Sartre, J.-P. 萨特 viii, xiii
scepticism 怀疑论 44–6, 62–3, 95–7, 114–19
schematism 图式论 174–6
science 科学 54, 172–5
seeing-as 作为 84–5, 92, 102, 173
self-constancy 自我稳定性 146, 158, 186, 190, 203
self-dispersal 自我消散 74, 110, 146, 166–7, 186, 190, 203
self-interpretation 自我阐释 14–16, 79–81
self-understanding 自我理解 81–3
selfhood 自我性 74–88, 144, 146, 149, 190
semblance 假象 24

sensible intuition 感性直观 21, 25
shame 羞耻 80
significance 意蕴 81, 91, 175
signs 符号 50-1
situation 处境 83, 143, 160
society 社会 50-1, 71-2
solicitude 操持 65-6, 112, 133-4
solipsism 唯我论 65, 70
space 空间 21, 25, 53
spannedness 时段性 201
spatiality 空间性 53, 176-8
state-of-mind 现身情态 75-80, 84, 164
Strawson P. 斯特劳森 63
subjectivism 主观主义 205-6
symptoms 症状 24-5

Taylor, C. 查尔斯·泰勒 34 (fn), 79-80
temporality 时间性 19, 161-2, 171-8, 198-206, 209
temporalizing 时间化 165, 183-4
that-being 那-存在 6-7, 8-9, 75
theology 神学 7, 134-8
theoretical cognition 理论认识 41-4, 47
'they', the 常人 67-9, 79, 131
they-self 常人-自我 67-9, 70-3, 78, 107, 109-10, 140, 146
Thoreau, H. D. 梭罗 151
throwness 被抛状态 76-80, 83, 113, 140, 141, 164, 173, 184-5
time 时间 19, 21, 25, 114, 161, 198-206
towards-which 何所用 48, 50, 64-5
tradition 传统 20-2, 189-91
transcendence 超越 173-6
truth 真理 94-104, 173

uncanniness 神秘性 112, 115, 121, 131-3, 140, 179
understanding 领会 80-8, 164
unreadiness-to-hand 不顺手状态 49

value 价值 42, 58, 87
von Wartenburg, Y. 冯·瓦腾堡 195-6

what-being 什么-存在 6-7, 8-9, 38, 75, 98
whereof 关于什么 48, 64
within-the-world 在世界里 47
Wittgenstein L. 维特根斯坦 72, 96, 103, 122, 131
work-world 工作世界 49, 65-6, 70, 85, 182
world 世界 39-40, 46-51, 61-2, 65, 71-2, 96-7, 173-4, 184
world-historicality 世界-历史性 190
world-time 世界-时间 201-2
worldhood of the world 世界的世界性 51-9, 71-4, 171
writing 创作 31, 149-51, 155-7, 179-81, 209-11

译后记

迄今专门解释或者介绍《存在与时间》的书有很多，这只是其中一本。按道理说，每一本书都应该有自己的特色，所以我也权且认为这本书的翻译有助于丰富中文读者对《存在与时间》的理解。以上是2007年，马尔霍尔先生的《海德格尔与〈存在与时间〉》中译本在广西师范大学出版社出版时笔者写下的《译后记》中的文字。至今已经十多年了。这十多年，在中文语境中，海德格尔的《存在与时间》阐释领域发生的一件特别重大的事，就是复旦大学张汝伦教授撰写的《〈存在与时间〉释义》出版了。张老师的巨著100多万字，共分4卷，融合了英语、德语语境下几乎所有海德格尔阐释著作的精华，是当下以至未来中国学界在阐释《存在与时间》方面都难以逾越的典范。

在中文语境中，最早专门系统阐释海德格尔《存在与时间》的书，其实早在2003年就在中国台湾出版了。当时在台湾大学任教的陈荣华先生为了帮助学生克服理解《存在与时间》的困难，根据自己的讲课稿写作出版了《海德格〈存有与时间〉阐释》(台湾大学出版中心2003年12月初版），这是一本融入了中西互释、开启中西对话的阐释著作。它非常有助于中文语境中的读者从自身的文化传统出发去解读海德格尔的思想，去体会海德格尔的精神境界。

在翻译著作中，专门阐释海德格尔《存在与时间》的译本，最早出版的应该是陈小文、李超杰、刘宗坤等翻译的《海德格尔的〈存在与时间〉》（商务印书馆1996年版）。这本译著的作者是美国著名的海德格尔研究专家约瑟夫·科克尔曼斯先生。科克尔曼斯的阐释与马尔霍尔先生的阐释各有千秋，都值得一读。

本书的作者是按照John Macquarrie 和 Edward Robinson 翻译完成的《存在与时间》的英译本来解释海德格尔的《存在与时间》这本书的，就如同我按照陈嘉映、王庆节先生翻译完成的《存在与时间》的中译本来写一本解释性著作一样。因为书中所引用的原著中的段落以及所使用的术语都与上面提到的英译本完全一致。在我看来，这种做法存在着一些不足，比如说不能够避免英译本在理解上所造成的一些偏颇甚至误译。当然这样做对那些熟悉以上英译本的读者来说，阅读起来比较顺手。

在翻译这本书的过程中，我先是学习了作者的做法，书中的引文借用了陈嘉映、王庆节先生的中译本中的译文，后来感觉这样不妥，于是推倒重来，主要根据本书上下文的语境来翻译。在术语和引文的翻译方面主要比对德文原文和参照陈嘉映、王庆节先生的中译本进行翻译，同时依靠微薄的外语基础参考了桑木务翻译的《存在与时间》的日译本、松尾启吉翻译的日译本以及弗朗索瓦·韦赞翻译的法译本。这样一来，熟悉《存在与时间》中译本的读者，可能会觉得我误译了很多术语和引文，实际上，如果比照一下英译本和德文原文，这种顾虑应该可以减少很多。但是我必须承认出于各种原因书中肯定存在很多误译，有些句子在表达上也欠妥当。总之，有很多地方，囿于个人的能力，我感觉自己无法写出既准确又可读的译文来。

这本书本来是劳特利奇哲学指南丛书中的一本。本套丛书的中译本由广西师范大学出版社在2006年前后相继推出。2012年劳特利奇出版公司又重新推出了一套经典指南丛书。马尔霍尔的这本书也在其中。作者修改了书名，由《海德格尔与〈存在与时间〉》改为了《海德格尔的〈存在与时间〉》。从内容的角度来说，这一改动非常必要。但是书的具体内容作者却没有做什么变动。译者刚好也趁这个机会，对原来的译文做了一些重新校对和修改完善的工作。

非常感谢梁鑫磊编辑在编校过程中为本书的出版付出的辛苦劳动！

本书中出现的疏忽和错误概由译者负责。不当之处，恳请方家指正！

亓校盛
2020年7月

大学问，广西师范大学出版社学术图书出版品牌，以"始于问而终于明"为理念，以"守望学术的视界"为宗旨，致力于以文史哲为主体的学术图书出版，倡导以问题意识为核心，弘扬学术情怀与人文精神。品牌名取自王阳明的作品《〈大学〉问》，亦以展现学术研究与大学出版社的初心使命。我们希望：以学术出版推进学术研究，关怀历史与现实；以营销宣传推广学术研究，沟通中国与世界。

截至目前，大学问品牌已推出《现代中国的形成（1600—1949）》《中华帝国晚期的性、法律与社会》等100余种图书，涵盖思想、文化、历史、政治、法学、社会、经济等人文社会科学领域的学术作品，力图在普及大众的同时，保证其文化内蕴。

"大学问"品牌书目

大学问·学术名家作品系列

朱孝远　《学史之道》
朱孝远　《宗教改革与德国近代化道路》
池田知久　《问道:〈老子〉思想细读》
赵冬梅　《大宋之变，1063—1086》
黄宗智　《中国的新型正义体系：实践与理论》
黄宗智　《中国的新型小农经济：实践与理论》
黄宗智　《中国的新型非正规经济：实践与理论》
夏明方　《文明的"双相"：灾害与历史的缠绕》
王向远　《宏观比较文学19讲》
张闻玉　《铜器历日研究》
张闻玉　《西周王年论稿》
谢天佑　《专制主义统治下的臣民心理》
王向远　《比较文学系谱学》
王向远　《比较文学构造论》
刘彦君　廖奔　《中外戏剧史（第三版）》
干春松　《儒学的近代转型》
王瑞来　《士人走向民间：宋元变革与社会转型》
罗家祥　《朋党之争与北宋政治》
萧　瀚　《熙丰残照：北宋中期的改革》

大学问·国文名师课系列
龚鹏程　《文心雕龙讲记》
张闻玉　《古代天文历法讲座》
刘　强　《四书通讲》
刘　强　《论语新识》
王兆鹏　《唐宋词小讲》
徐晋如　《国文课：中国文脉十五讲》
胡大雷　《岁月忽已晚：古诗十九首里的东汉世情》
龚　斌　《魏晋清谈史》

大学问·明清以来文史研究系列
周绚隆　《易代：侯岐曾和他的亲友们（修订本）》
巫仁恕　《劫后"天堂"：抗战沦陷后的苏州城市生活》
台静农　《亡明讲史》
张艺曦　《结社的艺术：16—18世纪东亚世界的文人社集》
何冠彪　《生与死：明季士大夫的抉择》
李孝悌　《恋恋红尘：明清江南的城市、欲望和生活》
李孝悌　《琐言赘语：明清以来的文化、城市与启蒙》
孙竞昊　《经营地方：明清时期济宁的士绅与社会》
范金民　《明清江南商业的发展》
方志远　《明代国家权力结构及运行机制》
严志雄　《钱谦益的诗文、生命与身后名》
严志雄　《钱谦益〈病榻消寒杂咏〉论释》
全汉昇　《明清经济史讲稿》
陈宝良　《清承明制：明清国家治理与社会变迁》
王庆成　《太平天国的历史和思想》
冯贤亮　《明清江南的环境变动与社会控制》
郭松义　《伦理与生活：清代的婚姻与社会》

大学问·哲思系列
罗伯特·S.韦斯特曼　《哥白尼问题：占星预言、怀疑主义与天体秩序》
罗伯特·斯特恩　《黑格尔的〈精神现象学〉》
A.D.史密斯　《胡塞尔与〈笛卡尔式的沉思〉》

约翰·利皮特 《克尔凯郭尔的〈恐惧与颤栗〉》
迈克尔·莫里斯 《维特根斯坦与〈逻辑哲学论〉》
M.麦金 《维特根斯坦的〈哲学研究〉》
G·哈特费尔德 《笛卡尔的〈第一哲学的沉思〉》
罗杰·F.库克 《后电影视觉：运动影像媒介与观众的共同进化》
苏珊·沃尔夫 《生活中的意义》
王　浩 《从数学到哲学》
布鲁诺·拉图尔　尼古拉·张 《栖居于大地之上》
何　涛 《西方认识论史》
罗伯特·凯恩 《当代自由意志导论》
维克多·库马尔　里奇蒙·坎贝尔 《超越猿类：人类道德心理进化史》
许　煜 《在机器的边界思考》
A.马尔霍尔 《海德格尔的〈存在与时间〉》
提摩太·C.坎贝尔 《生命的尺度：从海德格尔到阿甘本的技术和生命政治》

大学问·名人传记与思想系列
孙德鹏 《乡下人：沈从文与近代中国（1902—1947）》
黄克武 《笔醒山河：中国近代启蒙人严复》
黄克武 《文字奇功：梁启超与中国学术思想的现代诠释》
王　锐 《革命儒生：章太炎传》
保罗·约翰逊 《苏格拉底：我们的同时代人》
方志远 《何处不归鸿：苏轼传》
章开沅 《凡人琐事：我的回忆》
区志坚 《昌明国粹：柳诒徵及其弟子之学术》

大学问·实践社会科学系列
胡宗绮 《意欲何为：清代以来刑事法律中的意图谱系》
黄宗智 《实践社会科学研究指南》
黄宗智 《国家与社会的二元合一》
黄宗智 《华北的小农经济与社会变迁》
黄宗智 《长江三角洲的小农家庭与乡村发展》
白德瑞 《爪牙：清代县衙的书吏与差役》
赵刘洋 《妇女、家庭与法律实践：清代以来的法律社会史》

李怀印　《现代中国的形成（1600—1949）》
苏成捷　《中华帝国晚期的性、法律与社会》
黄宗智　《实践社会科学的方法、理论与前瞻》
黄宗智　周黎安　《黄宗智对话周黎安：实践社会科学》
黄宗智　《实践与理论：中国社会经济史与法律史研究》
黄宗智　《经验与理论：中国社会经济与法律的实践历史研究》
黄宗智　《清代的法律、社会与文化：民法的表达与实践》
黄宗智　《法典、习俗与司法实践：清代与民国的比较》
黄宗智　《过去和现在：中国民事法律实践的探索》
黄宗智　《超越左右：实践历史与中国农村的发展》
白　凯　《中国的妇女与财产（960—1949）》
陈美凤　《法庭上的妇女：晚清民国的婚姻与一夫一妻制》

大学问·法律史系列
田　雷　《继往以为序章：中国宪法的制度展开》
北鬼三郎　《大清宪法案》
寺田浩明　《清代传统法秩序》
蔡　斐　《1903：上海苏报案与清末司法转型》
秦　涛　《洞穴公案：中华法系的思想实验》
柯　岚　《命若朝霜：〈红楼梦〉里的法律、社会与女性》

大学问·桂子山史学丛书
张固也　《先秦诸子与简帛研究》
田　彤　《生产关系、社会结构与阶级：民国时期劳资关系研究》
承红磊　《"社会"的发现：晚清民初"社会"概念研究》
宋亦箫　《古史中的神话：夏商周祖先神话溯源》

大学问·中国女性史研究系列
游鉴明　《运动场内外：近代江南的女子体育（1895—1937）》

大学问·中国城市史研究系列
关文斌　《亦官亦商：明清时期天津的盐商与社会》
李来福　《晚清中国城市的水与电：生活在天津的丹麦人，1860—1912》

贺　萧　《天津工人：1900—1949》

其他重点单品
郑荣华　《城市的兴衰：基于经济、社会、制度的逻辑》
郑荣华　《经济的兴衰：基于地缘经济、城市增长、产业转型的研究》
拉里·西登托普　《发明个体：人在古典时代与中世纪的地位》
玛吉·伯格等　《慢教授》
菲利普·范·帕里斯等　《全民基本收入：实现自由社会与健全经济的方案》
王　锐　《中国现代思想史十讲》
王　锐　《韶响难追：近代的思想、学术与社会》
简·赫斯菲尔德　《十扇窗：伟大的诗歌如何改变世界》
屈小玲　《晚清西南社会与近代变迁：法国人来华考察笔记研究（1892—1910）》
徐鼎鼎　《春秋时期齐、卫、晋、秦交通路线考论》
苏俊林　《身份与秩序：走马楼吴简中的孙吴基层社会》
周玉波　《庶民之声：近现代民歌与社会文化嬗递》
蔡万进等　《里耶秦简编年考证（第一卷）》
张　城　《文明与革命：中国道路的内生性逻辑》
洪朝辉　《适度经济学导论》
李竞恒　《爱有差等：先秦儒家与华夏制度文明的构建》
傅　正　《从东方到中亚——19世纪的英俄"冷战"（1821—1907）》
俞　江　《〈周官〉与周制：东亚早期的疆域国家》
马嘉鸿　《批判的武器：罗莎·卢森堡与同时代思想者的论争》
李怀印　《中国的现代化：1850年以来的历史轨迹》
葛希芝　《中国"马达"："小资本主义"一千年（960—1949）》